「世界のクロサワ」をプロデュースした男 本木荘二郎

鈴木義昭
Suzuki Yoshiaki

山川出版社

「世界のクロサワ」をプロデュースした男　本木荘二郎

目次

序章
試写室

国立近代美術館に眠るフィルム

東京の京橋にあるその試写室のスクリーンに、女性の裸体が延々と映し出され、絡み合う男女の声が長時間に亘《わた》って聞こえたのは、異様なことだった。

普段、この試写室では内外の古典映画や貴重な名作映画が上映されている。映画や芸術を研究している大学教授や学生、映画・映像関係の専門家や研究者、また映像技術関連のプロフェッショナルやスタッフ、そういったアクティブな人々が、ここ東京国立近代美術館フィルムセンターの試写室を利用する。試写室の使用規定には、学術関係者への利用料割引の設定もある。そんな都心の立派な試写室で、いわゆる「ピンク映画」とも「成人映画」ともいわれる種類の映画が、一日のうちに何本も立て続けに映写されるというのは、極めて稀なことである。

その日、試写室に集まったのは十数名。

一人を除いては男性ばかり。紅一点の女性は、これから上映する映画の一本に出演している元女優だ。彼女は、今では都内の盛り場でスナックを経営しているママさんだが、請われて試写室までやってきた。

上映された「ピンク映画」は、三本と少し。少しというのは、上映作品のフィルムが全巻は現存せず、断片映像が少しあるだけという作品が一本あるからだ。どれも、これまでに上映用プリントもフィルムの原版も廃棄され、今日では見ることがかなわないといわれていた作品だが、調べればフィルムセンターのライブラリーに収蔵されていたことが判明したのだった。

男たちはその日、不謹慎な気持ちで集まったのではない。現在では滅多に観ることができないフィルムの特別な上映ということで、連絡を受けて集まったのである。

映写後には、作品について意見や感想を聞きたいということもあり、駆け付けたのは映画研究者や映画関係者、雑誌編集者などである。その日、続けざまに映写された作品のタイトルは『セックスNo.1』『発情女　乱れ斬り』『人妻悶絶』の三本と、十一分の断片映像しか残っていなかった『人妻交換　熟れた悶え』である。どれも名前を聞くだけで恥ずかしくなるような、「ピンク映画」によくありそうな題名の作品ばかりである。

なぜ、これらの作品を上映したのかといえば、どれもみな同じ、ある監督による作品だったからである。

各作品の監督と脚本家は、下記である。『セックスNo.1』は、品川照二監督、渋谷民三脚本。『発情女　乱れ斬り』と『人妻悶絶』の二本はともに、岸本恵一監督、小針二郎脚本。『人妻交換　熟れた悶え』は、タイトルクレジットの部分は消失しており、この日上映した十一分からは監督、脚本の名前がわからなかったが、信頼できる資料で調べると唐沢二郎監督とわかった。脚本家は不明だった。

これらの異なる名前の監督名、脚本家名は、実は同一人物のものである。いずれも、ある人物のペンネームないしは変名であることが判明している。

その人物とは、本木荘二郎。

本木荘二郎は、黒澤明の「番頭」あるいは「相棒」として戦後の日本映画界ではよく知られていた名前である。少なくとも、日本映画のオールタイムベストワンにたびたび選ばれている黒澤明監督

『七人の侍』のプロデューサーとして記憶する映画ファンもいるのではないだろうか。

黄金期の黒澤作品をプロデュース

黒澤明作品の製作者としての「本木荘二郎」という名前は、一九四七年公開の東宝作品『素晴らしき日曜日』に始まり、『酔いどれ天使』『静かなる決闘』『野良犬』『醜聞《スキャンダル》』『羅生門』『白痴』『生きる』『七人の侍』『生きものの記録』『蜘蛛巣城』までの十一作品に登場する。戦後の日本映画が復興期から黄金期へと向かう時代に、東宝をはじめ各撮影所で作られた黒澤作品の全てにおいてタイトルクレジットされている。まさしく黄金期の黒澤作品を牽引したプロデューサーとして、本木荘二郎の名は記録されている。

黒澤明の名前は、今日では、特に映画ファンではなくとも広く知られている。日本人なら誰もが知る名前、歴史上の有名人物の一人といってもいいかもしれない。小津安二郎と並んで、日本映画史だけでなく日本の歴史上最も有名な映画監督として知らない者はない。

黒澤作品に対する称賛は、今や国内にとどまらず全世界的である。米国ハリウッドを筆頭に欧州や近隣アジア諸国の映画人に至るまで、自分の作品が黒澤作品から影響されたと語る映画人は多数存在している。『スター・ウォーズ』シリーズのジョージ・ルーカス監督をはじめ、黒澤作品からのインスパイアを告白し、黒澤明監督を尊敬すると語っている海外の映画人も数多い。

西部劇よりも面白い時代劇を目指したといわれる『七人の侍』は、本家ハリウッドで西部劇『荒野の七人』にリメイクされ、三船敏郎が世界的に知られる大スターとなった決定版的な映画『用心棒』

は、イタリア映画でマカロニウエスタンにリメイクされた。それは、日本人ならば誇らしくも思えることだった。日本映画のレベルが、世界水準に到達したように思えたものである。「世界のクロサワ」というキャッチフレーズも、黒澤作品のレベルの高さ、テーマの大きさ、映画的可能性からいって至極当然のように感じられた。

しかし、その黒澤監督の全盛期を支え続けた映画プロデューサー・本木荘二郎の名前を知る人、その業績を顧みる人は、現在では多くはない。いや、本木荘二郎の名前など知らないという映画ファン、黒澤明ファンのほうが、今日では圧倒的な多数派だ。ましてその本木荘二郎が、「ピンク映画」と呼ばれる作品のプロデューサーではなく監督として、長年多岐に亘って活躍していたことなど、知らないという人のほうが一般的だ。

日本映画史上最大のミッシングリンク

本木荘二郎は、黒澤明作品だけでなく多くの映画製作に携わり、また戦後の日本映画界においては高名なプロデューサーの一人だった。また、戦前戦後を通じて日本映画を牽引し続けた東宝映画とその撮影所の歴史においても、数多くの娯楽作品のプロデューサーとして本木荘二郎の名前と仕事は記憶されている。

例えば、戦後すぐに東京の焼け跡で撮られた喜劇王・斎藤寅次郎監督の喜劇映画『東京五人男』は、戦後の暗い世相を明るく笑い飛ばし大ヒットした映画史上忘れられない作品だ。戦前の「チャンバラ王国」だったマキノ映画の御曹司・マキノ雅弘監督が、森繁久彌らを起用して村上元三の原作に追いかけられるように連作をした『次郎長三国志』シリーズは、戦後の復興期に大ヒットしている。当時のそうした娯楽作品のタイトルクレジットの多くに、「本木荘二郎」の名が刻まれていた。

戦後の東宝撮影所の再開から藤本真澄、田中友幸らとほぼ同期で同時代に活躍し、後には「東宝三大プロデューサー」といわれた。生え抜きの東宝育ちである本木荘二郎は、敗戦直後の東宝撮影所においては「筆頭プロデューサー」ともいうべき立場にあった。

もともと東宝は、ハリウッドのプロデューサー・システムを念頭に、戦後映画の復興を企画力優先のプロデューサーを中心にして成し遂げようとしていた。監督や俳優を中心に映画が作られていた日本的なスタイルからの脱皮を模索していた。

本木荘二郎は、撮影所役員や本社取締役などを歴任した森岩雄の抜擢もあり、その中心的な位置にあった。いわば東宝撮影所の切り札的な人物だった。東宝カラーの出る文芸作品においても、松竹のドル箱だった小津安二郎監督とライバル視された成瀬巳喜男監督の作品などもプロデュース、映画製作者として多彩なキャリアを持っている。多くの人材と金を動かし、娯楽作品から文芸作品まで多様なラインナップと経営の屋台骨を支えて活躍した、復興期の日本映画界を代表する人物だった。

そんな東洋一のスケールを誇った東宝撮影所の大プロデューサーが「街場の」と揶揄されるような小さな独立プロダクションで、低予算で女性の裸を売り物に稼ぐ映画の監督になった。「映画」ということでは黒澤作品もピンク映画も同じだが、この天と地ほどもかけ離れた仕事が、同一人物によるものだったとは信じられず、奇を衒った作り話と笑い飛ばす向きもあったほどである。

しかし、それは紛れもない事実であり、密かに囁かれていた日本映画界におけるひとつの奇譚であった。日本映画界から、言わば故意に忘れられてきた「人物」だったのだ。

日本映画史最大のミッシングリンクとして、「本木荘二郎」という名前は存在してきた。本木荘二郎とは、いったいどのような軌跡を生きて、どのように死んだのか。どのような仕事をして、どのような人だったのか……。

こうして男たちが古びたピンク映画を観に集まったのも、その一端を窺い知るためだったのである。

フィルムから浮かび上がる職人技

……試写室には笑い声が響いた。

男と女のSEXシーンは、この種の映画らしく、物語のシークエンスごとに登場し延々と続いた。カメラは、執拗だった。音楽はチープで、セリフも想像の域を出るものではなかった。けれども、物語の展開には飽きさせない工夫が感じられ、その場面転換のテンポの良さは並外れた職人技だった。生唾が出るような男女の絡みの後に、必ず息抜きのような場面が用意されていた。観客の目を、画面から離さない……。

女性の裸体と裸体の合間に挿入される情景描写も、精巧なカット割りと安心感があった。この種の作品にありがちな畳みかけるような裸体のオンパレードではなく、ちょっとしんみりさせたり笑わせたり。庶民感情をくすぐる会話や風景描写が上手だった。

見世物まがいの場面や女性を玩具のように扱うシーンが連続する現代の「ポルノ映画」とは違うタッチが、そこにあった。まるでいつかどこかの東宝系映画館で観た添え物喜劇や哀愁漂うメロドラマのような……と言ったら褒め過ぎだろうか。

女たちに囲まれ、わが世の春を謳歌する絶倫サラリーマンものの一篇『セックス№1』。昭和元禄の都会にたむろした、フーテン娘たちの性態を描いている『発情女　乱れ斬り』。文字通り、ある人妻がよろめいていくメロドラマタッチのストーリー『人妻悶絶』。三本立てに、具体的にはわかりにくかった『人妻交換　熟れた悶え』の断片映像を加えた試写は、疲れを感じるほどの長時間だった。

どちらかといえば、若者向きというより中高年のサラリーマン向きに撮られたのであろう作品ばかりだが、ありがちな物語の飛躍も際立った下品さもない。極めてオーソドックスな映画だった。本木荘二郎は、こんなにまともな「映画」を撮っていたのか。既にアングラ映画や実験映像までが一般化していた時代に、手抜きのない商業娯楽映画を撮り続けていたのか。納得するというより、感動に近いものがあった。

長年、大学の映画学科で日本映画史を研究している教授は試写後、「うん。思った通りの名監督だね」と言った。ピンク映画の現場で助監督を経験したこともある独立系の映画プロデューサーは、「オーソドックスでいてはずさない、根っからの活動屋らしさを感じる」と話した。

「ピンク映画」とは、一九六二年二月に公開された『肉体の市場』（小林悟監督・協立映画製作／大蔵映画配給）に始まるとされている。大手映画各社が踏み込めなかった一線を越えて、劇映画におけるエロスを前面にした映画作りが、独立プロで始まったのはこの時からだ。

空前の映画館数と観客動員を記録した黄金時代から、坂を転げ落ちるように斜陽期へとなだれ込んでいく全国の映画館のスクリーン。それを占領したのが、ピンク映画だった。

その呼称の由来と量産化への経緯は後で述べるとして、第一号映画『肉体の市場』に遅れること数か月、本木荘二郎は『肉体自由貿易』という題名のピンク映画を撮っている。先に公開された『肉体の市場』の興行収益は、公開直後の警視庁による摘発騒動が話題を呼び、正確な数字や記録はないが当時大ヒットしていた黒澤明監督の『椿三十郎』を抜いたともいわれる。三流新聞やゴシップ雑誌で書き飛ばされたニュースだが、本木荘二郎は記事に注目して目を細めたはずだ。

黒澤明の大ヒット娯楽時代劇『用心棒』や『椿三十郎』に対抗して、本木荘二郎もピンク映画で大ヒットを企てたのか。

だがそれは、黒澤明と本木荘二郎の人生が、永遠に遠ざかっていくわかれ道だったのかもしれない。

生涯手放さなかった金獅子像

本木荘二郎が監督したピンク映画を試写した東京国立近代美術館フィルムセンターに、彼の遺品が展示されている。

七階には、日本映画史を草創期から俯瞰した常設展示コーナーがある。その一角には、黒澤明監督の『羅生門』が一九五一年のベネチア国際映画祭でグランプリ（金獅子賞）に輝いた折の金獅子像が展示されている。黒澤明が世界に羽ばたくきっかけとなった『羅生門』は、黒澤を育てた東宝ではなく大映の撮影所で撮影され、配給・公開された。

この時、大映側との交渉の矢面に立ったのはプロデューサーの本木荘二郎であった。『羅生門』の金獅子賞受賞は、黒澤明監督のみならず日本映画の海外進出や作品輸出に大きく道を開いた。

翼を持ったライオン像は、その後の「世界のクロサワ」の活躍ぶりを暗示するかのようだ。ただ、展示されている像は本物ではなく、受賞後に大映が製作したレプリカなのだが……。

一九七七年、東京・新宿のアパートの一室で、本木荘二郎は誰に看取られることもなく亡くなっている。

フィルムセンターに展示されているレプリカの金獅子像は、本木荘二郎の死んだアパートの押し入れから見つかった遺品である。家具など全くない部屋の押し入れに、金獅子像は、ポツンと無造作に放り込まれていたといわれている。

一九八四年に書かれた『虹の橋　黒澤明と本木荘二郎』という本がある。二〇一二年に『黒澤明VS.本木荘二郎』と改題され、二〇一〇年の「黒澤明生誕百年」以来過熱した黒澤明関連本出版ブームの折に復刻されている。それまで顧みられることが少なかった人物に、スポットを当てようという心意気は尊い書だったが、小説という形にしたことが読者を困惑させた。初刊から既に賛否両論だった。

取材対象者の戸籍謄本を取り、大学の学籍簿を洗う。そこから取材に入る方法は、週刊誌などでは一般的だが、やはりスキャンダルを追う「芸能レポーター」の風情を感じる。再刊本では、戸籍調べの件はカットされ学籍簿から始まるが、どうも無手勝流、当たって砕けろ方式の取材と記述は、「本木荘二郎」という人物の実像にも仕事にも行きあたらないままにイメージを膨らます。どうやら著者は、生前の黒澤明を追いつめ泣かせたらしい……。乱暴な言葉遣いに「小説」という形式ではありながら違和感を覚えたし、なお肝心の「ピンク映画」時代の本木荘二郎と作品が通り一遍にしか触れられていない。

日本映画史に「本木荘二郎」を位置づける

これではいけないと思い、折に触れて本木に関する資料収集や取材を続けてきた。

本木の死後、最初に「本木荘二郎」に注目したのは、拙著『ピンク映画水滸伝　その二十年史』だったという自負もある。四半世紀を過ぎ、新たな取材を重ねて月刊誌『新潮45』にルポを書き、さらに調査と研究を重ねて本書を書くこととなった。本木荘二郎の声を、本当に聞くことができるのは自分であるという思いから、本書執筆に臨んだ。

黒澤映画の関係者たちの多くが書き残したり、語った本木荘二郎に関する評は、「毀誉褒貶」という表現がふさわしい。本木を「黒澤明の相棒」だったという人物もいれば、「本木は黒澤にいいように使われただけの存在」だったと評する人もいる。本木が自ら招いたスキャンダルから黒澤と決別して以降、黒澤が公の場で本木について語ることはなかった。黒澤の自伝として知られる『蝦蟇の油　自伝のようなもの』でも、本木の名前はほとんど出てこない。本木の存在をわざと忘れようとして想い出を書いているようにも考えられる文章だった。そんな黒澤明の意向を忖度してか、多くの映画関係者が本木について語ることを意図的に避けてきた。

初めて本木荘二郎その人について詳しく聞いたのは、本木と最晩年まで付き合った一人だった俳優・野上正義にロングインタビューをした時だった。だが彼の本木評は「気のいいピンク映画監督」といった域を出るものではなかった。本木のプロデューサー時代の仕事も業績も、まるで誰かが消し去ったように忘れられていた。

日本映画のメインストリームからピンク映画監督へという振幅の大きさも手伝い、断片を繋ぎ合わせても、「本木荘二郎」の実像はなかなかひとつにならなかった。

評伝の対象としては、実に厄介な相手だった。しかし、そのことこそが本木荘二郎を日本映画史のミッシングリンクとして、彼を闇に閉じ込めてきた理由でもあるだろう。

断片しか語られず、記されてこなかったこの人物のライフ・ヒストリーを、残された資料と証言取材から再構成してみようと思う。そうすることが失われた映画史の伝説を呼び覚まし、戦後の大衆消費社会が生み出した最大のヒーロー・黒澤明の軌跡と作品ひいては日本映画の歴史に、本木荘二郎を正しく位置づけることになると信じて疑わないからである。

第1章

通夜

映画バカ一代 ポルノ戦線に死す

「羅生門」「七人の侍」黒沢映画のプロデューサー

21日、新宿のアパートでひとりぼっちの往生

東京・新宿のアパートでだれに看（み）取られるわけでもなく、62歳の男が息を引きとっていた。さる二十一日朝のこと。本木荘二郎さん。その死は新聞に一行も報じられなかったが、かつては、黒沢明監督とコンビを組み、グランプリをとった「羅生門」、アカデミー賞外国映画賞の「七人の侍」など黒沢作品のほとんどを手がけた大プロデューサーだった。最近は、人知れずポルノ映画をつくっていたという。かたや黒沢、そして

本木荘二郎さん　62歳

来月23日 三船敏郎、谷口監督らが追悼会

本木荘二郎の訃報を伝えたのは、夕刊紙「夕刊フジ」（1977年5月27日）のみだった

あるピンク映画監督の死

東京・新宿区北新宿のその場所には、今では外国車のディーラーの大きな店舗が聳える。四十年ほど前、住所からすれば、この辺りには二階建ての木造アパート「第二淀橋荘」があったことになる。その二階、角部屋の七号室が、本木荘二郎の当時の住まいだった。本木荘二郎が、その部屋で冷たくなって発見されたのは、昭和五十二年（一九七七年）五月二十一日の昼前のことである。新宿警察署の調べによるならば、早暁の午前四時頃には亡くなっていたが、一人暮らしだったために発見が遅れた。

当時の本木荘二郎は、心臓が悪く喘息が持病だったという。数日前からは体調が優れないと、通りを隔てた向かい側にあった「大和医院」にかかり薬を貰っていた。亡くなる前日のことである。「薬を出すから、安静にして明日の午前中にまた来るようにしてください」と、医師は言った。ところが、翌日の昼になっても姿を現さないので、不審に思った看護婦が部屋まで見に行って異変に気がついたといわれる。すぐに部屋を訪ねたというのだから、医院には何度も通院していて医者と懇意にしていたのかもしれない。あるいは、それだけ病状が良くなかったのか。間もなく本木荘二郎は、遺体で発見された。

服を着たまま、ベッドに仰向けに死んでいた。本木が寝ていた六畳間は、弁当がらや牛乳パック、ラーメンの袋などのゴミが散乱していた。その朝にでも食べようと前の晩に買ったであろうパック詰めの赤飯が、封も開けずに卓袱台の上に置かれてあった。本木荘二郎は、文字通り眠るように亡くなっていた。苦しんだかどうかは、定かでない。警察の検死による死因は「心筋梗塞」だった。「他殺の疑いもなく、ごくありふれた一人暮らしのヤモメの死」として処理されている。

ピンク映画の仲間たちが、連絡を受けて集まってきたのは、その日の午後になってからだった。本木荘二郎が亡くなった部屋は、それまでに映画撮影や打ち合わせにも使われていて、ピンク映画の仲間たちは場所をよく知っていた。

本木荘二郎の通夜は、晩年の仕事仲間であり友人でもあったピンク映画の仲間たちによって仕切られた。仕切ったとはいっても、つい数時間前に遺体となって発見されたアパートの一室に、連絡を受けて集まることから始まった。駆け付けることのできた監督、スタッフや女優、男優らが祭壇を作り始めた。

それは、まるで映画のロケセットでも作るように手早く簡単に準備されていった。押し入れの夜具以外は特に家具も見当たらない六畳と四畳半の二間続きのアパートの一室、部屋の真ん中には発見された時と同じように、遺体がそのまま蒲団に寝かされてあった。唯一の家具だった卓袱台が枕元に置かれた。茶碗に白い飯が盛られ、コップに酒が注がれたが、それらもみなアパートの隣室からの借り物だった。

本木荘二郎が、かつて「大プロデューサー」だったことを、ピンク映画の仲間たちがどれだけ知っていたかは疑問だった。そもそも本人が「昔のことはいいじゃないか」と語らないのだから、仕方がない。東宝という巨大な撮影所の優等生と、撮影所の門など潜ったことがないという面々との間ではそんな話をしても通じたかどうか。スタッフたちはともかく、黒澤映画を見たことも聞いたこともないという俳優や女優もピンク映画界には少なくなかった。

当時のピンク映画は、ある面では吹き溜まりのような世界だった。ピンク映画という映画の迷宮に迷い込んだことの是非を、振り返ってとやかく言う筋合いはない。ましてや「ピンク映画など映画ではない」というのでは話にもならない。大手の撮影所ができる前の映画界では、いくつもの独立プロが見世物まがいの活動写真を作っては劇場や興行主に売りつけていた。後の「ピンク映画」と大差のない作り方で作られていたのが、活動写真の始まりだった。活劇や男女の恋愛が見せ場の映画が多かったのは、どこでも観客に大いに受けたからだ。それが、撮影所という映画の工場でより近代的に作られるようになったのは、そんなに古いことではない。

本木荘二郎が晩年まで、いや最期の時を迎えるまで撮り続けていたのは、映画の原形にも近しい「ピンク映画」という映画だった。その事実から見ていけば、本木荘二郎という人物の生涯は、まっすぐに一筋のものだったのかもしれない……。

どんなに偉い人かなんて知らなかった

晩年の本木荘二郎は、ハンチングにジャンパーといった「映画屋」「活動屋」にはありがちなスタイルで、ピンク映画の撮影現場を動き回っていた。飄々《ひょうひょう》としていながら、颯爽《さっそう》たる監督ぶりだった。ただ誰もが本木荘二郎を実年齢より高齢に見ていた。顔の皺や薄くなった髪の毛、話しぶりなどがそう思わせた。スタッフやキャストには、愛称で気安く「荘ちゃん」と呼ばれることもあった。本木が、根っから女好きなのは狭いピンク映画の世界では有名だった。本木組に行くと「触られるよ」と、女優の間では評判が立った。気に入ると、使った女優をすぐに口説いたそうだから、通夜に集まった女優たちの何人かは本木荘二郎と男女の関係があったと考えてもおかしくない。だが、修羅場のような撮影現場や時には三角関係で混乱するような撮影現場が多いピンク映画の中にあって、淡々と撮影が進んでいくのが本木組のスタイルだった。

多くのピンク映画関係者に取材をしても、みな本木荘二郎の撮影現場は、のんびりとして穏やかな撮影が続いていたと言う。

「荘ちゃんが、どんなに偉い人かなんて知らなかったよ。でも、私のことを気に入ってよく使ってくれた。

亡くなったアパートにも何度か行った。あそこは、俳優の関ちゃん（関多加志）が借りていた部屋なんだ。打ち合わせやロケの待ち合わせに、あの部屋をよく使ったからね。憶えているのは、打ち合わせの時のコーヒー。必ずコーヒーを出してくれるのはいいんだけど、部屋にはスプーンが一つしかなくてね。砂糖を入れてかき混ぜるたびに、荘ちゃんがスプーンを舐めるんだ。消毒でもしてるつもりなんだろうけど。それが、嫌でね。とうとうあの部屋ではコーヒーを飲めなかった（笑）。

私のファンが、私のお嫁入り道具にしなよって布団をプレゼントしてくれたことがあるの。ピンク映画の好きな布団屋さんだったの（笑）。それを、関ちゃんのあの部屋の押し入れに預かって貰っていたことがあるの。そうしたら、後から居候することになった荘ちゃんが、勝手にそれを使って寝ていたんだよね。それで凄く怒ったことがあった（笑）。もちろん、すぐに布団は他の場所に移したよ。

荘ちゃんは、体一つであの部屋に転がり込んでいた。何でだか理由は知らないな。関ちゃんだったら知ってると思うけど」

ピンク映画の仲間たちの間では人気者の女優だった桜マミが、語ってくれた。桜マミはピンク映画時代、山本晋也監督作品などで活躍。本木荘二郎監督作品でもヒロイン役は少なくなかった。フィルムセンターの試写室で本木作品を上映した時の紅一点が、桜マミだった。当日試写した二本の本木監督作品に出演していた。試写の後、居酒屋などで想い出話を聞いた。

彼女によると、『発情女　乱れ斬り』は、当時新宿辺りに溢れていたフーテン娘たちを主人公にしたように見えるが、具体的にモデルがあるということだった。あるピンク映画やヌードグラビア専門の女優プロダクションとその社長をパロディにしているというのである。登場人物の口調やエピソードから、それがよくわかるというのだ。

本木荘二郎の監督作品は、どれも本木自身が脚本を書いていた。どの作品にも身の回りで思い当たるような人物やシーンが多かったのだとも話してくれた。若き日からの映画屋だった本木は、暇さえあれば次の脚本を書いた。予算の少ないピンク映画では、気の利いた脚本家に頼むわけにもいかなかったのだろう。だが、なにより本木は、助監督時代から脚本書きは手慣れたものだった。脚本を読み、書くことは、助監督の仕事のひとつだった。

「可愛いスケベなお爺ちゃんだったよ。老けていたから、死んだ時が六十二歳だったなんて思わなかったね。ベッドシーンは、しつこいくらいだった。体を触られたこともあったかな。演技をつける時とか。でも、腹の中のいやらしさはなかった。私のこと、雷の子って言うのよ。雷みたいにドカンドカンって賑やかだって（笑）。なんか言うとイッヒヒヒって笑うの。都合が悪いと、イッヒヒヒって」

雷の子と愛称をつけられた桜マミだけでなく、本木のファンは女優の中には少なくなかった。マミの姉貴分で、やはり山本晋也作品や本木作品によく出演して人気のあった乱孝寿が語ってくれた。

「荘ちゃんとは、親しかったよ。死んだ時はね、ちょうど他の組の撮影が入っていて、私はお通夜には行けなかったの。なんか形見分けを頂戴って言ったんだ。部屋には卓袱台しかないよっていうから、それでいいよって言ったんだけど、いつになっても、誰か持って帰っちゃったのか卓袱台くれなかった（笑）。押し入れに、黒澤明のグランプリ像があったなんて知らないなあ」

「私はね、大蔵映画によく出ていたでしょ、それで大蔵貢社長にも可愛がられたんだけど、社長の弟さんの近江敏郎さんにも可愛がってもらったの。俳優で歌手だった近江敏郎さん知ってるでしょ。いつも、〜伊豆の山々空青く〜ってさ、私が歌って笑わせて（笑）。大蔵さん、近江さん、本木さん、みんな古い仲間だったんじゃない。その関係からだったのかな。本木さんにも可愛がってもらってね、よく作品に出た記憶があるよ」

乱孝寿は、ピンク映画界では「最多出演女優」の異名がある。ピンク映画だけでなく、日活ロマンポルノが始まっても脇役として出演し活躍を続けた。そもそもは脱ぐ気も映画に出る気もなかったそうだ。女優が足りないので、脱がなくていいから出てくれないかと出演を頼まれ、好奇心から撮影現場に遊びに行った。結局、気がつくと思い切りよく脱いで人気女優の一人になっていた。

大手の撮影所を飛び出して、本木荘二郎の監督作品でヌードになって再起しようとした第一世代の「ピンク女優」とは違う、第二世代の女優が桜マミや乱孝寿だったといえる。草創期からピンク映画を撮り続けた本木は、幅広い世代の女優たちと交流した。

知人の部屋に転がり込んで

本木の急死の知らせを聞いて集まってきたピンク映画の仲間たちの一人である俳優の椙山拳一郎に、通夜のことや本木について詳しく話を聞いた。

椙山は、本木が初めて撮ったピンク映画『肉体自由貿易』に続き、前作の好評からすぐに撮影に入り、二本目の監督作品となった『不貞母娘』に出演をしている俳優だった。


「役者の関多加志の部屋に転がり込んで亡くなったんだよ。どういう関係で転がり込んだのかは僕もわからないが、次の作品の脚本ができてキャスティングに入ろうという時に亡くなったんだ。だから、キャスティングに入っていた連中からは、『どうすんのよ』『お釈迦になっちゃうの』みたいな話も出たよ、お通夜の晩にね……。

金はかけないで安上がりの映画を撮ろうみたいなのが、本木さんの映画だった。それでも、当時は売れたから、作品が。だから、そこそこ収入はあったんじゃないかな。だけど、亡くなった時に預金通帳を見たら、いくらも入っていないんだもん。それこそ五万とか六万とかだった。それしかないんだ。本木荘二郎さんの全財産。どーすんの？　ってことになったよ」
「いや、ギャンブル好きって話は聞いたことがないね。本木さんは、まず女だね。相当やりまくっている感じでね。『俺の精子には頭が半分欠けていて妊娠する能力はないんだ』って、そう言って口説くんだって。ヘンな口説き方もあるんだなって思ったんだ（笑）。自分の精子を顕微鏡で見ると、頭が欠けているんだって言うんだ。『妊娠なんか絶対にしないよ』ってよく冗談ともつかず言っていた。

子供もいたっていう話だけど、通夜には来ないから……。

そいでね、後日、東宝で偲ぶ会をやってくれたんですよ。通夜には東宝から何人か関係者は来たけど、あの通夜のまんまじゃ、いくらなんでも東宝だって映画会社としてかっこがつかないと思ったんじゃないんですか。街場のピンク映画の人間だけで、山本晋也だとかさ、僕らだけでお通夜をやったんだから。そいでね、次の日の朝には白菊会っていう所から遺体を取りに来て、解剖しますからって言って本木さんの遺体を持っていっちゃった。それで、お仕舞いさ」

本木荘二郎が監督した二本目の『不貞母娘』は、「スレスレ映画の決定版」「上映一時間の中にキッスシーン十回・抱擁十二回」などと、男性向けの週刊誌に書かれた。公開後、フィルムは全国の映画館から引き合いがきて、本木の事務所をてんやわんやさせた。当然、大ヒットだ。当時、本木は出資者を得て自分のプロダクションを持っていた。Gプロとかシネ・ユニモンドなどと名乗るその会社は、事務所は小さかったが、フィルムは作ればすぐに売れた。初期のピンク映画は、みな製作だけでなく映画館への配給まで自前でやった。『肉体自由貿易』も『不貞母娘』も、全国の映画館から注文が殺到してプリントが足りないほどだった。

『不貞母娘』の物語は、銀座の洋品店の未亡人マダムが中年実業家と再婚するというものだ。だが、それまで関係のあった洋品店の支配人との関係を切ることができない。マダムには前の夫との間にできた年頃の娘がいて、ふしだらな母の男関係を知った娘は、母が再婚した義父への同情と愛情につながる。ところが、成長した娘の肉体に目をつけていた支配人が、娘に手を出そうとするからややこしい。まさに、母と娘の肉体が混戦模様の「スレスレ映画」だった。物語の舞台は、銀座の洋品店である。本木の親戚筋にあたる銀座の有名老舗洋品店がヒントになったと考えられる。今となってはそれが「実録」かどうかは、わかりようがない。

当時は、まだ「ピンク映画」という呼称は定着していない時代で、キャストは大手撮影所育ちの女優さんや男優さんが多い。主演のマダム役には、日活を振り出しに新東宝で人気の出た左京未知子が選ばれた。当時は、都心のキャバレーなどでも「歌う女優」として人気があった。相手の義父役は、PCL時代から東宝撮影所にいて本木の師匠だった山本嘉次郎作品などでも活躍した佐伯秀男だった。そして、支配人役が椙山拳一郎で、当時は杉山健という芸名だった。椙山は、俳優座関連の劇団など新劇畑出身で、当初はテレビ出演も少なくない。椙山にとっては、『不貞母娘』は初めてのピンク映画の出演だった。

NHKの教育テレビでは子ども番組の「お兄さん」をやったこともある椙山には、強いてピンク映画の世界に飛び込む理由はなかった。『不貞母娘』も、マネージャーが持ってきたギャラのいい仕事に出ただけのことだった。最初は、それがピンク映画というものとはついぞ知らなかったし、俗にいわれるピンク映画がどんなものかも全く知らなかった。独立プロの作品と聞いた椙山は、当初は『真昼の暗黒』や『真空地帯』といった社会派映画を連想したと言った。成人指定の映画と聞かされて納得はしたが、東宝や日活といった大手映画会社「五社」の製作ではない劇映画だというくらいにしか思わなかった。

本木荘二郎の監督作品に出演した俳優で、生き残っていた最も古い俳優の一人が、椙山だった。椙山は、いわば本木荘二郎がピンク映画の世界を開拓したのと同じ頃、その世界に足を踏み入れ、そのままこの世界から抜けられなくなった俳優の一人だった。ピンク映画の世界を、始まりからずっと体験してきたことになる。そんな椙山も、二〇一四年急に体調を崩し七十八歳で亡くなった。

なにが男の一生を分けたのか

本木荘二郎の死は、まったくといっていいほど新聞には報じられなかった。「あるピンク映画監督の死」というだけならともかく、数多くの世界的称賛を受けた作品のプロデューサーとしての本木の業績からすれば、本来は有り得ないことだった。本木の撮影所時代の仕事の大きさは、日本映画史からすれば特筆に値するものだ。

本木荘二郎には、東宝という映画会社を追われなければ、晩年は限りない名誉とそれにふさわしい安泰な暮らしが待っていただろう。実績のある他のプロデューサーがそうだったように、会社の中に重役の椅子も用意されたはずだ。晩年には、推薦されて文化勲章を授与されてもおかしくなかった。

アパートの通夜にも駆け付けた東宝の田中友幸プロデューサーは、死に顔を見ながら一言「かわいそうに……」と言ったそうだ。東宝関係者は、このままでは「かっこがつかない」と、後日「偲

『不貞母娘』は「現代悪女シリーズ」と銘打たれ三本立てで全国公開。『女が泣く夜』も本木が撮ったショー映画

ぶ会」を開いた。都心の青山のホールで催された「本木荘二郎を偲ぶ会」には、ライバルのプロデューサーだった藤本真澄、田中友幸をはじめとして、東宝映画関係者のほか本木と交流のあった映画人が集まった。それは、大手の映画会社と街場のピンク映画関係者が半々に集まる、あまり見かけることのないメンバーによる「お別れ会」だった。

当日参列した椙山拳一郎は、東宝関係者が挨拶するのにも気後れせずピンク映画界を代表して大蔵映画の大蔵貢社長が、本木への弔辞を朗々と述べたのを憶えていた。大蔵貢は、若き日には少年弁士として鳴らした美声の持ち主でもあった。

本木荘二郎が亡くなってから一週間後、当時駅売りで圧倒的な部数を誇っていた夕刊新聞「夕刊フジ」だけが下記のような記事を書いた。この時初めて、本木荘二郎が亡くなったことを知ったという本木の古い知人や友人も少なくない。広く一般に本木の死が知らされた初めての記事である。

「東京・新宿のアパートでだれに看取《み》られるでもなく、62歳の男が息を引きとっていた。去る二十一日朝のこと。本木荘二郎さん。その死は新聞に一行も報じられなかったが、かつては黒沢明監督とコンビを組み、グランプリをとった『羅生門』、アカデミー賞外国映画賞の『七人の侍』など黒沢作品のほとんどを手がけた大プロデューサーだった。最近は、人知れずポルノ映画をつくっていたという。かたや黒沢、そしてこの人。なにが男の一生を分けたのか」

（「夕刊フジ」一九七七年五月二十七日「映画バカ一代　ポルノ戦線に死す」より）

上記のような書き出しで始まり、記事は本木荘二郎の死と、本木が黒澤明と成し遂げた仕事や作品について書いている。文中には、本木を部屋に居候させていた、俳優でピンク映画の助監督でもある関多加志がコメントしている。

「ピンク映画だけで二百本は撮ったんじゃないですか。小さなコヤでかかるものやら、旅館あたりに売れるブルーフィルムまで……。あの人はともかく、死ぬまで映画を作っていたわけですよ」

電話口で絶句した黒澤

晩年、ほぼホームレス状態になっていた本木荘二郎が「映画を撮る」状態を維持するために泣きついて転がり込んでいたのが、関多加志の部屋だ。関は、当時は本木の片腕的な立場にあったらしく、亡くなる前日の二十日の午後七時に新大久保の喫茶店で本木に会っている。クランクインを控えた映画の打ち合わせのためだ。その夜、本木は、その次の作品のことも楽しそうに話題にした。

本木は、金に困っていた。借りられそうな所は、どこからでも金を借りて歩いていた。作家の団鬼六もその一人。団鬼六はプロダクションを作りピンク映画の製作に手を出したことがある。実際、本木は団鬼六の資金でピンク映画を監督した。紹介者はボクサー出身の風変わりな俳優でコメディアンのたこ八郎だった。借金の取り立て人同伴で金を借りに来た本木に、団は「五万円」を貸した。

古い知り合いの本多猪四郎夫人にまで金を借りた。本多夫人のきみさんは、本木とは東宝撮影所では同期入社の映画スタッフだ。親しく懐かしい撮影所仲間だった。本来は金を借りには行きたくないと思われる相手でもある。でも、もはや誰彼構わず借りねばならない理由が本木にはあったのだ。撮影所仲間が多く住む成城学園にやってきて、待ち合わせ場所は路上だった。本多の家には寄らなかった。「寄れる時が来たら、また来るよ」と言い残し、金を借りて、すぐに立ち去った。

本木荘二郎は、本多猪四郎の第一回監督作品『青い真珠』のプロデューサーでもある。山本嘉次郎組では、助監督として本多とも兄弟のように助け合った。きみ夫人は、それをよく知っていた。言われた「三万円」は当時としては高額。夫人は、志村喬の夫人から借りて「三万円」を貸したという。本木は、後日また路上に金を返しにきた。

おそらくは高利の金に手を出して、金利の催促に追われる日々だったのではないか。ピンク映画だけでなく、温泉ポルノやブルーフィルムの製作にも手を出したという。そのためその筋とも付き合いができたのか。みるみる膨らんだ高利の金を返済するために、生きている心地もしなかったろう。ピンク映画の製作は自転車操業で、晩年には出演者やスタッフに払うギャラが滞ることもあった。元来、金にはルーズな性格だったのだ。

本木が亡くなった場所から、黒澤明に電話をしたのは、ピンク映画監督として有名な山本晋也だった。山本と本木の出会いや交流については後々触れる。

黒澤明は電話口で絶句したという。「本木とは縁を切ったから」と言った。結局、本多猪四郎監督や田中友幸プロデューサーは短い時間でも、北新宿の第二淀橋荘七号室に駆け付けたが、黒澤はとうとう来なかった。「来なかったのは黒澤明だけ」だった。

本多猪四郎は、通夜に駆け付けて線香をあげると、「これで飲んでくれ」と言い、財布の中から手持ちの札を何枚か出して、ピンク仲間たちに手渡した。そんな光景が、本木の業績を知る一部のピンク映画関係者たちに「なぜクロさんは線香の一本もあげに来てやらないのか」「黒澤さんは本木さんに何か後ろめたい気持ちがあるのか」という疑念を与えたのは無理からぬ話だった。

線香は準備できたが、お経を読んでくれる住職が必要だということになった。誰かがどこかの寺から坊さんを連れてきた。読経が始まると、部屋の入り口で坊さんにはいくら包むのかで仲間たちはワイワイガヤガヤと始まった。喪主もいないのだから、香典は受け取る人もない。「香典はなし」にしようということで落ち着いた。部屋には何人もピンク映画の監督たちがいて、知恵を出し合い、気持ちよく故人を見送ることを考えたという。

再び、椙山拳一郎の回想。

「生前、本人は俺の体は死んだら献体するから、誰にも迷惑はかけないって言っていた。言ってたわりには、みんなで祭壇をこさえてさ、坊さんを呼んで、結構迷惑かかっているよ（笑）。お通夜してさ。だが、お通夜って言ったってしんみりとしたお通夜じゃないのよ。なんか半分みんな笑っているんだ。『爺さん、死んじゃったよ』みたいな。山本晋也なんかも『哀れだね。芸能界の末路なんてこんなもんだよ……』って言ってるしね。そういう喋りだったな、あの晩は。

女関係が取り沙汰されたけど、お通夜でよよと泣き崩れたり、自分が恋人だっていうような女もいなかったね。記憶にはない。通夜には女の子もいたけど、泣き崩れたりじゃなくて、その辺を雑巾がけとかしていたね。ピンクの女優が。

でもね、俺さ、本木さんって憎めなくってね。ケンちゃん、ケンちゃんって話しかけてきてね。撮影の待ち時間とか、昼飯の時とかさ……」

落語にでも出てくるような、ドタバタとしていて慌ただしい、決して寂しくはない通夜だった。ピンク映画の仲間たちの底抜けの明るさとバイタリティが、そうしてしまうのだ。人の死を、いつも身近に感じているからこそ助け合い、悲しみを分け合おうとする。そんなピンク映画の仲間たちは、急ぎ足で集まってきては散っていった。

それは、夜を通して故人を語り尽くし、永遠のお別れをしようという庶民のならわしからすれば、至極当然などこにでもある通夜だったようにも思う。時に見かける、底辺のはぐれ者の通夜だったようにも思える。

当時、ピンク映画の仲間たちの間で、寂しい死が続いていた。

ピンク映画専門の俳優の鏡勘平が亡くなり、住んでいたアパートに引き取って通夜をしようとしたら、アパートの大家に「あの人の死体を置くのはやめてくれ」と言われ、病院の霊安室でそのまま通夜をやることになるという事件があった。仲間たちは、病院の霊安室に集まってきて、通夜をした。酒が入って「テメエ、起きてきて一緒に踊れ」と言いだす俳優仲間もいて、病院関係者を驚かせ困らせた。

世間一般の常識から考えたら、本当に異様な光景だったに違いない。鏡の通夜からすれば、本木荘二郎の通夜などは穏やかなものだった。好色だが紳士的で、愛すべきベテラン活動屋だった生前の本木荘二郎監督そのままの通夜だったといえるだろう。

椙山拳一郎の話を聞きながら、ある映画のシーンが浮かんできた。それは、黒澤明監督の名作『生きる』の後半にある主人公・渡辺勘治の通夜のシーンだった。

市役所に長年勤務する渡辺勘治は、定年を前に自分がガンに侵されたことを知り、それまでとは違う生き方を模索する。街に出て少女と出会い、泥田のようになっていた空き地に公園を作る。

渡辺勘治が亡くなった後の通夜は紛糾する。役所の無責任体制を温存させる元凶は誰か。渡辺勘治は、何に立ち向かったのか。話は行きつ戻りつしながら、故人の生前の姿が想い出される映像が入り交じる。今では、ごく当たり前のように通夜の場面が展開する映画が多いが、当時は珍しかった。延々と続く通夜の場面、それだけでも観客を驚かしたことだろう。

本木荘二郎の通夜は、責任者や犯人を捜す通夜ではなかった。誰が本木を殺したのか、誰が本木をこんなにしたのか、そんなことを思った人間も、集まった仲間たちの中にはいただろうが、多くの仲間たちが、そんなことはとりあえず自分らには関係なかった。愛すべきピンク映画のオヤジが亡くなった。それが悲しかったに違いない。やはり、黒澤作品でいえば例えば落語の長屋の世界を描いたような『どん底』に近いだろうか。

晩年の本木荘二郎は、渡辺勘治のようにやりたいことをやって死んだだろうか。いや、やりたいことをやり尽くしての一生だったか。

本木荘二郎と本木がプロデュースした作品『生きる』には、ひとつの謎もある。

「これは、この物語の主人公の胃袋である。幽門部には胃癌の兆候が見えるが、本人はまだそれを知らない」

映画『生きる』の冒頭にあるナレーションだが、これは本木荘二郎の声だといわれている。ノンクレジットだが、最近ではそれが定説になった。一説には違う俳優の名を言う人もいる。

本木荘二郎は、撮影所に入所する以前に、ＮＨＫでアナウンサーをしていた時期がある。ここに、ナレーションを入れようというのも本木の提案だったともいわれる。『野良犬』でも印象的なナレーションがあるが、それも本木のアイデアといわれる。『生きる』は、『羅生門』で世界的に注目された黒澤明が、本格的に世界市場へと出て、高く評価された作品だったことだけは確かだった。

第2章

青春

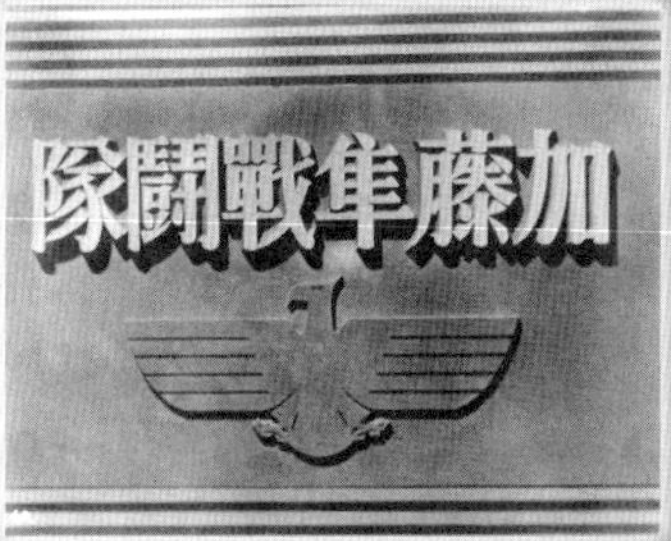

昭和19年、緊迫する戦局下、本木荘二郎は山本嘉次郎監督『加藤隼戦闘隊』のチーフ助監督に就いた　©TOHO CO.,LTD

ＰＣＬ撮影所

東宝撮影所の前身は、ＰＣＬ。正式には、フォトグラフィック・ケミカル・ラボラトリー、創立は昭和七（一九三二）年六月である。当初は、貸しスタジオとして技術の提供を目的にした本邦初の本格的「トーキー映画撮影所」だった。

昭和六年、わが国初の松竹のトーキー作品『マダムと女房』の反響は大きく、日本映画界を一気にサイレントの時代からトーキー映画の時代へと加速させていく。松竹に対抗する日活もトーキー映画の製作に本格的に乗り出し、ヒット作を連発した。そんな映画界の推移を受けて、かねてから写真乳剤の研究を重ね、ドイツにおいてもその指導を受けた植村泰二が中心になり、財閥の御曹司だった大橋武雄らが資金を提供して後押しして誕生したのが、ＰＣＬ撮影所であった。

撮影所スタート時は、日活作品のトーキー録音などを担当するばかりだったという。ところが、過熱したトーキーブームが去り、日活は急な経営不振に陥る。トーキー映画量産をあて込んで鳴り物入りで完成させたＰＣＬ撮影所の大ステージは利用されることがなくなり、ＰＣＬもにわかに経営不安に至った。奮起したＰＣＬの経営陣は、当時日活の企画部長で脚本家、トーキーの研究者としても知られていた森岩雄をＰＣＬに招いて、自社独自の映画製作に乗り出すことになるのである。

森岩雄は、明治三十二（一八九九）年、横浜に生まれている。父は株屋だったという。六歳の時に東京に移り、大正六（一九一七）年成蹊実業専門学校に入学したが、病気のため途中退学する。回復後、映画界を志してシナリオライター、映画評論家、翻訳家として活動するかたわら、中央映画社などで外国映画輸入、日活での映画製作、日本俳優学校など種々の映画事業に関わる。昭和八年にＰＣＬ映画製作所に役員として入社。以後は、東宝映画、東宝株式会社の各常務を歴任する。戦後、公職追放の期間があるが、東宝に復帰して専務、副社長、代表取締役相談役などを歴任する。

ＰＣＬ撮影所の自社製作映画第一弾は、エビスビールとタイアップをした『ほろよひ人生』だった。だから、ＰＣＬ撮影所は、ビールの泡から生まれたと、後年笑い話になった。

『ほろよひ人生』は、異色のトーキー作品で当時の観客を驚かせた。『マダムと女房』も音楽シーンや口喧嘩《げんか》、主演の田中絹代の歌声など巧みな演出を見せているが、基本は松竹蒲田調の家庭劇。松竹蒲田調のドラマに音声がついたトーキー作品などとは違い、『ほろよひ人生』は当時のモダンな演劇やジャズを取り入れながら、なおかつサイレント映画時代の表現方法や象徴的な描写を随所に入れ込んだ斬新なものだった。主演の藤原釜足の軽妙な演技も目立った。ビールは、映画と同じく当時急速に一般大衆化しつつあった流行の飲み物だった。エビスビールが宣伝効果を狙い映画製作予算の半分を持った。

ミュージカル仕立てで古川ロッパら人気者の出演もあった『ほろよひ人生』は、公開と同時に大ヒット。ＰＣＬは時代の波に乗るべく、順調に船出したのである。

生まれたてのＰＣＬ撮影所には、映画、演劇、音楽などの各ジャンルからスタッフ、キャストが広く集められて、老舗の松竹や日活に対抗する映画製作の拠点となった。

新しく完成したモダンなスタジオは、何か新時代の芸術が生まれるかもしれないという予感に充ちていた。昭和初期の若者たちの気持ちを高揚させる映画会社の誕生だった。トーキー映画が、昭和モダン文化の象徴として花開いていく時代が始まったのである。映画は、流行歌にも「シネマ見ましょか、お茶飲みましょか」と歌われる時代であった。

当時の先進的な若者たちは、夢と青雲の志とを描いて、撮影所の門を潜ったことだろう。それは、従来の古い活動大写真の時代とも違う、新しい予感に充ちたものだった。そして、また撮影所は、彼らの青春の聖地だった。

本木と黒澤の出会い

やがて撮影所の命運すら左右する、兄と弟のような盟友の出会いがあった。黒澤明と本木荘二郎である。二人は、東宝撮影所の近くにあった下宿屋の上と下とで出会っている。

「お前、今度来た助監督か」

「はい。そうです」

「なんだ、お前、玄関脇のここにいるのか」

「はい」

「でも、お前、これ、部屋代を払ってて大変だろう」

「大変です」

「俺、八畳に一人でいるんだ」

「いいですね」

「お前、俺の部屋に来ないか。助けてやるよ」

「いいんですか」

「いいよ。すぐ荷物持って上がってこいよ」

「はい！」

その日から、黒澤明と本木荘二郎は、下宿屋の二階の同じ部屋で暮らすことになる。

下宿屋の玄関脇にあった三畳間から、二階の黒澤の八畳間の居候になった本木は、助監督の先輩後輩として、黒澤と兄と弟のように暮らし始めている。

撮影所での仕事はむろんのこと、仕事が終われば、一緒に飲みに行き、一緒に女を買いに行った。黒澤と本木は、新宿よりも安い玉ノ井によく出かけた。渋谷の道玄坂上の円山町などにもよく行ったという。当時、黒澤の月給は八十円で、本木は四十五円だった。遊ぶ時には、黒澤が金を出してくれたこともたびたびだった。


「黒沢くんていうのは私の四年先輩なんですよ。私が東宝へ初めて入って、もう右も左も判らん。急に撮影所の助監督っていうのは、誰もそのいわゆる方程式がないから誰も教えてくれないんです。ま、自分で覚えろっていうことですね。で、まごまごしてたときにね、私がアナウンサーをやって。ＮＨＫはね、昭和十三年で八十八円の初任給で。どこの一流会社よりも多かったです。ていうのはアナウンサーはね、被服費が出るんですよ。そのかわり、身なりはいつもきちっとしてるわけです。それが薩ちゃん（山本薩夫）にバッタリ会ってね。お前、どうしたんだって言うから、いや今ＮＨＫにいってるんだけどねえ、参っちゃったねとかダメだなんて言ったら、ああ、東宝で助監督、募集してるから、お前、受けてみたらって。それで、受けて。でも、給料安くてね。母なんかと一緒でしたが横浜だったので安いところないかと思ったら、下宿屋で、玄関入ってすぐ左に三畳間があるんです。これは安いんです。そこが空いてて、そこに入ったら、その二階の八畳に黒沢くんがいたわけですよ」

（『映画芸術』一九七六年四・五月合併号「若き黒沢明の周辺」より）

本木が、晩年に一度だけ、映画界に入った当時のこと、黒澤明のこと、そして東宝争議の頃のことなどを語っているインタビューである。

戦前からある映画雑誌の一つ『映画芸術』で、「焼けあとに原点はあったか」という巻頭特集の一篇だった。この貴重なインタビューをふりかえる映画研究者が少ないのは、なぜだろう。自分が思い描く「本木荘二郎」とは違うイメージを与えられるからなのか。ここには、若い日の黒澤明ら撮影所の仲間たちと青春を共有した「映画青年」、撮影所の仕事に汗を流した「カツドウヤ」である本木荘二郎がいる。

今日から考えてみると、晩年の本木は自分の死期を悟っていたのかもしれない。そうでなければ、死後に自分の遺体を預かってくれる白菊会への献体にも申し込まなかったのではないか。

亡くなる数年前、偶然に街角で本木を見かけたという東宝関係者が、憔悴《しょうすい》して顔つきも身なりも変化した本木荘二郎に驚いたというのだが、無理もない。本木は晩年には心臓が悪く、喘息が持病だった。ピンク映画の仕事でのうらぶれた生活ばかりを原因にするべきではない。本木は、晩年まで黒革のジャンパーにスラックスで、街場の撮影現場では、おしゃれな老紳士だったとピンク映画の関係者の多くが語っている。

東宝時代の派手な紳士ぶりや飛ぶ鳥を落とす勢いの本木の活躍を知る人にとっては、街場の水に馴染んだ映画屋の姿は、うらぶれてみすぼらしく見えたのだろう。

東宝を去って黒澤明と別れる時に「二度と黒澤明の名は使わない」と言ったという本木荘二郎が、たった一度だけ、黒澤明の想い出を語り尽くしたのが、このインタビューだ。それが、ほぼ死の一年前の映画雑誌に載っている。本木は、話しておきたかった、語り残しておきたかったのではないかと推測できる。聞きたいという人が、あったのだろう。「若き黒沢明の周辺」という、思わせぶりなタイトルもつけられた。当時、本木の周りには、映画好きで脚本なども書くピンク映画の助監督たちが何人か集まっていたとも聞いているから、そのうちの誰かが書いた記事だったかもしれない。

聞き手は若いらしく、「黒澤さんと高峰秀子の恋愛時代じゃないですか」と本木に問いかけ、本木が答えて言う、「それ以前です」。そして、本木はさらにこう続ける。

3 東宝映画 戦中から戦後へ 若き黒沢明の周辺 木本荘二郎

34

たった一度だけ黒澤明との想い出をインタビューで語った（『映画芸術』1976年4・5月合併号）

「で、黒沢くんて人はその頃から、一生懸命、脚本書いてましたよ。ぼくら、酒飲んで遊んでるんだけど、帰るとね本書いてるんですよ。偉かったですね。その前は谷口千吉と二人で、祖師ヶ谷のブリキ屋の二階にいたんです。下がブリキ屋でしょう。うるさいんですよ。あそこらブリキを叩くでしょう、今、どうだか知らないけど、チャンカチャンカ、折りまげたりなんか、あれがうるさくてね」

黒澤明と本木荘二郎の年齢差は、四歳。ＰＣＬ撮影所では、黒澤が二年先輩だった。新興の芸術であり、新しい産業でもあったトーキー映画の撮影所に入って、何もわからないでいた本木を、黒澤は公私に亘って面倒を見たのだった。

本木が転がり込んだ八畳間の前には、黒澤は同じ山本嘉次郎監督門下の助監督である谷口千吉と相部屋で祖師谷のブリキ屋の二階に住んでいた。

谷口千吉と黒澤明では、谷口のほうが一歳年下だったが、撮影所では谷口が三年も先輩だ。戦後の映画界では、谷口と黒澤の二人は人気監督としてライバル視されることが多い。だが、助監督時代には同じ部屋に住み、撮影所では先輩ということで谷口のほうが威張っていたそうだ。外から酔って帰ってきた黒澤が部屋の明かりを点けると、「明るい、この野郎、消せ」と、谷口は怒鳴った。黒澤は、明かりを消して蠟燭《ろうそく》の灯で机に向かい、書きかけの脚本の続きを書いた。

黒澤明が監督昇進以前に書いた脚本は多い。他の監督により映画化されたものもある。「達磨寺のドイツ人」や「静かなり」など、映画にならなかったが、後年の作品に強く影響を残している脚本もある。美術青年であり、文芸青年でもあった黒澤にとって、脚本を書くことは助監督時代から日課だったのだ。

アナウンサーから映画界へ

本木荘二郎は、大正三年（一九一四）に東京・新橋の洋装関係の裏地を扱う問屋の家に生まれる。一男三女の長男で、生家は三階建ての洋館だった。東京府立第一中学校（現日比谷高校）へ進み、早稲田大学に入る。しかし、父と母が離婚、母とともに外に出た荘二郎は長男であるため、その後も父の姓である本木を名乗った。本木家は、複雑な家系であった。

東京っ子ならば、銀座の表通りにある高級洋品店「モトキ」の前を銀ブラしたことがあるだろうか。高級デパートと並んで、その店はある。映画界では、本木荘二郎は長くその老舗洋品店の生まれ、御曹司だといわれていた。本木の華々しいプロデューサーとしての活躍や言動が、そう思わせたのであろう。しかし、銀座の「モトキ」は父方の親戚筋に当たるものの、本木の生家ではない。

早稲田大学文学部仏文科に学んだ本木は、いつも下駄ばきに学生服だったが、銀座の柳を見て育った彼の内心には、バンカラというより、当節流行のモダンボーイの気風があった。映画研究会に属し、エノケンから三好十郎まで映画や演劇には詳しかった。

学生時代は、東京っ子らしく大いに学生生活を楽しんでもいたようだ。当時のモダンボーイの多くがそうであったように、流行のマルクスボーイだっただけなのかもしれない。この時代の学生生活には自由を謳歌する気分と息苦しい時代背景が同居していて、日に日に弾圧が厳しくなる時勢でもあった。黒澤明の作品『わが青春に悔いなし』の物語を持ち出すまでもない。

本木荘二郎は、学内での処分を受けた後、条件付きで学部に残って「転向」し、卒業したと自分で語っている。

卒業後の昭和十三（一九三八）年、ＮＨＫにアナウンサーとして入社する。ＰＣＬ撮影所に入ったのは、同じ年、早稲田大学の先輩で学生運動の先輩でもあった山本薩夫に街角で偶然出会い、撮影所入りを勧められたからだった。

山本薩夫は、その前年、吉屋信子原作の『お嬢さん』で監督に昇進したばかりで意気軒昂であった。山本は、同郷人で師事していた伊藤大輔監督の勧めで松竹撮影所に入社、その後助監督として成瀬巳喜男監督についたが、成瀬とともに四年前に松竹からＰＣＬ撮影所に移っていた。

山本薩夫が東宝撮影所に入所した時、森岩雄から最初に言われたということが逸話として残っている。森は、山本に向かい言った。

「松竹の撮影所では、助監督は監督になる前提で働いているけど、ウチは違いますよ。松竹は監督が映画を作っているけど、東宝はプロデューサーが映画を作るんです。ハリウッドみたいにね。東宝では、助監督は監督になるための要員ではありません」

森は、東宝撮影所における助監督は専門職であり、ハリウッドと同じだと言いたかった。森は、大正期末に欧州から米国へと回る外遊と勉学の旅に出ている。その旅で、映画の本場といわれたハリウッドで学んだ「映画製作」の基本を東宝撮影所に根づかせるべく陣頭指揮に当たっていたのだ。初期の東宝映画には、「監督」というクレジットタイトルは出てこない。全て「演出」である。山本嘉次郎でも黒澤明でも「演出」である。それは、戦後のある時期までほぼ変わらない。プロデューサーのほうが、監督即ち演出家より偉いという位置付けで、プロデューサーが映画を作るのだという考え方に基づいたものだった。助監督から監督に昇進するのをよしとするのではなく、助監督は専門職であって、むしろ舞台演出家や小説家、脚本家に監督をやらせる時に、それを助ける役だという発想がそこにはある。

この話、山本薩夫は、「そうですか。専門職なら、もっと月給を高くしてください」と言ったというオチがついているのだが。

本木荘二郎は、山本薩夫と出会ってから二か月後、東宝撮影所に入社している。

本木にとって、ラジオというメディアでアナウンサーになることは、時代の先端で活躍をする憧れの職業のひとつだったはずだが、NHKに入るとライバルが多いことに少なからず気後れしていたらしい。

より新しいトーキー映画専門のモダンな撮影所で活躍をしてみたいという誘惑に、本木はかられたのだ。

山本嘉次郎門下に入る

黒澤明は、明治四十三(一九一〇)年、東京・大森の立会川に生まれた。父は、秋田県出身で陸軍の体育教官を務めていた。四男四女の末子で、年の離れた長男は騎兵で負傷し、次男は早くに病死している。すぐ上の兄の丙午を慕い、父に反抗して外に出た丙午の下宿によく遊びに生き、兄から映画や文学について多くを学んでいる。

黒澤明は、昭和十一(一九三六)年一月、読んでいた新聞でPCL撮影所の入社試験を知った。二・二六事件で世情が混乱する年でもあった。

「昭和十一年のある日、新聞を読んでいた私の目に、P・C・L映画撮影所の助監督募集の広告が飛び込んで来た。

私は、それまで、映画界へ入る事は、全く考えていなかったが、その広告の内容に思わず興味を持ったのである。

それには、まず第一次試験として論文を出せと書いてあった。そして、その論題は、日本映画の根本的欠陥を例示し、その矯正法について述べよ、というものであった。

私は、これは面白い、と思った。

そこにはP・C・Lという会社の若々しい意欲が感じられて、なにかしっかりした歯ごたえがあった。と、同時に、その論題は、臍曲がりの私のいたずら心を刺激したのである」


（黒澤明『蝦蟇の油　自伝のようなもの』より）

同年四月、黒澤はPCLに入社する。当時二十六歳。東京美術学校（現・東京藝術大学）の受験に失敗した黒澤は、画家を目指していくつかの画塾に通い二科展に入選するなどしたが、飽き足らず共産党系の芸術活動家組織・ナップ（NAPF＝全日本無産者芸術連盟）にも参加していた。食べるためには、雑誌記事の挿絵のアルバイトもした。兄の死から二年後、黒澤は撮影所に入社したことになる。新しくできたPCL撮影所には各方面から人材が集まるが、左翼系の映画人組織・プロキノ（プロレタリア映画同盟）の出身者も多くいたといわれる。同じ左翼系のナップに属していたことのある青年黒澤にとって、それは、ひとつの大きな巡り合わせだったろう。

しかし、黒澤が撮影所に入る前に最も強く影響を受けていたのは、兄の丙午だった。丙午は当時、須田貞明という名で、洋画系の活動写真の人気弁士として活躍しており、それ以前から映画評論なども書いていた。

ところが、無声映画からトーキーになって、失職する活動弁士が相次いだ。弁士と映画館や映画会社との間で争議が起きることになった。いわゆる「トーキー争議」である。黒澤丙午は争議委員長となるが、弁士側が敗北する。元来享楽的で自殺未遂の常習者であった丙午は、昭和八年、夫と子がありながら酒場の女給だった愛人と伊豆湯ヶ島の旅館で心中自殺をして亡くなってしまう。二十七歳の若さだった。

撮影所長だった森岩雄は、黒澤の兄須田貞明をよく憶えていた。黒澤遙村と名乗り、映画雑誌の投稿家であった頃から注目していたらしく、その弟ということで黒澤明を試験官として面接した時から大きな期待をもって撮影所に迎え入れた。芸術家肌でありながら山本嘉次郎監督に愛されてよく働く黒澤は、森岩雄撮影所長のお眼鏡に適うホープとして撮影所内の期待の星として成長していった。

本木荘二郎は、撮影所入所すぐにはマキノ正博（後に雅弘をはじめ、同じ発音のいくつもの名前を名のる）の助監督などもしたが、黒澤と同じ山本嘉次郎監督の門下生となっている。

同じ門下には、黒澤明、谷口千吉、本多猪四郎がいて、それに本木が続いた。黒澤が山本嘉次郎組のチーフ助監督だった時、本多がセカンド、本木がサードという順だった。後に黒澤は、このメンバーを「最強のチーム」だったと回想している。

なにごとも外国流を目指したモダンな東宝撮影所では、早くからチーフ助監督を「製作主任」と呼んだ。助監督が監督に隷属したものではいけない、独立したものにしようということから始まった呼び名だそうだが、外国流だ。ひとつの映画には、製作主任の下に、助監督が二人ついた。呼び名は違っても、仕事の内容はほぼ同じだった。

撮影所の食堂では、伝票にサインをすれば、助監督らにはご飯などのお代わりはいくらしてもタダ、お腹一杯食べられたが、本木荘二郎ら新米の助監督には飲む金は残らなかった。

ＰＣＬ撮影所の食堂はとても洒落ていて、日活の撮影所が和食の定食などを食べさせていた時代から、洋食を中心にしたメニューを自慢にしていた。きちんとテーブルクロスのかけられたテーブルに、ボーイさんが銀のお盆でオーダーされたメニューを運んできた。朝はみなコーヒーにフレンチトーストが定番だったというから、モダンな撮影所の雰囲気が窺える。腕のいいコックが作るビフテキ（八十銭）が評判だった。クリスマスには七面鳥が出た。スタッフもキャストも、コーヒーを飲みながら、映画談議に花が咲いた。

コンクリートのスタジオ、撮影所の庭の中央には噴水があり、ニッケルの手すりがピカピカと光っていた。

本木の助監督時代

ＰＣＬは、昭和十二（一九三七）年、京都のＪＯスタヂオなど提携各社と合併、東宝映画株式会社として改組されている。新しい映画文化を発信するモダンな撮影所は、時代の先端にあった。

まもなく軍国主義とファシズムが台頭する厳しい時代が到来する。時代の激流は、モダンで進歩的な新しい映画作りの拠点、撮影所の気ままな生活も映画人も押し流していってしまう。洒落た撮影所に、軍靴の音が響き始めるまでに、そんなに時間はかからない。

昭和十四年、戦時下の映画法の施行で多くの映画会社や映画プロダクションは統合、再編成された。ニュース映画や文化映画だけでなく、それが劇映画の世界にも及んで、多くの映画会社が姿を消した。劇映画は、大映、松竹、東宝の三社のみになる。

多くの映画人が職を失い、召集令状によって戦争に駆り出されていった。その過程にあって、東宝撮影所では軍部直轄の技術映画や教育映画を量産する軍需産業色が強くなる。大衆向け劇映画においては、いわゆる戦意高揚映画を製作する一大拠点ともなった。

太平洋戦争を挟んで、撮影所の風景は大きく二転三転する。

撮影所の門を叩いた若き映画人らの全てが、そうした時代に翻弄された。激しい戦火の中を撮影所は生き残ったのだが、その転変は戦後噴出する大争議にまで繋がった。

戦後、そんな状況を本木荘二郎が恩師山本嘉次郎監督らとともに語り合った珍しい座談会の記事があるので紐解こう。

本木（荘二郎）　でもその頃助監督は木曜會の存在は脅威だつたんだ。何か木曜會のメンバアとトラブルがあると、呼ばれるんじやないかと思つてね。何か木曜會と社長がツーツーだつたような氣がしたんです。（笑）だから、氣味惡かつたですよ。

岸井（明＝筆者注・俳優）　そうかねえ。

山本（嘉次郎）　そういう工合に、大變良さがあつたと同じに惡さもあつたんでしようね。あのころ東寶は自由で、民主々義でしたよ。監督が「この邉で食事にしよう」と云つてもダメなんで、

時代の先端を行くトーキー映画の撮影所PCLは、ビール会社とのタイアップ作品から始まった（『映画ファン』1952年12月号）

すぐに現場會議みたいなものを開いて、「食事にすべきか、すべきでないか」を決めましてね。（笑）何しろプロ・キノ（筆者注／プロレタリア・キネマの略）の連中が居たから。そういった、プロ・キノの連中と我々みたいなフーチヤカ自由主義者（笑）が、メイフラワー號に乗つて、アメリカに渡つたようなもんなんですよ。（笑）

本木　だから、戰後の大爭議も、無理ないですね。そのころからもう下地があつたんだから。

山本　そこが又、植村さんや森さんが自由人的な考えを持つているから、思想より何よりその人の技術を買うというシステムだつたんですね。

英（百合子＝筆者注・女優）　本木さんが助監督になつたころは誰がエバッテいたんですか。

本木　そうですね篠勝三とか、關川英雄といつた人が一番上で、谷口、黒澤といったところが、その下でしたが、仲々ウルさかつたですよ。

（『映画ファン』一九五二年十二月号「東宝二十周年記念回顧座談会　ビールの泡から映画会社が…」より）

「飲まぬ阿呆と飲む阿呆、同じ阿呆なら飲もうじゃないか」という『ほろよひ人生』で歌われた劇中歌が社歌のようになっていた。陽気で呑気《のんき》な撮影所だったのだ。ビール飲みたさにPCLに入ったと、撮影所創立とともに入社した俳優の岸井明は言う。岸井は日本大学相撲部出身の巨漢俳優で、エノケン主演の『孫悟空』（山本嘉次郎監督）の猪八戒役などで知られるが、日活撮影所から移ってきた。

東宝を代表するエース監督となった山本嘉次郎も独立プロや日活撮影所を経て、PCL撮影所には創立間もなく入った。日活にいた森岩雄と親しく、その呼びかけによるものだった。俳優でもあった山本嘉次郎が最も最初に監督をしたとされる喜劇作品『ある日の熊さん』（一九二二年）は、森岩雄らが設立した中央映画社で配給している。

座談会には、やはり古手の俳優だった藤原釜足や英百合子、小杉義男も参加している。

PCLは、創立時から従業員や芸術スタッフの採用にあっては、事務系を除いて契約制だった。上下関係や徒弟制から芽が出ない人材を発掘しようという先進的な考えで、チャンスが与えられたが、他社よりも賃金は安くなった。それを保険等で補う制度も考え出された。ただし戦後には、それらが遠因のようになって、思想よりもその技術を買おうと集められていた人材たちが、日本映画界全体を巻き込んで大争議を巻き起こしていく。皮肉というよりも、必然というべきであろうか。

撮影所の想い出として、若き日の本木荘二郎が怖れていた「木曜会」とは、撮影所内のスタッフや俳優らと会社側の対話を目的に集まった会合だが、首脳陣と直結した圧力団体に見えたのは、いかにも生来の自由人であった本木荘二郎らしいともいえそうだ。

助監督の本木が、新人女優の誰それを指導と称して仕事の後にお茶や盛り場に誘ったとする。その情報が木曜会を通じて流れ、時には上司から注意をされたといった経験が、本木にはあったようだ。自由闊達な雰囲気の撮影所にも、とやかくうるさい連中がいたようで、それは戦争色が強まるにつれ深まった。モテ男だった若き日の本木は、たびたび木曜会から呼び出しを受けていた。

本木荘二郎は、助監督時代からモテモテのジェントルマンだった。そのモボ（モダンボーイ）ぶりは、撮影所に本木と同期で入社している本多猪四郎夫人・きみの次のような証言からも想像できる。

「本木荘二郎なんかも、とっても頭の良い人でしたよ」

「なかなかいい男で。あの人だけ綺麗なワイシャツを着て（会社に）出てくるの。一番貧乏なのよ、仕送りもなくて。立派な下宿屋だけど『3畳の部屋があったらそれでいいです』って住んでる位で。身だしなみがいいのか。そりゃあ、クロさんとイノさんなんか、カーキ色の様な（笑）」

（『僕らを育てた本多猪四郎と黒澤明　本多きみ夫人インタビュー』より）

新橋生まれで銀座育ちのモボにとっては、おそらくはごく当たり前の伊達男ぶりだったかもしれないが、映画のスタッフの間では目立った。撮影所では、大男で粗野だが頼りになる黒澤明と、洒落男で紳士な本木荘二郎は好対照だった。

山本嘉次郎門下生は、東宝撮影所ではエリートと言って差し支えない。優秀な人材が育っている。俳優の池部良は、多数書き残した撮影所時代のエッセイの中のひとつに、山本嘉次郎組には黒澤明と本木荘二郎という優秀な助監督がいたとも書いている。山本嘉次郎が最も頼りにした助監督が黒澤明だったことはよく知られるが、本木も撮影所の誰もが知るところの優秀な働きを見せる助監督だった。

黒澤、谷口、本多らが、やがては監督となって一本立ちしたが、本木だけは違っていた。

プロデューサーへの転身

昭和十九（一九四四）年、本木荘二郎は、山本嘉次郎監督の『加藤隼戦闘隊』の製作主任（チーフ助監督）を最後にして、「プロデューサー」となった。取締役兼撮影所長だった森岩雄の命令であったといわれる。

白ワイシャツ姿で撮影所を颯爽と走り回っていた本木荘二郎に、森岩雄は思うところがあって、プロデューサーとして一人立ちをさせようと考えたのだった。

森所長から「お前はプロデューサーに向いているから、そっちでいけ」と言われた日、本木は黒澤に相談している。

「いいじゃないか」「森さんの言うようにやってみなよ」と、黒澤は言った。

一度プロデューサーになれば、おいそれとは監督には戻れないのが東宝撮影所のシステムであった。それも、所長命令だ。プロデューサーが映画作りの全体を仕切る、従来の活動写真の時代からの映画屋意識とは違うハリウッド仕込みの映画製作、それを担う新しい時代に合ったプロデューサーを、森岩雄は求めていた。

昭和十二年、当時明治製菓の宣伝部にあって『牛乳の化学』などの文化映画をＰＣＬ撮影所に発注する側にあった藤本真澄も、森岩雄に認められてＰＣＬ撮影所に入っている。この時、藤本は森に「どのような仕事をしたいか」と聞かれ、「森さんのような映画製作の仕事がしたい」とはっきりと言ったという。藤本は、企画課、製作課などを経て提携していた（後に吸収・合併）南旺映画『結婚の生態』（今井正監督・原節子主演）から、昭和十六年にプロデューサーとなっている。

藤本真澄は、今井正の『望楼の決死隊』、島津保次郎の『母の地図』など戦前からプロデュース作品は少なくないが、後に藤本より一歩遅れてプロデューサーとなった撮影所生え抜きの本木とライバル関係になるのは、戦後のことである。

新しく若い撮影所に古手の映画製作陣が大勢いたわけではない。森岩雄の考える人材登用の基準からは本木のプロデューサーへの選抜は順当だったが、本木はこの配属により映画人として大きな選択を迫られたことになる。

他の日本の撮影所では当たり前の、映画監督が映画を作る流儀に対して、ハリウッド流のプロデューサーが映画を作るスタイルが念頭にあった森から直々に声をかけられ、晴れてプロデューサーとなることは、東宝撮影所での本木の輝かしい将来が約束されたも同じだった。

「やってみろよ」と助言した黒澤は、多くの脚本を書いて監督デビューすることしか頭の中にはなかった。そのために勉強し、脚本も書きためていた。撮影所のエース山本嘉次郎の後継者は黒澤明であるように撮影所中から見られていた。そんな黒澤を支えて山本嘉次郎門下を盛り立てていくのも天命だと、その時の本木荘二郎は自分に言い聞かせたのではなかったろうか。

実力派敏腕プロデューサー・本木荘二郎は、この時生まれたのだった。

プロデュース第一回作品として、それから間もなく本木は古い付き合いでもあった佐伯清監督の『天晴れ一心太助』を担当することとなる。黒澤明は「お祝いだ」と言って、脚本を書いてくれた。時代劇では定番の一心太助、黒澤らしい元気な脚本ができた。エノケンこと榎本健一と轟夕起子という人気スターの顔合わせによる喜劇作品。新進プロデューサーとしては、着実で賑やかな船出だった。

昭和二十年早々、本木荘二郎は、盟友黒澤明のために、やはり榎本健一の主演で『雑兵物語』という映画を企画している。

エノケンとの交流から、エノケンものの企画なら通るという狙いからだ。桶狭間の戦いを戦国時代劇として合戦シーンを盛り込んで描き、大河内傳次郎らの出演も決まった。黒澤にスケールの大きな時代劇を撮らせてみたいと、この時すでに本木荘二郎は考えたらしい。酒でも飲みながら、黒澤と本木は合戦シーンの夢を語り合ったことだろう。後年、黒澤は『影武者』や『乱』といった戦国スペクタクル絵巻を実現するが、アイデアや思いの一端はこの頃からあったと考えられる。

ところが、この企画を立てて会社に提出した直後に本木には召集令状が来るのである。本木荘二郎は、山本嘉次郎監督の『加藤隼戦闘隊』で製作主任を担当していた頃には「航空本部嘱託」という扱いで召集が免除されていた。軍部と直結した作品の多い東宝撮影所では、戦意高揚の国策映画に関わるスタッフは兵役が免除になったが、プロデューサーに昇格した本木は、「嘱託」を解除されたのだ。

太平洋戦争の戦況は悪化の一途をたどり、兵役免除扱いでなければプロデューサーという管理職にも召集令状が来る時代になっていた。撮影所からも、次々と召集兵士が出ていった。本木荘二郎は、昭和二十年三月応召した。

第3章

焼け跡

敗戦日本の焼け跡に等身大の若者を描いた
『素晴らしき日曜日』 ©TOHO CO.,LTD

終戦後の再会

東京の街は、全てが焼け野原だった。

下町も山の手も大規模な空襲を受けて多くの犠牲者が出た。都心の盛り場は、浅草も丸の内も興行街は空襲で瓦礫《がれき》の山と化していた。戦争前には全国に約二千二百館あった映画館のうち五百館以上が焼失している。国民の食うや食わずの生活が続いている中で、娯楽映画の復興など夢のまた夢のようだった。

ところが、撮影所だけは何事もなかったかのように無事だったのである。東宝撮影所のあった世田谷には、当時はのどかな郊外の田園風景が広がっていた。撮影所にも何度か焼夷弾が落とされているが、大きな焼失には至らなかった。撮影所の裏にあった御用林が守ってくれたのだろう。東宝撮影所は、驚くほど被害が少なかった。撮影所内にあったカメラや機材も、空襲に備えて地方に疎開をさせていたため多くが無事だった。東宝撮影所が国策映画の拠点だったことから考えれば、奇跡としか言いようがない。

撮影所からも多くの出征兵士が出た。活躍が期待されていた監督の一人、山中貞雄は、早くに中国大陸で戦病死していた。俳優の多くは軍隊や工場の慰問に駆り出され、全国を巡回していた。俳優の丸山定夫らの慰問団は広島で原爆投下に遭遇し、亡くなっている。俳優にも監督にも技術者にも、撮影所に所属する一人一人の身の上に、戦争は大きな傷跡を残した。誰もがみな命からがら終戦を迎え、戦後という再スタートを焼け跡の中に立ち尽くすように迎えたのだった。

兵役に出た本木荘二郎は、福島県下の警備隊に配属された。終戦末期、太平洋沖にはアメリカ艦隊がたびたびやってきて、水戸方面に夜中に艦砲射撃をするとパッと光って水平線上に艦影がかすかに見えた。千葉には人間魚雷回天の基地もあったが、戦意高揚映画ばかりを作ってきた本木の目にも、ベニヤ張りのモーターボートに爆弾を積んだだけの特攻艇で敵艦に体当たりしろなどという作戦は奇異に見えた。「とてもじゃないが、かなわない」と思った。本木は、三十一歳になっていた。

撮影所には、スタッフもキャストも、生き残った者たちが次々に帰ってきた。戦争が終わり、顔を見合わせ、再び映画が作れる喜びを噛みしめた。本木荘二郎も、僅か数か月の軍隊生活であったが、終戦を迎えるとすぐ兵役から帰ってきた。本木の足取りは軽かった。実際にはプロデューサーになったばかりで、いざこれからという時期での兵役。戦争が終わって、これから本格的にプロデューサーとして仕事をしてみたい、大きく踏み出すのだという夢も気負いもあった。本木は、終戦直後の撮影所を回想しながら言っている。

「撮影所には、みな集まってました。というのは、当時の映画の人っていうのは、今みたいにテレビがあるわけじゃなし、舞台があるわけじゃない。行くところがないんですよ。だから、自分の家庭みたいに何かあっちゃ、撮影所に集まって、どうなるのかなと。そのうち、GHQの中にCIE（教育課）ですか、そういう文化方面の担当ができて各映画会社は、それ専門の人を作った。東宝は代田謙二といって新藤兼人さんとこにいます本名能登（節雄）さん。それまで製作課のロケ・マネなんかやってました。この人がGHQ、CIE担当になりましてね」

（「若き黒沢明の周辺」より）

本木荘二郎と同じ山本嘉次郎監督同門の仲間も、多くが戦争に行っている。谷口千吉は召集され兵士として出征している。本多猪四郎にも、八年間にも及ぶ兵役体験がある。戦争に行かなかったのは、黒澤明だけだ。撮影所期待の大器として戦前逸早く監督デビューした黒澤明は、戦争に行く機会を逃したと見ることもできる。

兵隊に召集されなかった理由を、黒澤明本人は「二十歳の時に受けた兵役検査の時の徴兵司令官（陸軍大佐）が、父親の陸軍戸山学校時代の教え子で、「虚弱児」ということにしてお目こぼしをしてくれ「兵役免除」になったのだと自伝に書いている。黒澤の父親は、職業軍人で陸軍の体育教官だった。黒澤は中学時代の軍事教練にも落第していて、軍隊生活は心底嫌いだったようだ。ただ、あれだけの大男が猫背で虚弱だったということと父の力だけで、兵役免除の対象になったのかは疑問だ。若い日にそのような配慮があったかもしれないが、戦火が苛烈になった戦争末期、黒澤を兵役に行かせなかったのは東宝撮影所という機構そのものだったのではないか。東宝撮影所で国策映画に関与する者の多くは、兵役免除の対象だった。東宝首脳部が、多くの戦意高揚映画で活躍した山本嘉次郎監督の一番弟子であり、期待された黒澤明を戦地に送ることをさせず温存したと考えるほうが自然だ。

黒澤、『姿三四郎』で監督デビュー

戦前、森岩雄撮影所長は「会社の勝負を賭ける」重要な作品には決まって山本嘉次郎を起用した。エノケンの一連の作品、例えば『どんぐり頓兵衛』『ちゃっきり金太』といえばエノケン主演のヒット喜劇だが、山本嘉次郎の傑作でもある。初期、ＰＣＬのドル箱スターはエノケンこと、喜劇王榎本健一だった。以後も夏目漱石作品、吉屋信子作品といった要の作品には山本嘉次郎が起用された。戦時下のオールスターキャスト作品『忠臣藏』も前篇は滝沢英輔監督だが、締め括りの後篇の監督は山本嘉次郎だった。その助演出は黒澤明である。山本監督の代表作といわれる『馬』だが、この作品でチーフ助監督だった黒澤明と主演した高峰秀子の間にラブロマンスが生まれている。海軍省の企画で東宝映画が社を挙げて作った『ハワイ・マレー沖海戦』は、総監督が山本嘉次郎だった。

黒澤明の監督第一回作品『姿三四郎』の主演は、『ハワイ・マレー沖海戦』の士官役で注目され抜擢された藤田進だった。『姿三四郎』を撮影所の試写で観た森所長は「ほとんど満点のでき栄え」と絶賛したという。所長のお眼鏡に適う監督だったのである。ドキュメンタリータッチに女子挺身隊を描いた『一番美しく』は、明らかな戦意高揚映画で、この作品の主演の矢口陽子と黒澤は森田信義製作部長の勧めで結婚している。とにもかくにも東宝撮影所の大黒柱として黒澤明を育てようというのは、戦時下であっても撮影所の総意だったように感じられる。

谷口千吉の場合は、兵隊から帰った戦後になって監督デビューした。黒澤明が脚本を書いたデビュー作品『銀嶺の果て』は、日本初の山岳映画といわれ大ヒットしたが、三船敏郎という戦後の映画俳優の典型となる大スターを見出した作品としても特記される。谷口千吉の初期の活躍は目覚ましかった。第二作の『ジャコ万と鉄』、第三作の『暁の脱走』はともに黒澤明と谷口千吉との共同脚本だ。黒澤と並び称され、東宝撮影所期待の新人監督の一人だったが、東宝争議が激しくなる頃、他社作品も撮るようになって失速していく。

本多猪四郎の監督昇進も、戦争に行ったがために遅れた。本多は戦後、文化映画や記録映画の監督をさせられているが、黒澤明の監督作品『野良犬』ではチーフ助監督を務めている。昭和二十六年の『青い真珠』が本多の監督デビュー作だ。谷口の山岳映画での監督デビューに対抗したかのような海洋映画でのデビューであり、特殊撮影を駆使したものだった。海女ものの走りともいわれるが、プロデューサーは既に絶頂期にあった本木荘二郎だ。本多猪四郎は『ゴジラ』シリーズの監督として、今日では世界的に有名である。生前、本多は「僕が黒さん（黒澤明）に誇れるのは、唯一、諸外国から入ってくる怪獣ものの著作権代だ」と言ったそうである。時を隔てて、本多は黒澤明の『影武者』以後の『乱』『夢』『八月の狂詩曲《ラプソディー》』『まあだだよ』などで、助っ人として撮影に参加し黒澤とコンビを組んで終生変わらぬ友情を見せた。本多猪四郎における長い戦争体験が、後々異色の反戦映画ともいえる怪獣映画『ゴジラ』を生んだともいえそうだ。

戦争中、戦意高揚の国策映画の牙城だった東宝撮影所には軍人が常駐しており、特殊な環境の撮影所になっていた。自由な気風で最先端のトーキー撮影所が国策に利用されたのは皮肉だったが、最先端の技術陣がいたからこそ軍部も利用価値を考慮したのだ。

戦争中には、もちろん撮影所内では食堂など人の集まる所での軍部や戦争の批判は御法度だった。戦争が終わって何が変わったかといえば、撮影所の雰囲気が一変したことだった。撮影所から軍人がいなくなり、戦争映画ばかりを作らなくてもよくなったのである。

GHQの規制との闘い

しかし、今度は同じ撮影所にアメリカ軍がやってきたのである。日本映画は、国策映画に象徴されるように封建的で危険な思想に基づいて作られているという考えが占領軍にはあった。アメリカ占領軍による思想検閲と指導が、撮影所の全ての映画に対して必要であるという方針が出され、GHQ（連合国最高司令官総司令部）からの配属担当官が撮影所に常駐した。新しい規制が始まったのである。

実際に指導を担当したのは、CIE（Civil Information and Education Section の略）と呼ばれたGHQの民間情報教育局。企画作品のストーリーを提出することが義務付けられた。それは、当時のプロデューサーの重要な仕事になった。同時に撮影所内で英語に堪能な人材が集められ、渉外部が作られた。渉外部が、CIEへの窓口とされたのである。東宝という会社には米国生活の長かった人もいて、人材には困らなかった。メンバーには、後に市川崑監督の夫人となり脚本家としても有名になる和田夏子（夏十）もいた。和田は特に英語が堪能なわけではなかったが、調整役の適任者として選ばれた。この部署で、和田がCIE提出のために多くの脚本を読んだことは、後の名脚本家への布石になったはずである。

作品ストーリーは、渉外部が全て英訳していたが、渉外部の英訳によるストーリーは長すぎて、もっと要約が必要だということになった。英訳で求められたのは、いわゆる今日でいうシノプシス（シナリオのあらすじ）に該当するものだが、それまでの日本映画界には、シノプシスを作る習慣がなかった。CIEから要求されたシノプシスは、ペラ（二百字詰め）の原稿用紙で10枚から15枚程度のものであった。ところが、ストーリーを英訳してみると三十枚近くに及ぶものもあった。担当者に求められるポイントもわからなかったので、丁寧に訳して長くなったのだ。そこからシノプシスに対する考え方も意識も芽生えたと、本木荘二郎は後年になり回想している。

時代劇は、特に規制が厳しかった。剣戟《けんげき》シーンは一切禁止された。時代劇映画で観客に一番受けるチャンバラ場面が封じられ、作品として時代劇はどうしても作りにくいものになった。また、現在日本が連合国に占領されているという実態が描かれることにもクレームが及んだ。映画でわざわざ触れて国民に占領を意識させてはいけないという考え方だった。

ＣＩＥとの困難なやり取りを体験しながら、本木荘二郎が思いついたのは、喜劇作品だった。昭和二十年八月十五日以後、占領軍が東宝撮影所にやってきてから、同年に唯一封切られている東宝映画は、阿部豊監督の『歌へ！太陽』（十一月二十二日公開）だった。これは、榎本健一、轟夕起子主演のミュージカルふうの喜劇作品で、戦時中に撮影されていて既に完成していたものだ。菊田一夫の原作で戦時色も薄く、この内容ならば公開してもいいというＣＩＥの判断だった。黒澤明監督の『虎の尾を踏む男達』も、終戦を挟んで作られて完成したばかりだったが、こちらは歌舞伎の勧進帳が原作。封建的な内容の時代劇作品で、公開は罷《まか》りならんということになった。

本木が出征直前まで企画を練っていた『雑兵物語』は、黒澤明のために考えた企画で、戦国ものの時代劇だった。戦時中では馬の調達がとてもできないということで、お蔵入りになった。同じ出演者で他の企画を製作しろということになり、完成したのが『虎の尾を踏む男達』だったのである。戦時下で通った企画らしく、源義経と弁慶一行による忠君もので、実際には封建色の強いものではないが、忠君ものというのが占領軍の検閲下では災いした。本作の公開は、サンフランシスコ講和条約締結後の一九五二年まで待つことになってしまう。

時代劇は難しいが喜劇作品ならばよいのだと、その時、本木はピンと来たのである。

戦後撮影した東宝映画第１作は、復員兵たちが焦土となった東京で織りなすドタバタ喜劇『東京五人男』だった　©TOHO CO.,LTD

喜劇『東京五人男』をプロデュース

秋風の吹く頃、本木荘二郎が大急ぎで書いた企画書を、渉外部が翻訳しCIE担当官に見せた。企画書は、当初、思いのほかすんなりとOKが出た。エノケンものには定評のあった山本嘉次郎門下の本木らしい企画ともいえたし、喜劇作品に照準を合わせたのは、根っからの自由人らしい発想だったともいえる。他のプロデューサーから提案されてもよさそうな企画だが、他のプロデューサーをおいて撮影所内で着手したのが若手製作者の本木荘二郎だったというところに、東宝撮影所らしさがある。撮影所の健全さと底力が窺え、新しい時代の予感も感じさせる。

戦前に『酋長の娘』などのヒット曲もあって昭和初期には大きな人気のあった添田啞蟬坊門下の演歌師石田一松が、敗戦になってからラジオで人気が復活した。石田一松は、戦時中にはしばしば寄席への出演停止を命じられている。演芸派遣慰問団「わらわし隊」に参加して、どうにか生き延びた。一般庶民は終戦の解放感から、かつて耳に馴染んでいた石田一松の演歌『のんき節』が聴きたくなったのだ。とにかく、こんな状態にした権力者たちを皮肉りながら笑い飛ばしてほしかった。本木は、石田一松を中心に据えたお笑いの企画はできないかと考えたのである。

東宝撮影所製作で敗戦後に初めて撮ることとなる年末公開（十二月二十七日封切）で、翌昭和二十一年の正月映画『東京五人男』の撮影が、急遽始まった。プロデューサーは、本木荘二郎。新進プロデューサー・本木の、単独プロデュース二作目が『東京五人男』だった。

ちなみに松竹映画の戦後第一回作は、主題歌『リンゴの唄』が大ヒットをした『そよかぜ』（十月十一日封切）である。

「これはね、当時の焼け跡の中で、流行ったのが石田石松。代議士になって死んだけど、ハハノンキダネというあのノンキ節で、ラジオで十月ごろからでて一世を風靡して。でまた、戦後、日本人は、何だか訳わからない、もう唯々みすぼらしくなったなかで、あれがバイオリンで時事風刺やったでしょう。非常に受けてたんで、石田石松を引張ってきましてね、僕が。二十年の十月くらいには、大勢が撮影所にでてきてそしてＣＩＥまいりをやって、戦後、ああいう新しいものでは一番最初じゃないかと思いますよ。そのころ戦争中から漫才でエンタツ、アチャコってのがありましたね。これも一世を風靡して、関西で吉本興業がもってて大変売れてた。そのエンタツ、アチャコと石田石松と、それからもう一人、何ていったかな、この三人を主体に、五人の男を集めましてね、で、エンタツ、アチャコは当時の市電の運転手と車掌にしましてね。当時、廃虚のなかをあれだけが走ってるんですよ。チンチン電車が、コトコトコトコトコトと。これがみんなの唯一の交通機関ですから。あれは早かった。それで、これの運転手と車掌でね。喧嘩したり仲がよかったりと、家は隣同士で、それもバラックでね、壁一重で、つまり独立家屋でなくて、入口は二つあるんだけど、トタン屋根のこういう家に住んでてと。まあ当時の東京風土でしたね。それで市民の足をやってる二人と。で片方は街頭で時事風刺をやってる。それからロッパが金持で、それが終戦で金が思うようにならなくなっちゃって、中気でイライラして、文句ばっかりいってるくだりかな、とにかくこの企画がパスして、やったですね。大体そのころ、喜劇なら、まちがいないと、その中に石田石松の時事風刺、日本の敗戦、瓦礫の風俗並びに、まあ米軍を皮肉れないけれども、そういうものをチクリと入れてる、これが国民に受けてたからというんで、せめてもの我々の反抗っていうのかな、GHQに対してね何か言いなりになってるのは面白くないし、何かないかなってんで、そんなことをやりだしたわけですね」(筆者注/石田石松は石田一松の誤り)

(「若き黒沢明の周辺」より)

後年の回想でも、本木はこの時の嬉しさを忘れてはいないようだ。なかなかGHQを納得させる企画がない中で、本木の出した企画が通ったのだから当然だった。

これは民主主義映画の良作だ

出演は、石田一松の他に、戦争前から人気絶頂の漫才コンビ横山エンタツ、花菱アチャコ。それにお笑い界の重鎮で東宝映画の人気スターでもあった古川ロッパ、若手落語家の柳家権太楼。これらが主役の五人男だが、他にもアノネのおじさんこと高勢実乗なども出演し、往年の喜劇作品復活の雰囲気もあった。監督は、松竹蒲田撮影所から移籍しトーキー時代には東宝撮影所の喜劇映画の切り札となっていた斎藤寅次郎。無声映画時代から「喜劇王」「喜劇の神様」とまでいわれた監督である。チャールズ・チャップリンやバスター・キートンの向こうを張ってドタバタ喜劇を量産した監督らしく動きのある、また後に「寅次郎喜劇」ともいわれた人情もペーソスも加わった味のある作品ができ上がった。

斎藤寅次郎監督自身が言っている。

「これが戦後の第一作です。アメリカの方のコンデという検閲官が実にうるさくて、何やかやと一つ一つ文句をつけてくるのです。そのために、翌日撮影する分のコンテを毎日持って行って見て貰うというような事をやらされました。これはアメリカへも輸出されて好評でしたが、グランプリを貰った訳でもなければ、名画でもないが、戦後アメリカへ行った最初の日本映画です」

（『斎藤寅次郎自伝「エッセイ、自作を語る」』より／初出『キネマ旬報』一九五六年一月一日号）

CIE検閲官のデビッド・コンデは、映画の撮影中には、あれこれと口を出して実にうるさかったらしい。しかし、映画完成後には手放しでこの『東京五人男』を誉めている。撮影所で試写を観賞したコンデは、「これは民主主義映画の良作だ」と満足げに話したといわれている。

ストーリーは、終戦で焦土と化した東京に戦時中は徴用工だった石田一松、エンタツ、アチャコらが帰ってくるところから始まる。見渡すばかりの焼け野原、街中が焼け跡となった東京に帰ってきて立ち尽くすエンタツ、アチャコや一松たち。飢餓と失業の中に荒《すさ》んでいる東京を復興しようとして、主人公たちがそれぞれに額に汗して奮闘努力するというものだった。映画の背景には、早くも広がっていた現実の闇市の風景、大勢が並ぶ外食券食堂や米よこせデモの光景が映し出される。テレビなどなく、ラジオしかなかった時代である。地方の映画館で、この映画『東京五人男』を観た観客は、東京も焼け野原になってしまったことを笑いながら実感した。

五人の男たちは、それぞれに人々の再生に力を貸す。その邪魔をしようとする街の支配者とも闘うという「下からのデモクラシー」を描いたことで、GHQも『東京五人男』を称賛した。この作品を映画館で観て、日本の敗戦と新しい世の中の到来を実感した観客も少なくなかった。喜劇映画としても、今では知る人ぞ知る名画に数えられる。山下与志一の脚本もよかった。躍動的で豊かな笑いのある映画だった。大御所格の古川ロッパは、ドラム缶の野天風呂の中で裸で歌った。

お殿様でも　家来でも
お風呂に入る時は　みんな裸
かみしも脱いで　刀も捨てて
歌の一つも　おどり出す

こんな文句。何と！　戦争中に歌わされた軍歌調とは、ガラリと変つて、アメリカ式民主主義的な歌ではあるまいか

（古川緑波『あちやらか人生　喜劇三十年』より）

この映画で人気に拍車がかかった石田一松は、翌年の四月に行われた総選挙に立候補して、近年でいう「タレント議員」、当時でいう「芸能人代議士」の第一号として当選している。鳩山一郎、野坂参三、浅沼稲次郎ら大物政治家に次ぐ第七位で当選を果たした。

新進脚本家・植草圭之助と組む

敗戦直後の東宝撮影所では、森岩雄が公職追放となったために森田信義が撮影所長になった。企画会議は、撮影所内で行われていた。ベテランのプロデューサーには、滝村和男、竹井諒らがいたが、若手では後に『ゴジラ』を作った男といわれる田中友幸、後に山本薩夫のプロダクションに参加した伊藤武郎、そして本木荘二郎らがいた。その中で本木が年齢では一番若いプロデューサーだった。

ＧＨＱは、本部のある日比谷にライブラリーを作って、「映画を作るばかりが能じゃない」「まず民主主義を勉強しろ」と言い、書籍や資料を提供した。それはマスコミなど各ジャンルで行われているが、撮影所の映画人たちにも民主主義教育を施そうとしたのである。東宝争議で活躍することになる伊藤武郎は、ここで労働組合のあり方やアメリカの労働運動を学んだ。伊藤もまた、本木と一緒に昭和十九年の秋、プロデューサーになったばかりだった。

戦後の混乱から時もたち、やっと撮影所が本格的に稼働しようとし始めると、今度はストライキの嵐が撮影所に吹き荒れる。それは、占領軍の方針に沿った改革になるはずだった。ところが、始まってみると砧の東宝撮影所では、撮影所じゅうを揺るがす出口の見えない泥沼の大争議に突き進んでいくことになる。

昭和二十一年の秋のことである。撮影所は、ストライキの嵐に巻き込まれていた。オープンスタジオには大きな赤旗がいくつもはためき、所内を数百人が腕を組み渦巻きデモを繰り返していた。後に「第二次」といわれるストライキが起きていた。

黒澤明も、その渦巻きデモの中にいた。黒澤は、ある新進脚本家と腕を組んでいた。「インターナショナル」「赤旗の歌」「憎しみのるつぼ」と大合唱がうねるように所内に響き渡った。戦後第一作の『わが青春に悔いなし』を撮った黒澤明は、もはや戦意高揚映画ばかりを作らされていた黒澤とは違うようだった。いや黒澤も、黒澤と腕を組んで歩いている新進脚本家も、かつてはマルクスボーイだった。

新進脚本家の名前は、植草圭之助。黒澤明とは幼なじみで、小学校時代からの同級生である。黒澤と植草の交流は青春期まで続き、時に文学や美術を語り合うよき仲間だった。そんな二人が、互いに吸い寄せられるようにして東宝撮影所で再会を果たしたのは、日中戦争が拡大しつつあった昭和十三年の初夏のことである。

植草は、早くから舞台作家になろうと決意していた。菊池寛主宰の脚本研究会に参加後、戯曲や映画脚本を手掛けるようになる。若い時分には、雑誌に戯曲が掲載されても日々の暮らしは立ちゆかず、いろいろな職に就いた。その頃、植草は浅草の口入れ屋に登録し映画のエキストラで食い繋いでいた。その日、山本嘉次郎監督『藤十郎の恋』の仕出しの仕事が入った植草は、丁髷《ちょんまげ》に着物を着て撮影所にやってきた。助監督として忙しそうに立ち働く登山帽とジャンパー姿の黒澤を見つけ歩み寄ると、黒澤はすぐに気がついて驚きながら言った。

「どうしたってわけなんだい？　こんな時間に？」

「エキストラだよ」

「え？　社会見学かい」

「いや、生活のためだ。今日が初日さ」

二人は短い会話で別れるが、それからというもの、途切れ途切れになりながらも、黒澤と植草の交流は撮影所を舞台に復活していく。

幼い日には兄と弟のように成長、長じても文学や美術に同じく関心を持ち、ともに左翼活動の周辺にいたこともあった。撮影所で再会を果たしてから数年後、黒澤も植草も映画の処女作を作り上げる。

『素晴らしき日曜日』の企画化

公開順では植草のほうが半年ほど早い。植草圭之助の脚本家としてのデビューは、昭和十七年秋。雑誌『日本映画』に掲載された脚本『生活の河』が『母の地図』と改題され、植草がファンだったという原節子の主演で、島津保次郎監督による文芸大作として東宝で映画化された。もっとも早熟だった植草は、前年、戯曲『佐生医院』が文学座で上演されていたから戯曲家としては既に世に出ていたことになる。黒澤が『姿三四郎』で監督デビューを果たすのは、昭和十八年三月だ。以来、撮影所内のホープとして戦時下ながら次々と監督作品を発表する活躍ぶりを見せる黒澤に対して、植草も同じ頃、『母の地図』のヒットから東宝とシナリオライターの専属契約を結んでいる。ちなみにエッセイストの植草甚一は圭之助の従兄弟で、甚一も東宝の宣伝部や調査部で働いていた。

二人は、撮影所でたびたびすれ違うようになる。戦況が悪化の一途をたどる頃、撮影所内を闊歩していた『ハワイ・マレー沖海戦』のスタッフの一団の中から、風のように大男が現れ、植草は声をかけられる。黒澤明だった。

「どうした、空襲？」

「やられた、焼夷弾の直撃……凄かったよ」

植草の家は空襲に遭い焼失していた。旧友への助け舟の気もあったか。黒澤は植草に仕事の話を持ちかける。山本周五郎の『日本婦道記』の中の一篇を原作に、戦国時代、ある山城に籠城する勇猛果敢な姫を描く『荒姫』と題された時代劇だった。

「……味方の軍団をことごとく潰滅《かいめつ》して、敵の重囲の中で老人、女、子供ばかりの城を護《まも》って戦い抜くっていう話だ。君の好きな原節ちゃんで、悲壮美を描きたい」

黒澤の話に、植草は迷う。原節子主演という企画には心を動かされたし、黒澤の友情も嬉しかった。しかし、戦争末期、映画の中の物語でなく、現実に「本土決戦」という籠城戦が始まろうとしていた。『荒姫』は、本土決戦に向かい、国民に最後の戦意高揚を迫るための映画であるのは確かだった。

植草は、結局、プロデューサーの本木を通じて断った。撮影所企画本部前のベンチに並んで座り、企画辞退の話を切り出す植草に、本木は何度も「いい原作だと思うんだが」と翻意を促した。植草は、「僕には向いていないんだ」と言った。黒澤とは、疎遠になった。

戦争が終わり、東宝撮影所の門を潜った植草は、ふたたび黒澤や本木と再会する。

高見順の原作を植草が脚色した映画『今ひとたびの』は、松竹出身の名匠五所平之助監督の東宝移籍第一回作品として製作された。主演は高峰三枝子で、プロデューサーは伊藤基彦と本木荘二郎で、本木にとっては六本目の担当作品に当たる。争議でクランクイン直前に一時製作が延期されたが無事に完成、公開後はメロドラマの傑作として大ヒットを記録している。

撮影所では、ストライキやデモと映画製作が微妙なバランスで動いていた。本木荘二郎は、組合の低予算でよい映画を撮ってほしいという方針の下に、時代にもふさわしい青春映画を作れないかと考えた。青春映画の企画を、巧みに組合も参加する企画会議を通過させた。

これが、黒澤の六本目の監督作品となる『素晴らしき日曜日』の発端である。

話を昭和二十一年秋の撮影所に戻そう。

激しいデモのあったその日、黒澤明と本木荘二郎、そして植草圭之助の三人が、並んで歩きながら撮影所の門を出た。行く先は、夕刻の渋谷の街だった。先刻まで撮影所内での渦巻きデモに黒澤も植草も参加してシュプレヒコールをくりかえし、喉をからしていた。

新進脚本家・植草圭之助にとっても出世作となるはずの『今ひとたびの』のシナリオは完成して、印刷されていた。植草は、書き上げた脚本に自信があった。繊細な気配りのある本木にしてみれば、脚本家への慰労の気持ちと製作一時中止の詳細を知らせる意味もあったに違いない。

渋谷・道玄坂にある洋食屋に、三人は入った。のれんはなく、裏の入り口から入って二階の座敷へ上がると、当時珍しい「ヤミのとんかつ」を食べさせた。三人は座敷で卓を囲み、「ヤミのビール」で乾杯した。食糧事情は、『東京五人男』で描かれたように逼迫したまま、なかなか改善はされなかった。

その日の席は、切れていた黒澤と植草の友情の回復を祝うという趣旨もあり、そして新しい映画の話があった。黒澤はビールの酔いもあってご機嫌だった。

「戦争中のことはもういいよ。全てご破算だ」

「この機会に二人でコンビを組んでさ」

「とにかく今日の会議で、脱退組に負けずに映画を作っていこうってことになったんだから、こんどは一緒にやろうや。ノースターでいける、生きのいいシナリオを頼むよ」

勢いよく黒澤が話したのを、植草は克明に憶えていて「自伝」でも書いている。

なぜ、この時黒澤が自分で脚本を書かずに植草に依頼したのかというと、自分は谷口千吉のデビュー作である『銀嶺の果て』の脚本を書かねばならなかったからである。黒澤に植草を推薦し復縁を持ちかけたのは、おそらく『今ひとたびの』の担当プロデューサーだった本木のはずである。『今ひとたびの』は、甘さと優しさが目立ったが軽やかな恋愛劇の秀作だった。

黒澤が持ちかけた企画とは、サイレント時代のD・W・グリフィス監督の佳作『素晴らしき哉人生』の翻案だった。

黒澤は、この時題名を『恋と馬鈴薯』と言ったらしい。黒澤が十六歳の時に日本でも公開されている。第一次大戦後のドイツ・ベルリンで、戦争の痛手とスーパーインフレ下で一組の新婚夫婦が窮乏生活の助けにと自宅の庭で栽培した馬鈴薯を、収穫期になって盗まれてしまう。だが、夫婦はその不幸を愛情により強く乗りこえるというストーリーだ。それを、敗戦後の日本を舞台に置き換えて作れないかというものだった。植草の自伝には、そんなふうに書かれている。

敗戦日本の青春映画を作ろう

本木荘二郎が記憶していた『素晴らしき日曜日』が生まれる経緯は、やや黒澤とは趣が違う。外国映画を堂々と観られる世の中がやってきた。外国映画のラブストーリーから、何か自分たちの創作を発想できないか。かつて観た映画の記憶をまさぐり、重ねてみようという点では同じだ。

「黒沢の『素晴らしき日曜日』はね、戦後の荒廃がまだ続いてた頃でね。私がね、アメリカ映画で、ジーン・アーサーとね、だれだったかな、夜の公園でね、とにかく洋画で大変気持のいい恋愛物があったんですよ。黒さんも見てたんですよ。歌がね、何とかアップルとか、とにかくそんな映画を見てね。公園でのラブシーンが感動的だった。その話を二人でしてたんです。それで戦後の荒廃でね。で黒さんが、例えば今の若い者がね、焼跡でバラック建てるでしょ、パッと戸をあけると、瓦礫でそういうものが、パッと戸を開けた時にね、夢でね、ものすごくきれいなお花畑とか、きれいな公園とか、今あんまりどこ見たってしようがないという訳ですよ。そういうものを作ろうかと、二人でその『トップ・ハット』だかを見て、夜の公園がロマンチックでとてもよかったんですラブシーンが。黒さんがこういうこと言い出したんですよ。ところがね、今の若い二人にはあんまり夢がないし、女にはパンパンやるしかない。男はヤクザになるしかない。二人の若い恋人の話をとろうということになってね、そうやっているうちにね、やっぱり現実というか、そんな夢書いたって仕様がねえじゃないかと、でも、この現実の中にだって……」

（「若き黒沢明の周辺」より）

黒澤と本木は、敗戦日本の今に見合う恋愛映画、青春映画を作りたいと思っていた。

植草は、二人の話を聞き終えると、考えながらもすぐに反論した。『恋と馬鈴薯』の新婚夫婦というのは、現在の敗戦で傷つき喘《あえ》いでいる青春の男女とは根本的に違う。日本の庶民の大多数は、今も家も庭もない。今の日本で、青春映画を作るとするなら、全てが欠乏する世の中でより激しく愛し合う男女を描くべきではないか。結婚したくともできず焼け残った親戚や友人の家に寝起きし、あるいは防空壕やトタン屋根の掘っ立て小屋に雑居している。そんな現実の男女を描かなければならないのではないか。

黒澤も本木も、植草の意見に同意した。活劇は得意な黒澤だが、若い時からどうも恋愛ものは苦手だった。植草の話しぶりが落ち着いていて、黒澤と植草はどこか少年時代の文学仲間に戻ったようだった。昼間のデモの興奮が、黒澤と植草の友情を想い出させたのか。

植草圭之助は、今、青春映画を作ることは、等身大の青春や日常を映画にするのでなければリアリティも観客の支持も得られないと感じていた。

「幸い、いまは仕事にありつき、第一組合という大きな連帯の輪の中にいるが、敗戦から『今ひとたびの』を書くまでの、夢を抱きながら、酷薄な、きびしい現実の中で、希望は次々と挫折し、不安におびえていた私自身を主人公の原型にすればいいのではないか、と思ったのだ。
一般大衆に共感を呼ぶためには、その原型にもっと普遍性をもたせなければならない。」

焼け跡の町でよく見かける虚脱した復員服姿の青年が、主人公として浮かんだ。出征前の会社は潰れていて、不器用な主人公は、闇屋やインチキ・キャバレーのボーイにもなれずに中途半端な職場でかろうじて生活を支えている。出征前からの恋人と再会し、日曜日のデートに出かける。焼け跡の町を歩き回り、どこにも行く当てがなく心休まる場所もなかった恋人たちは、小さなアパートに帰ってくる。

（『わが青春の黒沢明』より）

数日後、植草が撮影所に行くと、本木がやってきて言った。

「今、企画会議で決まったんだが、おれたちの青春ものな、少しでも製作費を少なくするためにノーセット、オールロケーションでやってほしいっていうんだ」

もともと、ノースターの企画である。その上に撮影所のセットも使うことができない……。

だが、黒澤は言った。

「ドキュメンタリーの形式でいけばいい」

本木の妙案と映画の成功

黒澤は、山本嘉次郎が得意としていたセミ・ドキュメンタリーの手法で撮るのを思い立った。山本の『馬』にはチーフ助監督でついていた。

脚本は、伊豆長岡の温泉に合宿して書かれた。旅館には、『銀嶺の果て』の監督の谷口千吉も一緒で、黒澤は二つの映画のチームを行ったり来たりしていた。

主人公の二人が「二人合わせて三十五円しかない日曜日」というのはどうかと、案を出したのは本木だった。

本木は、時によきアイデアを出し、またいつも黒澤と植草の間に入り、互いの言わんとするところを理解して、どう脚本に反映させるかを考えた。後年まで黒澤映画のベースとなる、脚本をめぐるディスカッション方式が、ここから始まったのである。その詳細な過程を、植草圭之助は自伝に書き残している。

植草が、あるインタビューで、「黒澤組特有のディスカッションはあったか」と聞かれて、答えて言っている。


「それはしょっちゅうだった。仕事に入ってしまうと監督もライターも思い込んじゃって脱線してしまう。そんなとき本木プロデューサーがベースになって見つめてくれた。本木くんは熱して醒めている名プロデューサーだった」

（『キネマ旬報』増刊『黒澤明ドキュメント』より）


主人公の男女には、ほとんど無名の沼崎勲と中北千枝子が選ばれている。ほとんど演技経験のなかった沼崎勲は、多くの見物人がいた街頭シーンでは緊張して上手く演技ができずに黒澤監督を困らせた。そのために、予定の日数の範囲でロケーション撮影が終了せず、製作中止までが囁かれた。短気な黒澤は、怒り出した。そこで、本木荘二郎プロデューサーの出番となった。

本木の粘り強い交渉の結果、撮り残した部分の撮影は撮影所にセットを組んで撮ることで一件落着。作品を観賞すればわかるが、ロケとセットが上手く編集されて、独特の味わいが出た。

ハリウッド方式のプロデューサー・システムを目指していた森岩雄は、本木荘二郎に「脚本を読む」ことから指導した。

ずっと後になって出版した本『映画製作者の仕事』の中で、森は書いている。

「元来私が映画界に入る時の志望は映画脚本家になることであり、また、事実数本の脚本を書いたこともある。そしてその時代時代に一応の見識をもって映画に対していたことも嘘ではない。映画界の人間になって三十年を過ぎた現在、私はどのような考え方で映画というものに、そして映画の土台となる映画脚本というものに対しているだろうか」

そもそも脚本家になろうとして映画界に入った森には、シナリオに対する思い入れが強い。実際に映画化された脚本もある。

ハリウッドの撮影所では、脚本家は毎日定時に撮影所に出所する。静かな環境の小さい小部屋が与えられ、速記者も与えられ、そこで一日中脚本を書いている。日本では、自宅で文士のように脚本を書くのが一般的だが、その映画作りの入り口からハリウッドと日本では大きな隔たりがあった。

『素晴らしき日曜日』から次作の『酔いどれ天使』に至る植草圭之助がそうだったように、戦後の撮影所でも脚本家を脚本部員として抱えるシステムが各撮影所にあった。そこから多くの脚本家も育っている。舞台の戯曲家でもあった植草だが、脚本家としての名前のほうが今日では知られている。

筋と脚本を決め、それに合う演出家を撮影所が決めるのがハリウッド方式だが、日本の撮影所ではそのようにいかない場合が多い。監督が先で脚本が後というのが一般的だ。ともあれ、脚本家、監督と相談しながら、複雑で活気に満ちた映画製作の準備が始まる。主演者をはじめとする配役を会社側と監督、脚本家と相談して決めるのもプロデューサーの仕事だ。

セット会議といわれた美術担当者らとの打ち合わせが始まる。場面ごとにどこで撮影するかが決められ、必要に応じて撮影所内のオープンセットが押さえられ、ロケーションの場所や日程が決められる。美術担当者から出されたデザインと監督の演出プランが擦り合わされて協議される。次は「メークアップ」。撮影所内の担当者と協議のうえで「メークアップテスト」が繰り返される。そしていわゆる「衣装合わせ」、カメラテストなどへとプロデューサーが進めていく。

こうして、撮影が始まる。決められた日程通り、決められた予算の範囲で進められるかを管理するのもプロデューサーだ。撮影が終了すれば、仕上げの「編集」が待っている。ラッシュといわれる撮影済みフィルムを見て「あらつなぎ」に向けてカットを行う。カットを採用するか否かも本来プロデューサーの権限だ。

森岩雄は、編集権が誰にあるかがはっきりしないと嘆く文章を書いているが、ハリウッドのようにプロデューサーが実権を握っているのと違い日本の映画界では、権限ははっきりしていない。さらに、録音や音楽の問題を経て一本の映画ができ上がる……。

本木荘二郎が、戦後第一回の東宝撮影所作品である『東京五人男』から、プロデューサーに指名されたのは、当時の責任者である森の意図によるものだったろう。

黒澤明が、混沌《こんとん》とする撮影所の中で『素晴らしき日曜日』を撮れたのも、森と本木のラインが強く生きていたからに他ならない。

こうして本木荘二郎は、焼け跡に戦後派のプロデューサーの一人として立つことになる。

完成した『素晴らしき日曜日』は、黒澤明が思っていた以上に評判がよかった。

映画館に貼られたポスターには惹句《じゃっく》が躍った。

「二人の行く手には幸せがある！」

「私たちのことを映画にしたのだと世のすべての若い人たちが叫ぶ新鋭黒澤明の傑作！」

「この映画には働く恋人たちの夢が溢れている！」

映画は公開後、若い観客を中心にヒットした。低予算で作る戦後の青春映画のひな型のようにもなった。

プロデューサー本木荘二郎の手腕は高く評価された。

黒澤明と植草圭之助は、『素晴らしき日曜日』でそれぞれ毎日新聞主催映画コンクールで監督賞と脚本賞を受賞する。その時のグランプリは、植草が脚本を担当した『今ひとたびの』だった。これも、製作は本木荘二郎。

さらに、植草圭之助は先と同じインタビューで言っている。


「この映画は、そのあともてはやされたイタリアン・リアリズムに先行した。イタリアン・リアリズムより俺たちの方が早かったと、黒沢君と二人で言ったものですよ」

（『キネマ旬報』増刊『黒澤明ドキュメント』より）

『素晴らしき日曜日』におけるドキュメントタッチの手法は、公開時から注目された。後半には、本木が苦労して実現した撮影所のセットでのクライマックスシーンもあるが、多くはロケだった。それは、日本と同じように敗戦国だったイタリアに生まれた、貧しい若者たちの青春群像をリアルに撮る「イタリアン・ネオリアリズム」と呼ばれる世界的な映画の潮流に先駆けていた。

第4章

闇市

闇市のやくざ（三船敏郎）と酔いどれ医者（志村喬）が対決する『酔いどれ天使』 ©TOHO CO.,LTD

闇市を舞台にした映画を撮らないか

焼け跡には、闇市が立った。

敗戦後の日本には闇市が広がった。軍人、軍属ら復員者、在外引き揚げ者などを中心に、一千万人を上回る膨大な数の失業者が溢れていた。日本中の街角に、職を求め住まいを求めて彷徨《さまよ》う人々がいた。

日本中が飢えていた。飢えたのは人間だけではなく、東宝撮影所のあった世田谷地域では、食堂で働く女性が野良犬の群れに襲われ喰い殺されるという惨劇まで起きた。

食料は配給制であり、主食配給は米なら一日二合一勺。米がない時は、芋、大豆、麦粉、澱粉などが代用された。普通人が必要とされるカロリーの半分以下の食料しか配給で賄うことはできなかった。大人から子供まで一日中腹をすかせていた。餓死者は、東京だけでも終戦の年の年末までに千人を超えている。天井知らずのインフレが拍車をかけた。

闇市だけが頼りだった。東京の闇市は、新宿や新橋にできた巨大なマーケットから、東京中の盛り場や場末の駅前にできた小さなものまで百か所以上に及んでいた。

『東京五人男』が描いたように、主婦たちは「米よこせ」デモに立ち上がった。『素晴らしき日曜日』が描いたように、若い男女は悶々としながら明日を見つめていた。そんな時代に闇市を舞台にして新たに一本の映画が、東宝撮影所で作られようとしていた。

黒澤明の単独監督作品としては、七本目となる『酔いどれ天使』である。

闇市を舞台にした映画を撮らないかと最初に黒澤明に切り出したのは、プロデューサーの本木荘二郎である。それには理由があった。闇市を舞台にすることは、初めから決まっていた。その理由を説明する前に、ここまでのプロデューサー・本木荘二郎の足跡を追ってみることにしよう。

本木荘二郎は、プロデューサーに昇進後、黒澤明の監督作品ばかりをやっていたのではない。本木の撮影所復帰後の作品はバラエティに富んでいる。また、振り返って映画史的にも重要な作品が多いのもわかる。

敗戦前の昭和二十年の一月公開『天晴れ一心太助』でプロデューサーとなった本木は、出征直前に藤本真澄との共同製作となった『勝利の日まで』を担当している。

戦後は、『東京五人男』で単独プロデュース二本目の製作担当作品を世に送り出した。続く三本目は、今井正監督の『民衆の敵』である。今井正は、戦時中には軍国主義映画といわれる作品ばかりを撮らされていた。朝鮮における抗日ゲリラ戦を描いた『望楼の決死隊』、戦艦大和の貴重な航海映像が収録された『怒りの海』などである。『民衆の敵』は、そんな今井正監督の戦後第一作である。

戦後になり、各種産業においてアメリカの指示で労働組合が結成された。組合運動の活発化に刺激された今井正は「働く者の姿を描く映画を撮りたい」と、撮影所仲間で旧知の本木プロデューサーに持ちかけた。本木は、今井に言ったという。

「そんなもの描こうたって、わからねえじゃねえか。何がいいのか。どういう形になるのか。そんなものわかんねえもの、正ちゃん。うまくいかねえよ」

「それより、戦争中から日本を動かしてきた財閥ってえのがあるじゃねえか。それこそ、これから組合を作っていく奴の敵として、そういうふうのを描くのが面白いぜ」

今井正監督の戦後第１作『民衆の敵』、藤田進（左）と花柳小菊（右）
©TOHO CO.,LTD

本木は、中学時代からの友人で「由緒ある財閥の遠縁の男」という人物を、今井正と脚本を書いた山形雄作に紹介した。その男は、戦争中は特殊な動きをしており、原節子の義理の兄で右翼といわれた熊谷久虎監督とも交流していた。その男を銀座の高級天ぷら屋の座敷で御馳走し、今井、山形に財閥の裏話を聞かせたのを下敷きにして作られたのが『民衆の敵』だった。今井正監督とは、続く『人生とんぼ返り』でも一緒に仕事をしている。『人生とんぼ返り』は、榎本健一、入江たか子主演のヒューマンな喜劇で、評判は悪くなかった。

昭和二十二年正月第二週に公開された斎藤寅次郎監督、榎本健一主演の喜劇映画『婿入り豪華船』は、本木の単独五作目のプロデュース作品。この映画、助監督のミスでポスター他の宣材に『聟入り豪華船』と間違って表記される事故があったが、本木はさほど気にはしなかった。榎本健一主演の喜劇で、農村での花婿募集にパスして東京からやってきた五人の男が、悪逆無道の地主を相手に大活躍するというもの。興行成績は悪くなかった。

山本嘉次郎、豊田四郎ら四人の監督によるオムニバス作品『四つの恋の物語』を松崎哲次、田中友幸らと共同製作した後、植草圭之助脚本、五所平之助監督の文芸作品で大ヒット作した『今ひとたびの』、古川ロッパを中心にふたたび五人の男を主役にした喜劇作品『音楽五人男』を斎藤寅次郎監督の弟子の小田基義監督でと続いた。次の『素晴らしき日曜日』の後には、新人女優若山セツ子が明るく庶民的なヒロインを演じて好評だった『おスミの持参金』をベテラン滝沢英輔監督で撮った。そして、同じ年の秋に公開されたのが、エノケン、ロッパの映画初顔合わせで話題を呼んだ大作喜劇『新馬鹿時代』である。本木のプロデュース作品として最初の大作で、監督は恩師山本嘉次郎だった。山本とはプロデューサーになってから初めて本格的に組む作品で、本木は大いに張り切った。

同年四月、有楽座で「新憲法実施祝賀興行」と銘打ち、エノケン、ロッパの合同公演が行われた。かつては犬猿の仲ともいわれたエノケンとロッパが合同公演を行うというのは話題を呼び、連日大満員で五月まで続演したほどだ。出し物の「弥次喜多道中」は、戦前からロッパが得意としていた作品で、菊田一夫の作だった。それではと、その余勢をかって映画でエノケン、ロッパの顔合わせをと企画された作品が、エノケン、ロッパの『新馬鹿時代』だったのである。

「次が『酔いどれ天使』をやるという。その間にね、エノケン、ロッパがいて二人が共演したことない。それで森岩さんがパーティの時に、一辺やりたい。で戦後そういうふうに（筆者注／初顔合わせをやるか。）『東京五人男』翌年『音楽五人男』っていうのをやったんですよ。これがね、映画より主題歌がヒットしちゃった。『夢淡き町東京』です。そういうものをずうっとやって、片や今井正君と『民衆の敵』とか、エノケン使って『人生とんぼ返り』なんて喜劇なんか作ってたんです。まあ、『新馬鹿時代』を森岩さんが当時パージで、表面に出られないけども、『本木お前、エノケン、ロッパを俺が下話しておくから、二人の顔合わせやれと、それで監督は、山本嘉次さん（筆者注／山本嘉次郎）以外にないだろう』と、当時座長ですからね。承知するのはいないだろう（と思われていた）、とそれで、お前苦労してやれって。それでやってね、ぼう大な闇市、マーケット街をオープンセットをかけた。時は闇市全盛時代でした」

（「若き黒沢明の周辺」より）

大きな沼を作れ

本木荘二郎は、戦後の公職追放中だった森岩雄に「エノケンとロッパの顔合わせを山本嘉次郎監督で作れ」と指示されている。

榎本健一劇団、古川ロッパ一座提携で、東宝のエース監督である山本嘉次郎が監督した『新馬鹿時代』は、外すことのできない大型企画で前後篇の大作だった。闇市を舞台にして、ヤミ屋（榎本健一）と巡査（古川ロッパ）が追いつ追われつするドタバタ喜劇だが、観客にとっては実際に起きている事件の映画化的な要素とエノケン、ロッパという大スターの競演もあって、全国的に大ヒットした。

大型企画で予算のあった『新馬鹿時代』撮影のために、撮影所には大掛かりな闇市のオープンセットが作られた。しかし、撮影が終わってしまうと、大金を投じて作った闇市のオープンセットが、そのまま残った。プロデューサーである本木は、これをまた、大金をかけて壊さなければならない。そこで、壊すにはもったいない、このセットを使いもう一本映画ができないかと、会社側の企画部長森田信義と話し合った。『新馬鹿時代』のセットを使って映画を作れという指示が会社側から出され、撮影所の本木以外のプロデューサーたちにも、それぞれ企画提出や意見が求められた。

その時、本木の頭の中には、焼け跡を舞台に撮った『素晴らしき日曜日』の成功があった。

ヤミ屋のエノケンと巡査のロッパが珍騒動を巻き起こす『新馬鹿時代』

黒澤明、植草圭之助という『素晴らしき日曜日』のコンビで、今度は焼け跡にできた闇市を舞台に映画ができないだろうかと考えたのである。闇市におけるやくざの横行、暴力を批判的に描くという企画案だった。「やくざの横行、暴力を批判的に描く」というのは、当時の時代背景もある。

全国の闇市では、金さえ出せば何でも買え、何でも食べられたが、そこは暴力が支配するルール無用の街でもある。実際、食べ物から日用雑貨品までが本来の価格の十倍から二十倍の高価格で売られていて、闇でなければ飲めないビールは、今の貨幣価値で換算すれば一本数万円もしていた。さらには、当時の企画会議に参加していた組合側も「やくざ、暴力」の扱いには敏感だった。

本木の出した企画が、他のプロデューサーの企画を圧倒して、企画会議を通った。

黒澤と植草も乗り気だった。特に黒澤は、「(闇市のセットを使えという) 制約があると燃えるんですよ。そういうのがあると意外と簡単に案が出てくる」と、後々語っている。植草は、前作の成功から再び幼なじみの黒澤と組んでの仕事に、張り切っていた。

ところが、脚本家としても一家言あり完全主義者として妥協を嫌う黒澤は、今度は「僕も最初から脚本を書く」と言ってきた。それだけではない。企画を通したばかりの本木に、大きな注文を出した。『新馬鹿時代』の闇市のセットをそのまま使うのは嫌だ。「セットの半分を潰して、大きな沼を作ってくれないか」というのである。これには、本木も驚いたらしい。せっかく既存のセットを使い、安い予算で撮ろうというのに、「半分は潰せ」「沼を作れ」というのはどういう魂胆なんだと本木は思った。それだけで早くも予算オーバーではないか。だが、黒澤には「どうせいつかは潰すんだ。ならば、潰してそこに水を張り泥を入れてドブ池のようにするのは簡単ではないか」という言い分があった。

黒澤は言った。「ドロ沼が、この作品の象徴さ。闇市から出る山のような塵芥《じんかい》が毎日投げ込まれ、ドス黒く濁ってな……」。一体それを舞台にどんな物語をやる気なのかと思いながら、本木プロデューサーは、予算オーバーを会社側に説得した。

闇市のセットを半分壊した地面にコンクリートを張って水や泥を入れた。予算は最初から余計にかかったが、そこには、池とも沼ともドブともつかない水溜まりが完成した。ブクブクとメタンガスが湧きだしているような、危ないドロドロの沼ができ上がった。

問題は、この畔《ほとり》で展開する物語ということになる。「ドロ沼が、この作品の象徴さ」と黒澤は言い放った。闇市から出る山のような塵芥が毎日投げ込まれ、水溜まりはドス黒く濁った。

都心はともかく川向こう辺りでは、以前は田んぼや用水池だったような所が汚物に濁って異臭を放つ光景があった。黒澤は、それを再現したかったのだ。いつも映像を考えていた。

「もったいなくて、それを残しといたんです。で、黒澤くんとぼくが、ぼくはまあ遊び人なもんだから、当時の横浜に、面白い外人相手の女が一杯いるというんでね。いくとたまたま鼻の頭真っ赤にした医者がいるんです。それがね、ちゃんとした医者だったが酒でね、まあちゃんとした医者じゃなくなっちゃったんでしょうね。パン助ばっかり相手にしてね、そこでね名医なんですってパン助に聞くと……。黄金町付近だったかな、その人とパン助通じて知り合ったんですよ。女の子に絶大な信用がある、それを黒澤君に話して、『マーケットをもったいねえだろう。いま、マーケット時代だし、闇市時代だし、これはなんか利用できるよ』って、それでね、その医者の話から『酔いどれ天使』をやることになり、新宿なんかに、ヤーさんやちんぴらみたいのが出てくるでしょ、黒さんと新宿あたりに飲みに行くと、いっぱいいるわけ。適当に飲んで帰ってくる訳で『酔いどれ天使』の企画ができて、そこでこのマーケットを利用しようと、そしたらね黒さん、半分ぶっこわせっていうんですよ。『何でだ』『マーケットだけじゃ面白くねえよ』っていい何のことはねえ、結局半分壊して、半分泥を掘って泥の処理にね。トラック何台もかかって随分金かかっちゃった。好きなんですよ。あまり流れのよくねえ……ドロッとした水溜りが人間って、淀んでいるとか流れが悪いとか、ああいうものああいうもので、割と好きですからね」

（「若き黒沢明の周辺」より）

本木の晩年の回想は、やや大雑把であり前後する部分もあった。黒澤と新宿辺りに飲みに出かけて話し合ったことが、企画提出以前にあり、それが下敷きにあったと言いたかったのだろう。

この企画に関する本木の並々ならぬ思い入れが感じられる箇所が、回想にある。「まあ、僕は遊び人なもんだから」以後のくだりだ。暗に「遊び人」の自分がいなければ、この物語が作れなかったことを示しているばかりか、「医者」が決め手だったことをほのめかしている。映画では志村喬が演じた酔いどれ医者は、自分が横浜の黄金町辺りで知り合った「娼婦ばかりを相手にしていた赤鼻の酔いどれ医者」がモデルだったというのだ。

本木が連れてきたやくざがモデルに

脚本の植草圭之助も、『酔いどれ天使』については詳しく自伝で書いているが、黒澤明についてのインタビューを受けるたびに、想い出深いエピソードとして、本木が「やくざと医者」を連れてきたことを語っている。

「当時ヤミ市全盛の時代で、そこは悪が中心だった。その悪をやっつけようというのが黒沢君もぼくもプロデューサーも考えたスタートだった。悪の世界の主役は三船でいこう、彼に対するに同じ世代の若い学校出たてのヒューマニズムに燃えた男を持ってこようということになった。しかし、若いヒューマニストがどうしても負けてしまって、芝居として書けないんだ。ヒューマニズムなんて悪に対して歯も立たない。ドラマが強くならない。スタートが悪いんだということになった。黒沢君とぼくはほとほと困ってしまったが、本木が『そうだ、この前、横浜へシナハンに行った時、山手のそばの赤線の医者がいたが、彼はどうだろう』といった。齢とっているが困っているヤツにはタダでも診てやる。しかし飲んべえだ、そんな男がいるということで三人で行った。一晩ヤミ酒のませて話を聞いてメモしておいたので、飲んべえなら、あの医者でやったらどうか。黒沢君もあいつで行こう。煮ても焼いても食えない男のようだ。どんな悪が向かってきても彼の生き方があるだろうということで、急拠ヒューマニスト青年医師から年老いた酔いどれ医師に切り換えた。横浜でその飲んだくれ医師に会わなかったら『酔いどれ天使』は生まれなかったかも知れないな。これまでの型やぶりの映画が出来たのも、本木プロデューサーの手腕だった」

（『キネマ旬報』増刊『黒澤明ドキュメント』より）

完成した映画『酔いどれ天使』を観ると、志村喬が演じる酔いどれ医者・真田と、三船敏郎が演じる場末の闇市のやくざ・松永と、どちらが主人公なのかがよくわからない。

真田と松永の二人は、西部劇の好敵手のように人間臭く男と男の対決を重ねていく。観客は、そのようにどちらの側から見てもいいように映画が作られていることに気づくだろう。ラストシーンで真田に松永のことを告白する千石規子の存在が、衝撃的で力強い。

本当の意味での主人公は「闇市」という時代を象徴する場所なのだ。好対照の酔いどれ男が、もがき苦しむように闇市で生きている。不器用な生き方をしながら、決して自説を曲げず、戦争中よりはよくなるだろうと信じている。だが、無鉄砲なその日暮らしは果てしなく続くようだ。闇市の向こうに、戦争中よりもずっとよくなるはずの時代が透けて見える。

本木荘二郎は、まず松永のモデルとなる闇市のやくざ・山西三郎を連れてくる。新宿のやくざや愚連隊の安藤組の取材はしていた。モデルになるような人物が必要だったのだ。そう思った本木が知り合いの刑事を伝手《つて》に探し出し、撮影所まで連れてくる段取りをつけた。山西は、上野から私鉄の京成電車で三十分ほど乗った川向こうの駅を降りて広がる小さな闇市、そこを仕切る若いやくざだった。

アメリカ仕立てらしいブルーの背広にポマードで固めたリーゼントスタイル。山西三郎は、まだ二十一歳という若さだった。東京の下町出身で、中学校卒業と同時に陸軍少年戦車兵学校に入学。その後、内地の沿岸基地に配属されていたのは本木と同じだった。

下町全域を焼き払った昭和二十年三月十日の空襲で、山西の一家親族は全部死んでいた。復員後、闇市に居場所を見つけやくざ組織の末端に連なった。二十一年には傷害事件で少年院送りとなり、出所したばかりだった。山西は、酒とヒロポンを常用し、肺を患っていた。

本木は、すぐに山西と親しくなった。山西は、本木の身なりやしぐさから軟派専門の遊び人だと踏んだのだ。本木にも不良少年だった過去がある。遊び場で親しくなり、話を聞き出すことができるのは天性のものだった。

三船敏郎を起用

山西をモデルにやくざ・松永が造形される。松永役には、新人の三船敏郎を起用したいと言い出したのは黒澤だ。黒澤は自身が脚本を書いた谷口千吉監督の作品『銀嶺の果て』での三船の活躍を知っていた。新人離れしたふてぶてしい演技に、観客同様、黒澤も魅せられていた。実際にも復員兵で撮影所の門を潜った三船敏郎には、復員してやくざになった松永はピッタリの役どころだった。

三船敏郎は、撮影所のニューフェイス試験で、態度の悪さから落第しそうになっている。他にはない三船の存在感に目をつけ、採用を進言したのは黒澤の師匠の山本嘉次郎だったといわれる。

熱海の旅館でシナリオが書き始められた当初から、松永には三船敏郎が当て書きされた。若いやくざに対峙するのは、大学を出たばかりのヒューマニスト青年医師がいいと黒澤は言った。ところが、書き進むうち正義感を振りかざす医師と闇市のやくざのドラマは上手く回転しなかった。互いの論理が嚙み合わず上手く会話も作れなかった。その時、植草、黒澤、本木たちに天啓のように閃《ひらめ》いたのが、少し前横浜で取材した「酔いどれ医者」だった。

本木は、シナリオハンティングの段階で、横浜まで黒澤と植草を連れて行っていた。本木が黄金町で遊んだ時に知り合ったという先述の赤鼻の無免許医者に会わせるためだった。医者は酒の酔いに任せながら、闇市の女たちの生態や娼婦の痴話げんか、パンパンたちの裏話を、黒澤らに話して聞かせている。その露骨な猥談や話しぶりに、潔癖症の黒澤はついていくことができず拒否反応が出たらしい。撮影所に帰るやいなや「あれは没だ」「あんな男を連れてきたのは本木のミスだ」とぼやき、怒りだしたといわれる。

しかし、やくざ対青年医師では『酔いどれ天使』の脚本は進まなかった。脚本を書きながら、やくざに対峙する相手には青年医師の正義感では難しいと黒澤も植草も思った。酔いどれやくざには、酔いどれ医者がいい。酔いどれながらも、闇市の沼の深い底を見つめる役が必要だと黒澤も植草も思った。

本木荘二郎プロデューサーの「ミス」ではなく、それはクリーンヒットだったのだ。

『酔いどれ天使』こそおれの写真だ

黒澤明は、『酔いどれ天使』から多くの出会いを得ている。その後多くの映画で起用する俳優の三船敏郎はもちろんだが、音楽の早坂文雄、美術の松井崇らである。それらもあって黒澤は、後々まで自作として『酔いどれ天使』を気に入っていた。自分にとってのひとつの出発点と考えたのかもしれない。

「『素晴らしき日曜日』これは前に言ったように、植草君と組んでやった仕事なんだ。ストーリーはグリフィスの作品に似たようなものがあって、それにヒントを得て書いた作品ですよ。

僕はこの作で監督賞をもらったりしたんだけれども、どうもそれほど気に入ってないんだな、仕事としては。というのは、ほんとうに自分のもっているものをスカッと出しきれなくて、まだ少しモヤモヤ低迷しているものが残っている感じだったからね。ほんとうに僕らしいものが出たのは、次ぎの年に撮った『酔いどれ天使』だな。

『酔いどれ天使』これこそおれだ、これがおれの写真だという感じだね。『素晴らしき日曜日』で出かかっていたものがここに完全に出たという気がするな」

（『キネマ旬報』四月増刊『黒澤明〈その作品と顔〉』）

黒澤は、『素晴らしき日曜日』という作品を、あまり気に入ってはいないようだ。「はじめて語る黒澤明の自伝」と銘打たれた上記インタビューでも、そのように語っている。植草は逆に、後に黒澤との想い出を洗いざらい書いた「自伝」でも喜びを隠さずに書いた。

黒澤明と植草圭之助は、リアリズムとロマンチシズムとしてよく対比されるが、そうとばかりは言えない。大正ロマンチシズムと昭和モダニズムを青春の糧にした二人の若者が、やがて映画人となりひとつの燃焼と岐れ道を経験する。仕掛けたのは、本木荘二郎というプロデューサーであり、二人の闘争を見届けたのも、本木荘二郎というプロデューサーだった。

「あの寮で、決定稿にするために黒澤と身体じゅうから血のにじみ出るようなきびしいたたかいを続けた日々が忘れがたかった。

シナリオとしてのこの成果も、映画の化身のような黒澤の協力、そして本木の心あたたかな支えなしには、考えられなかったのだ」

（『わが青春の黒沢明』より）

「東宝争議」の勃発

『素晴らしき日曜日』は、戦後青春映画の原形といえると思う。以後多くの時代を反映した等身大の青春映画が撮影所で作られている。

『酔いどれ天使』は、戦後やくざ映画の原形といってもよいだろう。『酔いどれ天使』は戦後映画史の地下水脈となって流れ出し、東宝ギャング映画や日活無国籍アクションを飛び越えて、黒澤ファンだったという深作欣二監督の『仁義なき戦い』に始まる「東映実録ヤクザ路線」にまで継承されているようにも感じられる。やくざやくざ組織を取材してドキュメンタリータッチに物語を構成するというリアリズム、それに独特の映像美を共存させるというやくざ映画の手法は、戦後映画の出発と時を同じくしつつ、東宝の撮影所で始まったのではないかと思う。

冒頭から沼が映し出される。異臭を放つ沼を吹き渡る夏の湿った空気。寝苦しい夜に、得体の知れぬ音色を奏でるギター。カメラは、クモの巣だらけの赤電灯に照らされた真田医院の中に入っていく……。観客は、そのまま闇市に引きずり込まれてしまう……。闇市という自分たちのすぐ近くで起きる物語は、当時の観客の共感を呼んだのだ。

当時の若者に与えた『酔いどれ天使』という映画の影響は大きいといわれる。後に日活撮影所でドキュメントタッチの映画を多く撮り、戦後日本を代表する映画監督となる今村昌平も、黒澤の『酔いどれ天使』を戦後の映画館で観て衝撃を受け、自身も映画監督になるべく撮影所を目指したと言われている。

もうひとつ重要なことがある。『酔いどれ天使』の撮影は、撮影所の争議を背景にしながら進行していたということだ。

昭和二十三年四月八日、会社側は『酔いどれ天使』の完成を待っていたかのように、先に解雇通告していた二百七十人を含む千二百人の解雇計画を発表する。十五日、東宝従業員組合が撮影所を占拠し、正面入り口にバリケードを作って立てこもる。いわゆる第三次の「東宝争議」である。

ストライキのバリケードには、黒澤明、植草圭之助、本木荘二郎らも参加していた。撮影所内の映画監督、脚本家、プロデューサー、俳優など数多くの人間が参加し、また支援していた。一時、組合側が『酔いどれ天使』のネガを会社側へ引き渡すのを拒むという事態もあった。混乱の中で『酔いどれ天使』は完成し、四月二十七日に全国封切公開。『酔いどれ天使』は封切と同時に超満員となり、その後ロングラン上映となった。

全国の映画館では、撮影所のストライキを広く知らしめようという行動も起こされた。組合の宣伝部隊は全国の映画館に飛んで、超満員で上映される『酔いどれ天使』の終了を待った。上映が終わると壇上に駆け上がり、休憩時間の間、満員の観客に向かい撮影所で起きている問題をアピールしたという。黒澤明自身も、雑誌にアピールを寄せている。

「この一年間、僕達は、一昨年の争議と云う大きなマイナスを背負いながら、やっとここまでたどりついたのである。やっと各職場の整備も緒につき、製作能率も急速に上向線をたどりはじめたところなのだ。それなのにそれを一挙にくつがえす様なヤリ口を黙って見ては居られない。いや今度の会社側の暴挙は、僕達がP・C・L以来、十数年間、営々と築き上げて来た東宝と云う映画製作の母体すらズタズタに切断しかねないのである」

(『新日本文学』一九八四年七月号　黒澤明「東宝の紛争—演出家の立場から」より)

それだけではない。植草や黒澤らは『酔いどれ天使』を一時間十五分、二幕七場の芝居に作り直して全国を回ったというのである。志村喬、三船敏郎を含む八人の出演者が巡業に参加している。芝居の入場料は、組合に送金され活動資金となった。さらに黒澤はチエーホフの『結婚の申し込み』という戯曲を演出し、劇と歌謡ショーを持って各地の労組や学校を回ったともいわれる。

争議によって撮影所の機能は停止していた。東宝系列には、先に組合が分裂してできていた新東宝撮影所からの作品も配給された。撮影所の機能を回復して、映画作りの場が維持されねばならなかった。第一次東宝争議以来、組合は強力になって発言権を広げて「脚本審議会」が生まれた。この時期に誕生したのが、黒澤明の戦後第一作『わが青春に悔いなし』である。ところが、第二次といわれる争議の頃、『わが青春に悔いなし』に出演していた原節子、大河内傳次郎ら映画スターたちが撮影所を去っていく。同調した映画技術者らと新東宝撮影所が準備された。そして、黒澤明、植草圭之助、本木荘二郎らの奇跡的ともいえる巡り合わせによって『素晴らしき日曜日』『酔いどれ天使』が作られる。

本木ら、「映画芸術協会」を結成

ストライキは、夏まで続いた。

八月十三日、東京地裁は会社側の占有解除申請を認め占有解除の仮処分を執行するが、撮影所にこもった組合は拒否する。

十九日、組合員の排除を目的とする仮処分が執行された。早朝からアメリカ軍の装甲車、戦車、航空隊が動員され世田谷区砧の東宝撮影所を包囲した。後に「来なかったのは軍艦だけ」といわれたのは、そのためだ。

やがて、退去を決めた組合員は互いに腕を組みインターナショナルを歌いながら撮影所を出た。

争議は、同年十月、組合員幹部二十名の自主的退社と交換条件で、既に解雇通告されていた二百七十人のうち二百五十人の撤回をすることで合意して、ようやく決着する。

東宝争議の結末は、黒澤と本木にとっては、どのようなものだったのか。

黒澤は、自伝『蝦蟇の油』で書いている。

「私達の心の中から、この撮影所に対する、献身的な気持ちが無くなってしまった。

十月十九日、第三次東宝争議は終った。

春から始まったストライキは、秋が深まる頃、やっと終り、撮影所を秋風が吹き抜けていた。

そして、私の心の中も、空しい風が吹き抜けていた」

本木荘二郎は、たびたび引用した『若き黒沢明の周辺』で言っている。

「黒沢くんてのは、そういう点では。思想的にどうのこうのというあれはなかったですがね。ただ、ぼくらは東宝争議があんな結末になったり、新東宝と分裂なんかしたのはね、不思議だなと。ぼくも学生時代にやっぱり学生運動をやりましてね。本来ならブタバコに入れられるところを、恩師がおりまして、それで助かって、学部を卒業できたんですけどね」

亀井文夫、今井正、山本薩夫といった組合指導者でもあった左翼的な監督たちは、この争議の結果により東宝撮影所を追われていった。長い争議による撮影所の混乱は黒澤や本木たちにも活躍する場所を失わせることとなる。昔通りに、黒澤や本木らが東宝撮影所で映画を作れる状況ではなくなってしまったのだ。森岩雄ら戦前からの会社首脳部は存在せず、いわゆる反共的な首脳陣が強権を発動するイメージが撮影所を覆っていた。その後も「レッドパージ」といわれる傾向は続いた。
第三次東宝争議の終結後まもなく、山本嘉次郎、成瀬巳喜男、黒澤明、谷口千吉ら監督と、彼らと親しいプロデューサーである本木荘二郎は、「映画芸術協会」というグループを設立した。黒澤の言動によれば、以前からあったグループとなるが、明らかに争議後の身の振り方を考えて立ち上げたのは明白だ。後に合流した撮影所関係者もいたが、主要メンバーは上記の監督たちで、いわば山本嘉次郎一派という印象が強い。「映画芸術協会」という名前も、日本映画に現代的な映画作りを提唱した元祖とも言える帰山教正監督が、かつて大正時代に四年間使用した映画プロダクションの名前に由来する。映画青年だった山本や黒澤が思いを入れて使った名前である。

「いま日本の映画会社に属している撮影所は、製作条件からも、資本の面からも、一つの限界が出来てしまっている。したがってその作品にも、超えられぬ一線が画されているのだ。
われわれは、なんとかこの一線を超えて、もっと作りたいものを自由に作り得る道はないかと考えた。
そこで、試みに、撮影所に属さないで仕事をして見たらどうであろう。なにか出来そうにも思われる。もし出来たら、作品のワクをひろげることも可能であり、また製作条件や、資本の供給源もひろげられるのだ」

（『第八芸術』一九四九年一月号「〝映画芸術協会〟設立趣意書」より）

この趣意書は、同人代表として山本嘉次郎と本木荘二郎の連盟の名前で出されている。

本木荘二郎は、撮影所のプロデューサーとしては一人だけ、恩師の山本嘉次郎や盟友の黒澤明らと行動を共にして「映画芸術協会」に参加した。黒澤と本木は、ここから撮影所にも映画会社にも依拠しない映画作りを模索することになる。

しかし、「映画芸術協会」設立の背景には、公職追放中にあった森岩雄が、大映の永田雅一社長宛に彼らへの支援を依頼する手紙を書いて、協力を要請したともいわれている。森の所に、山本嘉次郎をはじめ黒澤や谷口らが相談に来て、「プロダクションを作ったら」という提言を受けたというのが真相だろう。もともと山本嘉次郎も黒澤明も、森岩雄という撮影所長がいて入った撮影所だった。森に相談に行くのは、ごく自然な行動かもしれない。森岩雄自身も、その経緯を隠すことなく実際にインタビューでも語っている。

「私は終戦後、公職追放にあいまる三年一線から身をひいた。その最中に東宝に大争議が起きて、撮影所は最左翼の人に牛耳られていた。そのような中で仕事をするのはイヤだという連中が新東宝をつくってたころだった。この新東宝も最左翼の東宝撮影所もイヤだという一派が出てきた。本木荘二郎君が幹事役で、黒澤明、成瀬巳喜男、谷口千吉なんて連中が相談に来た。追放中で表面に出られなかったけど、永田(雅一)さんと親しかったし、当時の大映はたいへん人気を持っていたから、『君たち大映に行って仕事してみたらどうか、永田さんに頼んでやるから、東宝の争議もいずれは終わるだろう。その時は東宝へ帰ってくればいい』。永田さんも承知して預かってくれたわけだが、大映ではみんないい仕事をした」

(『キネマ旬報』増刊『黒澤明ドキュメント』より)

『野良犬』のナレーションは誰か

映画芸術協会では、次々に各映画会社と提携した映画を撮ることになる。第一組合から離反して作った新東宝撮影所に合流するのも、組合主流の共産党系左翼と合流して独立プロ化するのも嫌った、黒澤らの窮余の策だった。

映画芸術協会旗揚げ後の黒澤明監督第一作は、翌昭和二十四年に大映で撮った『静かなる決闘』だ。森岩雄による手紙が功を奏したかどうかは別として、大映の撮影所は黒澤明を快く迎え入れた。『静かなる決闘』のプロデューサーは本木荘二郎だが、大映側からのプロデューサー・市川久夫と共同製作となった。

『静かなる決闘』は、菊田一夫の舞台劇『堕胎医』を原作にしながら、三船敏郎の軍医を主人公にした戦時下の残酷さと矛盾を追求した作品だが、作品としてはあまり評判がよくない。戦時中の野戦病院での医療ミスから感染した悪性の梅毒に悩み、主人公の医師は帰りを待ちわびた許婚者と結婚できない。脚本家に植草圭之助のような話し相手や歯止め役を持っていなかったためか、黒澤の思いが膨らみ過ぎて観念的な作品になった。戦争の悲惨さと野蛮さを提起したはずの菊田一夫の戯曲とかけ離れ、青年医師のヒーローものにしようとしたことに無理があった。『酔いどれ天使』で捨てたはずの青年医師という主人公が蘇ったのか。共同脚本を書いたのは、同じ映画芸術協会の谷口千吉である。谷口とは同門であるだけでなく彼の監督作品にたびたび脚本を提供し気心は知れていたが、いつも黒澤が脚本作りの主導権を握っていた。黒澤本人も、この作品に関しては「とにかく失敗作だ」と語ることが多かった。暗い作品だが、人気の黒澤の名前で興行的には大きく失敗することはなかった。「失敗作」を乗り越えようと、黒澤は次の作品をすぐに撮る。立ち上げたばかりの映画芸術協会を軌道に乗せなければいけないという気持ちもあった。

黒澤作品のカメラは、再び敗戦後の街の中に物語を求めて出ていくことになる。同年に新東宝と映画芸術協会の提携として撮った『野良犬』である。

『野良犬』も、『酔いどれ天使』と同じく「闇市」を物語の舞台の核にしながら、より以上にカメラは撮影所の外に出ていった。ドキュメンタリータッチのカメラワークは、生き生きとした映像を紡ぎ出した。やはり三船敏郎が演じている主人公は『酔いどれ天使』と同じく復員兵という設定だが、チンピラやくざから新米刑事に変わっていた。その意味では作品を構成する目線は明らかに違うが、戦後の闇市社会を街の中にまで入って抉り出すというスタンスは前作と同じであった。復員者のその後は、当時の社会の重要なテーマだった。戦後社会をどうやって生きていくかが、映画の主題だったと考えてよい。戦争を経験した人たちが戦争からどう立ち直るかが、日本社会の共通のテーマだったのだ。戦後の刑事もののひとつの典型を作り出したとみてもいいだろう。時代性や社会性にこだわって映画を作ろうとした黒澤の思いは、全編に溢れていた。

タイトルバックの画面には、暑さで舌を出しハアハアと喘いでいる野良犬の大写しがあった。「その日は、恐ろしく暑かった」と、忘れがたい個性的なナレーションが入る。ナレーションは、観客を物語の中にまで案内するが不自然さは全くない。その声に導かれるように、観客は三船の若手刑事を追い始める。このナレーションが、本木荘二郎だった。元アナウンサー志望から撮影所に転じたプロデューサーは黒澤に、自分がナレーションをすることを提案したと思われる。本木は、観客を巧み

拳銃を追う刑事（三船敏郎と志村喬）は、ダンスホールの踊り子ハルミ（淡路恵子）を問い詰める（『野良犬』）　©TOHO CO.,LTD

に物語へ誘導した。まるで「いらっしゃい、いらっしゃい」と、見世物小屋の呼び込みのようにさえ感じるのは、本木の声と知って観てからのことだ。落ち着いて切れのよい声だった。このナレーションと野良犬のトップシーンは、脚本の第一稿にはない。黒澤を囲んで、製作中のディスカッションから生まれたものであるのは確かだ。

射撃練習を終えて帰る途中のバスの中で、弾丸を装塡したままのコルト式拳銃を盗まれる新米刑事。失くした拳銃を追いかけ闇市を歩き回るうち、ようやく場末の盛り場で「ピストル屋」に辿り着く。しかし、拳銃は既にそこにはなかった……。

レビュー小屋の踊り子役で映画初出演の淡路恵子が初々しく美しい。まだ実際にもダンサーになる気でいた少女は、映画など出たくないと駄々をこねたらしい。「黒澤学校」の優等生ともいわれた木村功も若々しい。その後の『七人の侍』でも、若々しい侍を演じているが、それよりまだずっと若い。当時の映画界では陰のある役ができる期待の新人だった。役者たちの若さと活力に支えられ、新鮮で疾走感のある映画ができた。監督黒澤明の若さも感じられる作品だ。

菊島隆三の参加

黒澤とともに脚本を書いた菊島隆三は、東宝撮影所では脚本部に属していた新人ライターだった。脚本家としては『野良犬』がデビュー作品となる。黒澤と菊島は、撮影所内の野球大会で知り合い仲良くなった。東宝の撮影所内ではスタッフや大部屋俳優らによる野球大会が盛んだった。監督らがチームを作りユニフォームや野球道具一式を揃えることもあった。野球大会で出会った黒澤と菊島は、野球映画を企画するが流産している。野球映画がダメになって少したってから会うと、黒澤が言った。

「推理物は好きか？」

「好きですよ。シメノンがいい」

「俺も好きだよ、じゃシメノンばりでやろうよ」

そんな会話が、映画『野良犬』のきっかけだったといわれる。菊島隆三が、『野良犬』の脚本執筆の発端を語った貴重なインタビューから引こう。推理物が、飛躍していく。

「昭和二十四年は下山、松川事件などがあって、警視庁は忙しくて、若いライターなんかになかなか取り合ってくれない。捜査一課では当時金原捜査係長という人が切り回していて、忙しいなかで親切にしてくれた。金原さんがくれた資料をもとに多摩川の旅館で二晩ばかり話し合った。刑事の苦労話を持って行ったんですが、黒さんは言った。『刑事が犯人をつかまえるために苦労するのは当たり前で客はびっくりしないよ、この話は駄目だよ』。帰りがけに金原さんから聞いた話をふと思い出して喋った。それが『野良犬』になったんですよ。金原さんは帰りじたくでコルトを鞄にしまいながら『こんな何にも役に立たないシロモノだけどよくなくなるんだ。大きな声では言えないけどね』とボソボソと話した。その話をしたら『え!? 本当か。それいけるじゃないか』と黒澤さんが叫んだ。この世界に入って二年も三年も芽が出ないようだったら足を洗おうと思っていたので、自信なげに話したのだが、『それを書いてくれよ』と言われてね。一気に書いた」

（『キネマ旬報』増刊『黒澤明ドキュメント』より）

菊島隆三は、本作を手始めに次々と黒澤作品の脚本を書いた。『醜聞』『蜘蛛巣城』『隠し砦の三悪人』『悪い奴ほどよく眠る』『用心棒』『椿三十郎』『天国と地獄』『赤ひげ』の脚本に執筆参加している。その後、黒澤プロダクションが作られると役員として参加、『用心棒』から『赤ひげ』まではプロデュースにも関与している。脚本だけでなく製作もやったらいいと勧めたのは、藤本真澄プロデューサーだったという。黒澤プロでは、わがままな黒澤のよき相談相手でもあった。また、脚本家として製作中止になった『暴走機関車』『トラ・トラ・トラ！』にも参加している。だが、これらトラブルの後、黒澤と袂《たもと》を分かち黒澤プロを去る。大きな問題が次々に黒澤と菊島の師弟関係に襲いかかり、修復が不能になったのだろう。甲州人として知られる菊島の名が、武田信玄を描いた『影武者』の脚本にないのはいかにも不可解だが、菊島の弟子筋に当たる井出雅人が脚本参加している。

本木荘二郎は、撮影所仲間としても脚本部にいた菊島隆三とは早くから面識があった。黒澤作品以前から、菊島に仕事を依頼していた。本木は、菊島を黒澤と結びつけようとしていた。本木、黒澤、菊島が最も親密だった時期には、菊島の家に黒澤、本木、脚本家の小国英雄、橋本忍らがたびたび集まっては企画を出し合うことも多かった。時代劇の『蜘蛛巣城』『隠し砦の三悪人』『どん底』は、時代劇の革新を念頭に、当時のこの集まりから発案されたものである。黒澤は、それを「時代劇三部作」と呼んでいた。本木は、そんな時、いつも場の話の進行を見守りながら、酒の世話などする役回りだった。こんな時が、本木荘二郎が黒澤明の「相棒」であり、「番頭」であることが感じられる時でもあった……。

黒澤と本木は、映画芸術協会で連作した。

『野良犬』は、新東宝系の劇場で公開されたが、撮影は東京・大泉学園の東映東京撮影所で行われた。映画芸術協会の事務所は東京港区の内幸町にあり、広い事務所にはいつも本木だけが詰めていた。本木荘二郎は、プロデューサーとして大泉の撮影所と内幸町のデスクを行き来して、製作の陣頭指揮に当たっていた。

第5章

グランプリ

日本映画史の記念碑である『羅生門』ベネチア国際映画祭グランプリ金獅子トロフィーのレプリカ（東京国立近代美術館フィルムセンター所蔵）

日本映画界の記念碑

黒澤明と本木荘二郎、二人の絆の結晶ともいうべき傑作が、この世に生み落とされる。それは、黒澤明や本木荘二郎にとってだけではなく、日本映画界にとっても大きな記念碑となる映画だった。

世界中に称賛された『羅生門』である。

『羅生門』は、アキラ・クロサワの名を世界中に知らしめ、戦後の日本映画を初めて海外へと船出させた作品として、日本と世界の映画史に記憶されている。

黒澤明が生涯に撮った映画は三十本ほどである。そのうちで監督デビュー作品『姿三四郎』から数えて十一本目の監督作品となったのが『羅生門』だが、この作品の成功と栄誉がなければ、その後に展開する「世界のクロサワ」というキャッチフレーズは生まれていない。晩年まで、世界的スケールで映画を撮り続けた「世界の巨匠・黒澤明」という存在は誕生しない。

映画『羅生門』成功の意味は、それほどまでに大きく、また意義深いものだった。だが、その称賛は、黒澤明も本木荘二郎も意図して実現したものではない。黒澤と本木が精魂を込めて作った作品に、映画の女神が微笑みかけて贈られたプレゼントだったのではないか。今日から振り返れば、そうとしか思えないことが、次々起きている。

一九五一年、サンフランシスコ講和条約締結の年だった。講和条約締結から二日後の九月十日、イタリアのベネチア国際映画祭授賞式で、最高の賞である金獅子賞（グランプリ）を、『羅生門』が受賞した。

そのニュースは、世界中に発信された。敗戦の痛手から立ち直ろうとしていた極東の島国・日本にとって、それは今日思うよりはるかに大きなニュースだった。当初、黒澤明自身も日本映画界も、受賞の意味や大きさがすぐには理解できずに戸惑いがあった。しかし、このグランプリ受賞は、やがて黒澤明が置かれていた映画作りの環境も、日本映画を取り巻いていた閉塞的《へいそくてき》な気分も一変させてしまう。

黒澤明は、自伝『蝦蟇の油』の中で、『羅生門』グランプリ受賞の知らせを知った時のことを、こう書き記している。黒澤は、休暇で自宅近くの多摩川でいつものように釣りをしていた。思うように釣れずに早めに切り上げて帰ってくると、妻がふいに明るい声で「おめでとうございます」と言葉をかけた。黒澤は「何が?」とぶっきらぼうに聞き返し、思わずむっとしたそうだ。黒澤本人も日本映画界も、『羅生門』のグランプリ受賞は全くの寝耳に水の出来事だったのだ。

映画『羅生門』は、最初から「世界」を目指して作られたものではない。作品公開後の国内の一般的評価と少し違った偶然と熱意が、『羅生門』という作品を、この世界的映画祭の舞台に登場させたのである。

ベネチア国際映画祭に『羅生門』が出品されていたこと、そしてそれがノミネートされたことも、グランプリ受賞の外電まで監督の黒澤明もプロデューサーの本木荘二郎もまるで知らなかったのだ。

黒澤と本木が怠慢だったというのではない。全く突然の知らせだったのだ。それにより『羅生門』の作品的価値や芸術性が、問われるものでもない、問われるべきは、当時の日本映画界の意識の貧困さのほうだろう。

イタリア人映画関係者の目にとまる

一九五〇年末、日本映画連合会（映連）にカンヌ国際映画祭とベネチア国際映画祭から、日本映画の参加依頼が相次いで届いた。

カンヌ国際映画祭に正式参加を依頼された映連では「国際映画祭参加作品選定委員会」を作り、劇映画と教育映画の各一本を選出することで進められた。各映画会社から二本の自選を求め、紆余曲折の経緯もあったが、東宝の『また逢う日まで』と大映の『羅生門』の二本が推薦作品に絞られた。どちらの作品にするかという段階で、『羅生門』に使われている音楽がラヴェルのボレロに似ているとの指摘が関係者からあった。音楽の早坂文雄が意識してボレロ調の音楽を使ったのだが、権利そのほかの問題を必要以上に意識したのか、映連は『羅生門』を推薦作品から外してしまう。『また逢う日まで』を推薦作品にする意向を固めた映連だが、なぜか、出品直前に東宝では『また逢う日まで』の出品さえも取り下げてしまうのである。『また逢う日まで』は、日本映画史上記念すべき久我美子と岡田英次の美しいガラス越しのキスシーンで知られている。ロマン・ロランの原作を翻案して今井正が監督した傑作だ。

カンヌの次が、ベネチアだった。ベネチア国際映画祭への出品作品選考も、カンヌと同じ手続きで映連で進められていた。カンヌ国際映画祭に作品を出品できなかった映連では、ベネチア国際映画祭出品の日本窓口になっていたジュリアーナ・ストラミジョーリに一任することにしてしまう。ストラミジョーリ女史は、イタリア映画の海外普及機関であるウニタリア・フィルムの駐日代表で、イタリア映画を日本で配給しているイタリフィルム社の社長でもあった。当時、日本国内では外国映画の配給は一国一社に限られていたため、ストラミジョーリだけが日本で公開されるイタリア映画の窓口だった。

当時の『羅生門』出品までの経緯をつぶさに知る人の言葉で聞いてみよう。戦前から社長であり夫である川喜多長政とともに東宝東和を運営して海外との映画交流に貢献し、戦後も多くの国際映画祭の審査員を委嘱されるなど海外との映画文化交流や発展に大きな役割を果たした川喜多かしこ女史が語っている。

「五一年に『羅生門』が出て、向こうでは日本映画もたいしたものだとびっくりしたわけです。川喜多（長政）が五一年春に公職追放がとけて、戦後はじめてカンヌ映画祭へ行って、ヴェニス映画祭のディレクターに会った。何かあったら出してほしいと出品要請されて、心がけていました。イタリフィルムのストラミジョリー社長とも私たち親しいんですが、彼女も頼まれて物色していたらしい。それで『羅生門』がいいのではないかといっしょに見ました。あの時はキネ旬は五位かなんかで日本の批評家はそれほど評価していなかったようですが、私たちは海外で評価される要素を持っている印象を受けたんで、ストラミジョリーさんと何としてでも出品しようじゃないかということを話したんです。永田さん（当時大映社長）に川喜多から要請したのですが、全然国際映画祭の認識がない。そんなところに出してどうなる、などといわれて、川喜多はプリント代は私が持つからと強硬に言い、ストラミジョリーさんも説得して、それじゃ出そうと、出したわけです。だから、日本関係者は誰も行っていない。川喜多すら行っていなかったのです」

（『キネマ旬報』増刊『黒澤明ドキュメント』より）

ストラミジョーリ女史は、ベネチア国際映画祭に推薦するために何本かの日本映画を観ている。『雪夫人絵図』『羅生門』『偽れる盛装』『野良犬』『酔いどれ天使』『暁の脱走』などだ。これらの作品から、女史が選んだ作品が『羅生門』だった。

「賞を得られるかどうかはともかくこれは相当話題を呼ぶことは確か」と、女史は感じたという。テーマの扱い方、描き方、作品に流れる精神と人間性にも、注目している。これらの点で、『羅生門』こそが出品作品にふさわしいと判断した。ところが、出品について、『羅生門』を製作・配給した大映に働きかけても、永田雅一社長以下大映関係者は会社として興味を示さなかったというのである。それは、まさに川喜多かしこが回想し証言している通りだ。目前の利益しか考えていない当時の日本の映画会社の態度を象徴している。永田社長は、後年になりたびたび自分の見識で『羅生門』を作らせて映画祭にも自ら出品したように語ったが、事実ではない。永田雅一の発言は、黒澤監督をはじめ多くの『羅生門』関係者の顰蹙《ひんしゅく》を買った。ストラミジョーリは、『羅生門』をベネチアに送るのに際しては、大映側と詳細な契約書を交わしている。それによれば翻訳、字幕の作成、フィルムの郵送代までを、ストラミジョーリ側で負担していたことが記録されている。

グランプリってなんや？

ベネチア国際映画祭での初めての上映には、あまり多くの観客が集まってはいない。普段あまり見たことのない日本映画ということで、好奇心の強い批評家や研究者が誘い合わせるようにして観賞した。ところが観賞後、多くの映画関係者やジャーナリストが『羅生門』に強く衝撃を受け、「是非もう一度上映してほしい」という申し入れを映画祭事務局に行った。再上映では、噂を聞いた関係者ら多くの観客を集めている。これにより、なんの予備知識もないままに観た審査員らの感動が、晴れてグランプリ受賞という結果となったのである。

授賞式では、笑い話のような事実もある。晴れやかなグランプリ受賞となっても、日本からは関係者が誰もベネチア映画祭に行っていない。それどころか、会場に日本人は誰もいなかったのだ。映画祭のセレモニーとしては、誰かグランプリの金獅子像を受け取る人がいなくてはいけない。そこで映画祭関係者がベネチアの街中を走り回ると、たまたまベネチア観光に訪れていたベトナム人を見つけた。ベトナム人は日本人に似ているからと、その人に頼んで壇上で金獅子像を受け取ってもらったというのである。今でこそ、国際映画祭の授賞式には、監督やプロデューサーが出席してトロフィーや記念品を受け取るのが通例となっているが、黒澤にも本木にもそんな連絡も打診もなかった。

グランプリ受賞後、川喜多長政らが永田大映社長らに正式に受賞を告げに行っても「グランプリってなんや?」と言ったそうである。その後、各国から受賞作『羅生門』を上映したい、上映権はどうなっているのかという商談が大映に舞い込み、実際に上映するとどこの国でも好成績を上げるに及んで、永田社長らは驚きを隠せなかった。この驚きは、後年まで大映という映画会社が海外の国際映画祭向けに作品を作り続ける布石となった。

黒澤はその自伝で、グランプリ受賞を日本の批評家が「東洋的エキゾチシズムに対する好奇心の結果」と書いたことに対し疑問を呈しているが、受賞時には、黒澤自身も「この判定には、だいぶ、エキゾチックなものに対する西洋の好奇心、いや日本の苦しさに対する同情なども入っているんじゃないでしょうか」「嬉しいには嬉しいが、もっと日本の現実にふれた題材で入賞できたら、もっと嬉しくもあり、意義もあったろう」と語っている。後年には批評家のせいにしたのだが、当初は黒澤自身もグランプリ受賞に自信がなかったようなのである。

日本人初のノーベル賞を、湯川秀樹博士が受賞したのは一九四九年秋のことだった。日本代表の水泳選手・古橋広之進がロサンゼルスの全米選手権に招待され、世界新記録を打ち立てて「フジヤマのトビウオ」といわれたのも、この年である。戦後の復興期にあった日本にとって、それらに続くように『羅生門』がベネチア国際映画祭でグランプリを受賞したニュースは、明るいニュースを求めていた日本国民を元気づけて余りある快挙であった。

さらに、翌年の第二十四回米国アカデミー賞においても『羅生門』は、最優秀外国映画賞を受賞している。それは、アメリカ映画界での黒澤明に対する高い評価の始まりだった。

当時、フランスに留学していた作家の遠藤周作は「ベニス映画祭で日本の作品がグラン・プリをとったというニュースほど、留学生を悦ばせたものはなかった」と回想している。当時、朝日新聞社の海外特派員として外遊中でアメリカに滞在中だった二十七歳の三島由紀夫は、ニューヨークで『羅生門』を観ているが、「知識階級の間では『羅生門』の評判は非常なものである」と、旅行記に書いた。

世界が、『羅生門』を見つめ、黒澤明を見つけたのだった。

橋本忍に届いた本木からの手紙

映画『羅生門』は、その製作過程からしても偶然の連続だった。始まりから、ベネチアへの道を辿ってみよう。当然のことになるが、プロデューサーの本木荘二郎は、その始まりから、映画作りの中心にいた。

脚本を書いた橋本忍は、本木荘二郎から届いた一枚の葉書が始まりだったと、著書『複眼の映像——私と黒澤明』で書いている。黒澤と橋本の連絡役は、いつも本木だった。本木からの最初の葉書には、以下のように手短に用件のみが書かれてあった。

〈前略、あなたの書かれた『雌雄』を、黒澤明が次回作品として映画化することになりました。つきましては黒澤と打ち合わせをして頂く必要があり、なるべく早く上京して頂きたく、ご都合を知らせていただければ幸いです。用件のみで失礼いたします。草々〉

映画『羅生門』は、黒澤明のその後の映画において、欠くことのできない共働者との出会いを生んでいる。そう、脚本家の橋本忍である。戦後の日本映画を代表する脚本家の一人である橋本忍は、黒澤監督作品で最も多くのシナリオを手掛けた脚本家でもある。俗に「黒澤組」ともいわれた、植草圭之助、菊島隆三、小国英雄、井手雅人ら、その脚本家の多くが鬼籍に入っている。百歳にも手が届こうという唯一の生き残りの黒澤組の脚本家・橋本忍には、黒澤明に関する回想を求められることも多い。

橋本忍は、黒澤明と出会って脚本家になる以前は、姫路で会社勤めをしていた。

戦前は国鉄職員だったが、戦争が始まると鳥取で歩兵連隊に入隊した。まもなく肺結核を患い、兵役免除となって陸軍病院を経て傷痍軍人療養所で四年間を過ごした。入院中、同室の病人から借りて読んだ映画雑誌『日本映画』に掲載されていた脚本を読んだのが、映画の脚本に興味を持つきっかけだった。その後、雑誌を貸してくれた友人に「日本で一番偉い脚本家」と教えられた伊丹万作に、書き上げたシナリオを送ると、予想に反してすぐに返事が来た。

そこから長い伊丹との交流が始まる。その後、伊丹の存在を教えてくれた友人は病院で死んでしまうが、橋本は京都に住む伊丹の門下生となることができた。

伊丹万作には、戦時中に日本映画史上屈指の名作といわれる『無法松の一生』という名脚本がある。『無法松の一生』は、直木賞候補にもなった岩下俊作の原作である。橋本は、以前から伊丹万作に「原作物に興味はないのか」と言われていた。ある時、橋本は、たまたま芥川龍之介の小説『藪の中』を読んだ。習作として『藪の中』をひとつの脚本として書くことを思いつき、書き上げる。それが、後に『羅生門』となる脚本「雌雄」だった。

昭和二十一年、伊丹万作が亡くなってしまう。伊丹の死後、橋本は、書き溜めた脚本七、八篇を伊丹の直弟子に当たる東宝撮影所にいた佐伯清監督に送っている。その中に「雌雄」もあった。「雌雄」は、二百字詰め原稿用紙で九十枚という短いものだった。芥川の原作が短いので、シナリオ化しても長くはならなかった。このまま映画になるとは、橋本も全く思っていなかった。

突然、本木荘二郎からの葉書が橋本の家に舞い込んだのは、脚本を佐伯清に送ってから一年近くたった頃だった。

橋本の書いた「雌雄」を、最初に読んだのは、同じ東宝撮影所のプロデューサー藤本真澄だった。佐伯の家の縁側で、何篇かのひとつとして読んだ藤本は、「まさかあの脚本が映画になるとは思わなかった。俺は不明なのかなあ。気にはなったが、やる勇気はなかった」と、後になって橋本に話した。

佐伯清に未発表の脚本を預ける時に、橋本忍は「黒澤さんに読んでもらうわけにはいかないかなあ」と頼んでいる。伊丹万作の一周忌で、映画の雑談をした時だ。佐伯と黒澤は、撮影所の助監督時代には同じ下宿に暮らしたこともあった。佐伯は「いいよ」と気安く引き受けた。それから、どんな経緯があったたか。本木を経由して、黒澤は、橋本の「雌雄」を読んだ。

黒澤と橋本の邂逅

本木荘二郎は、この頃、黒澤明に時代劇を撮らせようと考えていた。

映画芸術協会と大映との間で、時代劇映画の企画が立ち上がりつつあったのである。映画芸術協会発足後、黒澤は大映で『静かなる決闘』を撮った。『静かなる決闘』の製作には、本木荘二郎と大映の市川久夫の名が並んでいる。市川久夫は、社長の永田雅一や専務の川口松太郎らの指示で、映画芸術協会の事務所を訪ねて本木荘二郎と親交を結んだ。その結果、大映と映画芸術協会とは映画製作に関して年間本数契約が結ばれた。

大映側は、最初から映画芸術協会との提携第一回作品には黒澤明を監督として参加させてほしいとの申し入れをしている。『酔いどれ天使』のヒットによる黒澤の人気もあったが、大映と黒澤の間には縁もある。戦時中、黒澤が情報局脚本募集に応募した『土俵祭』を、片岡千恵蔵主演、丸根賛太郎監督で製作・配給したのは大映だ。昭和十九年春に公開された。大映撮影所には、黒澤らを迎え入れる気運もあったといわれる。『静かなる決闘』は、期待以上の興行成績は出なかった、次にもう一本、黒澤に時代劇を撮らせたらどうかという案が、大映撮影所の現場から出ていたのである。

時代劇映画には、GHQの規制解除の兆しもあった。大物スターの主演で時代劇作品の復活が考えられた。その企画には、黒澤明を監督で起用したいという大映側の意向もあった。時代劇の企画がいくつか本木に持ち込まれたが、黒澤が言われた企画に簡単に乗るような男ではないことを本木はよく知っていた。黒澤と本木の間で、時代劇で企画を考えてみようということになった。そこで検討された企画の中に、いつしか佐伯清が持ってきた橋本の脚本「雌雄」が紛れ込んでいた。黒澤は、まだ一度も映画になったことのない芥川龍之介の原作を脚本化したのが気に入ったようだった。

本木が、黒澤に呼び出された。「すぐに脚本を書いた橋本忍という青年と会いたいね」と、黒澤は言った。

前述の葉書が届き、本木と連絡を取った橋本は、上京して黒澤と会う日時を求められた。黒澤宅までの道順も教えられた。黒澤明の家は、当時、小田急線の狛江駅近くにあった。敷地が三百坪以上もある広大な邸宅だった。橋本忍は、そこで初めて黒澤明と会う。橋本は、この日のことを書いている。

「あんたの書いた、『雌雄』だけど、これ、ちょっと短いんだよな」

「じゃ、『羅生門』を入れたら、どうでしょう?」

「羅生門?」

黒澤さんは首を捻った。一瞬の空白——エアポケットのような瞬間だったが、その緊迫気味の沈黙はそんなに長くはなかった。

「じゃ、これに『羅生門』を入れ、あんた、書き直してみてくれる？」

「ええ、そうします」


（『複眼の映像』より）


黒澤と橋本の初対面は、ほんの一、二分で終わった。火花が散った瞬間だったか。

黒澤に「ちょっと短い」と言われ、即座に同じ芥川龍之介の『羅生門』を入れることを提案したが、「どうしてそんなことができるものか」と、橋本は咄嗟《とっさ》に言った言葉を後悔したという。姫路に帰ってから、橋本はすぐに脚本を直した。そして、『羅生門物語』と題する脚本を一か月で書き上げたが、自分でも気に入らなかった。書き直したかったが、持病の椎間板ヘルニアが悪化して足に激痛が走った。仕方なくでき上がった脚本を送ると、再び本木荘二郎から連絡があった。橋本は病状がよくならず、すぐに東京に出ていけなかった。決定稿は、黒澤が東京で書き上げた。本木が、大きな封筒に入れて送ってきた。既にプリントされた台本の表紙には『羅生門』というタイトルが書かれてあった。一読、橋本は唸った。『藪の中』に『羅生門』を入れようとしていた橋本に対し、黒澤は『羅生門』に『藪の中』を収めた。「これはちょっとかなわない。あまりに腕の差がありすぎる」と、橋本は感じた。同封された本木の手紙には、「黒澤が意見を強く希望していますので」上京してほしいとあった。橋本は数日間考えた後、自宅裏の林から切り出した青竹の杖をついて東京に出て黒澤に会う。脚本は完成した。

大映幹部を唸らせた本木の「ホン読み」

黒澤と橋本の連絡係はいつも本木荘二郎で、時に黒澤の声色で、橋本を笑わせた。橋本の習作「雌雄」の映画化に、最初に興味を持ったプロデューサーは、本木荘二郎だったということになる。本木には、黒澤の言いなりになるだけでなく、勝算もあった。

本木荘二郎は、完成した脚本を手に大芝居に出ることにした。プロデューサーとしては、ここからが腕の見せ所だった。

一九五〇年の正月明け早々だった。大映本社の製作担当専務である川口松太郎の部屋に、市川久夫らが呼ばれた。黒澤の大映二本目は時代劇でいきたいという話は市川と本木の間で進み、脚本も完成したが問題もあった。映画公開後、真相が不明なのを「藪の中」「羅生門だな」と言うのが流行語のようになっているが、脚本段階では、全く真相がわからないままで終わる脚本は評判がよくなかった。製作担当の川口らは首を傾げた。そこで、本木が川口の部屋に出向いたのである。本木荘二郎は、川口らに説明を求められたのだが、突然「ホン読み」を始めたのである。

大映では、会議での「ホン読み」は脚本家がするものだった。無声映画時代、印刷も不便で少ない脚本で撮影に入るため、脚本を持たないスタッフのために「本読み」が行われたが、それは撮影のための本読みだ。まだ企画が通ってもいない台本の本読みを、プロデューサーが自分でするなど前代未聞だった。本木は、静かに、そして朗々と語り始めた。

「半分壊れかけた巨大な羅生門が、猛烈な夕立に煙ったように見える」
「手前に仆れている大圓柱。四本の羅生門の圓柱に圍まれて、二人の男が石疊の上に坐っている。一人は旅法師。一人は杣賣」

（『羅生門』完成脚本より）

主役の多襄丸にイメージキャストされた三船敏郎の芝居の癖までが入れられて、身振り手振りのパフォーマンスも交じえ、本木は脚本を読み続けた。川口たちは、呆気にとられながらも、黙って本木のホン読みを聴き続けた。川口松太郎は作家であり、舞台演出家でもある。その川口が聞き惚れるように、じっと本木の声を追っていた。脚本がクライマックスに差し掛かると、部屋の空気は張りつめ、そこに多襄丸と真砂、三船敏郎と京マチ子がいるようだった……。本木が読み終え、川口の部屋を長い静寂が包んだ。

「東宝のプロデューサーは、みんなこんな本読みができるの?」、静寂を破るように、川口は本木に問うた。

ＮＨＫラジオの朗読劇『宮本武蔵』は、戦前からの人気番組だ。文豪吉川英治の原作を、映画弁士出身の徳川夢声は、「武蔵は……」の独特の間で語って、一世を風靡した。戦後もたびたびラジオで再演され、いわばラジオ時代の代表的放送劇の一つとされる。俳優もやるようになった徳川夢声と、本木荘二郎は製作主任でついた山本嘉次郎監督作品『孫悟空』などの現場で一緒だった。撮影所内でも親しかった。ＮＨＫのアナウンサーになるはずだった本木は、声と朗読には自信があった。短いがＮＨＫで訓練も受けたし、若い時から演劇好きだった。そうだ、夢声さんの「宮本武蔵」ばりにやったらいい。映像が浮かぶように語ればよいのだ。川口松太郎らを説得するには、脚本を読み聞かせるのが手っ取り早いと思いついたのである。

本木の朗読は、川口ら大映幹部の心を動かした。映画『羅生門』の出演者は八人、オープンセットは朽ち果てそうに立っている「羅生門」のセットが「一杯」、あとは森のロケーションだけでよいと、朗読を終えた本木は熱く語り続けた。黒澤が原節子に当て書きしたという真砂には、大映のニュースター・京マチ子を出したいとも言った。川口は、本木の魔術にかかったように「やってみてくれ」と言った。

なんかようわからん

『羅生門』の撮影は、大映京都撮影所で始まった。

カメラマンの宮川一夫は、京都生まれで京都育ち、十八歳で日活京都撮影所に入社。戦後は、大映京都撮影所を中心に活躍した。色彩を白と黒とで表現する水墨画の表現方法を知るカメラマンでもあった。森の中へとカメラが入り、光と影のコントラストで表現した『羅生門』の映像は、宮川一夫なくして生まれてはいない。黒澤明は、撮影前に「サイレント映画の美しさ」に戻りたいと言い、演出家として多くの絵コンテを描いた。黒澤明の演出意図と狙いを汲むことができたカメラマン・宮川一夫との出会いは、映画『羅生門』の成功には欠かせないものである。

大映京都撮影所に単身乗り込んだ黒澤監督の下には、加藤泰、若杉光夫、田中徳三ら、後に一人立ちして監督となった撮影所きっての才能ある助監督らがついたが、個性の強い黒澤監督とは上手くいかなかったいわれる。特にチーフ助監督で後には時代劇や任侠映画で知られることとなる加藤泰と黒澤とは、全く性格が合わなかったらしい。加藤らは「脚本がわからない」と言い、黒沢に詰め寄った。チーフの加藤は、何度も撮影現場からエスケープした。それでも、撮影が一か月足らずで順調に進んだのは、奇跡的というべきか。

本木は、京都撮影所に行ったきりだった。ある日、本木は、撮影中にラッシュを見た永田社長に、東京の本社まで呼び出された。宮川カメラマンが逆光を逆手に撮った苦心の場面などのラッシュを見て永田が怒ったのだ。当時、太陽を正面から撮ることはフィルムを焼くと言って、撮影所の映画作りではタブー視されていた。それを堂々とやってのけたのだから、永田社長が怒るのにも理由はあった。激昂した永田は、最後に「君は首だ！」と本木に言ったという。それは、プロデューサー契約の解除を意味していた。本木は、永田に平謝りに謝ると、特に気にとめるふうも見せず、すぐ京都の撮影現場に帰っている。撮影中止が言い渡されたのではなかったからである。ところが、最後に再び難関の事件も起きた。

この夏、京都では金閣寺が全焼するという歴史的な火事があった。封切を一週間後に控え、『羅生門』が最後の編集段階に差しかかった撮影所で、火事があったのだ。

第二スタジオからの火の手は、『羅生門』の編集室まで燃え広がる勢いだった。ちょうど『羅生門』の雨のシーンに使用した消防ポンプ車三台が近くにあり、火はすぐ消し止められたが、安全のために編集室から持ち出したダビング装置が動かない。作業は旧式の機材で続けられたが、火事騒ぎで三船敏郎の音声の一部が紛失してしまう。東京に帰っていた三船が、急遽京都に呼び戻され再録音しなければならなかった。

翌日、再び火事がある。今度は『羅生門』の編集室で、編集作業中にフィルムに引火。映写機に水をかけると、有毒ガスが発生して三十数名のスタッフがその場に倒れ込んだ。本来なら作業は中止せざるをえないが、完成までもう時間がなかった。スタッフの多くは病院にも行かず、そのまま編集作業を続けたというのである。不眠不休の過酷な作業が続いて、黒澤も本木も疲労困憊した。

封切日は八月二十六日と決まっていた。代替えの作品ストックはなかった。東京の大映本社で前日二十五日に予定された試写に間に合わせるべく、二十四日の夕方になってようやく完成した『羅生門』のフィルムは、夜行列車で東京へと送り出された。黒澤は疲れて、撮影所内での完成試写にも立ち会うことができなかった。だが、指示通り映画は完成していた。本木も、それを見届けてから東京に向かった。

東京本社での試写が終わると、永田雅一社長は、しばらく押し黙ったままだった。試写室に嫌な空気が流れた。数分後、「なんかようわからん、高尚なシャシンやな」と、永田社長は言った。永田には、そう見えたのだろう。

「世界のクロサワ」へ

『羅生門』は、興行的には失敗したといわれることがあるが、それは間違いである。作品内容に対する大映首脳の無理解や心ない批評とは別に、ヒットの要因もあった。黒澤明の名前と人気、京マチ子、三船敏郎、森雅之ら出演者の熱演、森の中での男女の絡み合いという刺激的な内容などがヒットの要因だった。大映系映画館全館で通常週替わりだった上映が二週間、なかには三週目まで続映した映画館も少なくなかった。『羅生門』は、この年の大映作品興行成績では第四位を記録している。同年の『キネマ旬報』ベストテンでは、一位が前出の『また逢う日まで』、三位が黒澤が脚本を担当した谷口千吉監督の『暁の脱走』、『羅生門』は五位だ。第一回だった映画記者らが選ぶブルーリボン賞では、第四位。同賞では、黒澤明と橋本忍が脚本賞を受賞している。

永田社長は、「グランプリは儲かる」という方程式を『羅生門』で知った。その後、永田指揮の下に『羅生門』と題名まで似通った『地獄門』を衣笠貞之助監督で撮り、第七回カンヌ国際映画祭でパルム・ドール賞を受賞する偉業を達成する。衣笠貞之助を監督に起用したのは、戦前の日本映画で初めてヨーロッパに輸出された『十字路』の監督だったからだろう。『羅生門』に続き再び出演した京マチ子も妖艶で、彼女には「グランプリ女優」の異名が贈られた。大映撮影所では、その後も溝口健二監督作品が海外で高い評価を得るなど、芸術性の高い映画を作る基盤ができた。その始まりは、『羅生門』の受賞だった。だが、弊害として、永田社長時代の大映は次々に映画祭や海外受けを狙い、社運を賭けた大作主義に走り過ぎて、撮影所は疲弊したとされている。

黒澤明と本木荘二郎は、『羅生門』を終えると、すぐに松竹大船撮影所で『白痴』を撮る準備に入る。永田社長に「高尚なシャシンやな」と言わせた『羅生門』の次に、もっと「高尚な」ドストエフスキーの原作に挑戦したのだ。黒澤明の映画的野心と芸術探求の志は大きく高い。映画に関していえば、思いを貫く度胸は並のものではない。それに賛同して黒澤を支えた本木も根性が据わっていたが、結果は不本意なものとなって襲いかかることもある。

古巣である東宝撮影所では、第三次ストライキの終息時に復帰を約束された二百五十名を含む千二百名の人員整理が再び会社から組合に通告されて波紋を広げる。いわゆる「レッドパージ」が始まったのだった。「レッドパージ」は、他の映画会社各社にも波及した。六月には朝鮮戦争が勃発し、世情不安も広がる。経済は安定したが、政治的には「逆コース」の時代が始まった。

狛江の自宅近くの多摩川べりで、一人で鯉釣りに時間を潰していた黒澤は、このまま二度とどこの撮影所からも仕事がなくなり、映画を撮れなくなるのではないかと思ったらしい。

そんな時、突如流れが変わったのである。『羅生門』が、ベネチア国際映画祭グランプリを受賞、「世界のクロサワ」という潮流が動き出したのである。

多くの人と人との出会いが重ならなければ、映画『羅生門』は完成してはいない。黒澤明監督と本木荘二郎プロデューサーの二人三脚、その歩みが多くの苦難を乗り越え、完成というゴールへ走っていった仕事だった。

東宝の大争議によって黒澤や本木が東宝撮影所を飛び出し、大映撮影所という場所に辿り着かなければ全ては始まらなかったろう。脚本家を目指す橋本忍という青年との出会い。ＧＨＱの規制解除がされぬまま「チャンバラのない時代劇」を撮るのを余儀なくされたことも不幸中の幸いである。『羅生門』は、なんと「不幸中の幸い」の多い映画であり、仕事だったろうか。それら全ての場面において、本木荘二郎は黒澤明を支え続けたことになる。やはり、男と男の友情に映画の女神が、優しく微笑みかけたのが、「グランプリ」という結果だったとしか思えないのである。

脚本が読めるプロデューサーは本木だけ

『羅生門』で初めて黒澤作品にスクリプターとして参加し、以後の黒澤作品には記録、編集、製作助手、監督補など、さまざまなパートで協働をし続け、黒澤映画の生き字引ともいわれる野上照代。多くの関係者が鬼籍に入った今日では、黒澤作品を語る上では欠かすことのできない人物である野上が言う。

「後年、本木さんが橋本さんをからかって、『あのとき、よれよれのレインコートを着て上京してきた名もなき一介のサラリーマンが、こんな大物になるとはねえ！』って、嬉しそうに笑っていたね。黒澤さんは、『羅生門』の頃、プロデューサーは脚本が読めない、脚本が読めるプロデューサーは本木だけだって言っていましたよ。本木さんは、自分にとっては大先輩で、ほとんど口もきいた事がなかったですが」

野上は、少女時代に映画『赤西蠣太』を観て感動して以来、橋本忍の脚本の師匠であった伊丹万作と文通をしていた。伊丹が亡くなって、妻のキミさんは京都を引き払い郷里の松山に戻る。その時、十三歳の息子の岳彦（後の俳優で作家、監督となる伊丹十三）だけが京都に残ることになった。そこで、野上は京都に呼ばれ岳彦の世話を頼まれる。そのために、大映撮影所のスクリプターの職が彼女に世話された。新米のスクリプターだったが、この時、幸運にも『羅生門』につくことができたのが、黒澤明監督と出会う始まりだったのである。

プロデューサーの本木荘二郎からの葉書を頼りに上京して、黒澤明と出会い、脚本家への道が開けていった橋本忍。高齢でもあり、あまり取材を受けない橋本が、本木荘二郎について思いのたけを静かに丁寧に語ってくれた。

「本木荘二郎は、助監督時代から『お祭り小僧』といわれていたそうだよ。賑やかな男で有名だった。助監督から監督にならずに、東宝がハリウッド仕込みのプロデューサー・システムになっていく時、逸早くプロデューサーになった。藤本真澄、田中友幸とともに東宝の三大プロデューサーといわれるが、筆頭が本木荘二郎だったんだ。最初から非常に高く評価されていた。

東宝の撮影所で、歴史に残るストライキがあって、撮影所は製作不能に陥った。結局、共産党とそうでない人に別れたんだ。山本嘉次郎や黒澤明、本木荘二郎は、映画芸術協会というのを作って映画を作り始めた。

僕の『雌雄』という脚本は、最初、佐伯清に読んでもらった。佐伯から本木、黒澤と回ったんだ。最初は、そういう経緯だった。本木荘二郎は、東宝には『生きる』の頃に復帰した。本読みの深いプロデューサーだった」

野上の言う「本の読めるプロデューサーは本木だけ」、橋本の言う「本読みの深いプロデューサー」という言葉は、本木荘二郎という人物の輪郭を決定づけている。

橋本が習作として書いた脚本「藪の中」が他に類のない優れた脚本であり、多くの可能性を秘めていることを最初に見抜いたのは本木だった。

消えた金獅子像

大映の永田雅一社長は、グランプリ受賞後、ようやく『羅生門』の素晴らしさに気づいたのか、それとも受賞の偉大さにだけ驚いたのか、グランプリの金獅子像（サンマルコの獅子像とも）のレプリカを作製して関係者に配ることを思いつく。その時、レプリカは六体作られたといわれている。寄贈対象者は、黒澤明、宮川一夫、三船敏郎、京マチ子、橋本忍、早坂文雄または森雅之ではないかといわれている。永田の心証を悪くしたこともあってか、プロデューサーの本木荘二郎はレプリカを贈られるメンバーから外されていたようだ。しかし、本当の意味での『羅生門』のプロデューサーは、本木荘二郎である。今日ならば、ベネチアの映画祭の壇上で黒澤の代わりに金獅子を受け取るのに最もふさわしい人物だ。最初に寄贈されてしかるべきプロデューサーである本木が、その対象者から外されたというのは信じがたい。

現在、東京国立近代美術館フィルムセンターの展示室に飾られている金獅子像のレプリカが、本木荘二郎の遺品から出てきたものであることは序章で述べた。ならば、いつどのようにして本木の手に渡ったのか。その前には、誰が持っていたものなのか。未だに謎なのである。

謎は、それどころではない。ベネチア映画祭で贈られた本物のグランプリ金獅子像は、受賞後、しばらくは永田雅一大映社長の社長室に飾られていた。厳重なガラスケースに収められて大映京都撮影所の広場の石柱の上に飾って「グランプリの大映」と胸を張ったこともあった。ところが、その後、この本物の金獅子像は行方不明になってしまうのである。現在では、何回か経営者の変わった大映にも、黒澤明監督の遺族の元にも、本物の金獅子像はないという。

一説には、大映がかつて倒産した時に、撮影所や建物を封鎖した労働組合の関係者が持ち去ったという噂がまことしやかに流布されたことがある。本物の金獅子像は、一体どこに行ったのか。日本映画史の記念碑が不在のままなのである。

一九八二年、ベネチア国際映画祭創立五〇周年を記念して、イタリアのレ・パブリカ新聞が、歴代グランプリ作品の中から最も優れた作品を選んで「獅子の中の獅子」と名付けた。それに選ばれた作品こそが『羅生門』だった。

今日なお世界中のどこかの映画館で『羅生門』は上映され、テレビ放送やディスクでも観賞されている。その作品タイトルロールには、大映側の責任者としての箕浦甚吾の名前とともに、本編の冒頭から大きくプロデューサー・本木荘二郎の名前がクレジットされている。

第6章

復興

第４回ベルリン国際映画祭に出品された『生きる』の志村喬（左）と渡辺篤（右）　©TOHO CO.,LTD

東宝復帰の打診

復興か、独立か。本木荘二郎は、決断を迫られる。撮影所を復興するべきか、撮影所から独立すべきか。どちらかの道を選択しなければならなかった。どちらも険しい道だった。

一九五〇年十月、公職追放になっていた森岩雄が、東宝東和の川喜多長政、松竹の城戸四郎らとともに追放を解除される。すぐに東宝に相談役として復帰した森は、映画製作の現場である撮影所の立て直しもせねばならなかった。森の復職に伴い、東宝内には企画本部が新設され、本部長には文藝春秋社から来た佐々木茂策が就任する。

森岩雄は、本木荘二郎に「東宝復帰」を打診した。「東宝の撮影所に戻ってこないか」というのである。森にしてみれは、映画芸術協会を独立プロとしてやっていく道筋をつけたのは自分だという気もあった。本木は、当然「喜んで」と応じ、「イエス」と言うものだと思っていたようだ。

プロデューサーの本木の復帰は、山本嘉次郎、黒澤明、谷口千吉、成瀬巳喜男ら映画芸術協会のメンバー全員の復帰をも考えてのことだ。山本や黒澤は、東宝で森が育てた東宝撮影所を代表する監督だった。彼らが撮影所にあってこその東宝映画だという思いもあった。ところが、森からの復帰要請を言付かってやってきた使者に対して本木は、話をはぐらかし、すぐには回答を避けたのだった。

本木は、何を考えていたのだろう……。

東宝という大所帯の映画会社を、森岩雄が追放された後に任されることになったのは、「反共の闘士」とあだ名された渡辺銕蔵や馬淵威雄だった。阪急グループをバックに東宝を仕切っていた小林一三も公職追放となっていた。社長に就いた小林一三の弟の田辺加多丸は、戦後になり急激に活発化する組合活動に手を焼き、渡辺銕蔵に社長就任を要請した。しかし、結果としては、渡辺らの急激な合理化や弾圧が、東宝争議を拡大させ泥沼化させていった。もし、穏健派で根っからの映画好きである森岩雄がいたならば……、という気持ちは、黒澤や本木にはいつも強くあった。

本木は、映画芸術協会という独立プロの運営を任された身として、熟慮したのだ。森が東宝に戻っても、新体制が実際に動き出さなくては飛び込めないという読みもあった。

ついこの間、「独立宣言」をして撮影所を飛び出したばかりだった。生まれたばかりのプロダクション・映画芸術協会を、早くも畳むわけにはいかないと、代表役である本木は思ったのだ。映画芸術協会は、各映画会社と提携して、次々と映画製作を続けていたのである。

独立プロ運営の難しさ

本木荘二郎の当時の映画作りに対する考え方の一端を、知ることのできる文章がある。この当時の独立プロダクションでの映画製作の実際と困難さについて、プロデューサーとして、本木は堂々と考え方を披歴している。

「最近、吾が国の映畫界に、多くの所謂獨立プロダクション（嚴密にはその形を取つたものと云ふ可きでせうが）が生れて、劇映畫製作に乗り出した。

獨立プロダクションと云ふからには、そのプロダクションが、製作費全部を負擔して、一本の映畫を創り、それを配給業者に賣るか、又は一定の配給契約を結んで配給させるのが當然な在り方なのである。それが自主製作作品と云はれてゐる。勿論この場合、製作費全額をプロダクションが支出する場合と製作開始前に一定の配給業者と契約して、その配給契約保證金の様なものを配給業者から前もつて受取る場合とがある。

處が、現在の日本映畫界に於ては、獨立した劇映畫配給業者は、「東映」のみであつてこれとても、東横、太泉兩製作會社と特殊関係を結んでゐるので、外は全部、製作會社が、配給部を持ってゐるのである。從って、獨立プロの自主作品の配給と云ふ事は、その製作會社の製作方針が、獨立プロに製作を委せると云ふ以外は、條件が仲々困難になって來る。勿論現在の如く、五系統もあつて、夫々が未だ全プロを餘儀なくされてゐる様な狀態の場合は、獨立プロに自主作品製作の餘地がまだ〳〵殘されるのであるが、それにしても、現在は、獨立プロの映畫製作への融資が銀行等の金融機關からは、なされない爲に、どうしても、配給業者（或は配給部）からの融資を受けなければならない。そうなれば、その製作會社と交渉しなければならなくなる。從って、そこに提携製作と云ふ事が生れて來るのである」

（『月刊シナリオ』一九五〇年七月号「提携製作について」より）

書かれてあるのは、大手撮影所で作られる映画が商業娯楽映画の全てであり、それ以外の映画作りが、現代からは想像するよりもはるかに困難で課題の多い時代の現状分析だ。

苛烈な東宝争議とその後のレッドパージの結果により、独立プロは続々と誕生し、それによる映画製作は流行ともいえる現象を呈していた。衣笠貞之助、長谷川一夫らの新演技座、マキノ正博（雅弘）

らのC・A・C（シネ・アート・サークル）、熊谷久虎、プロデューサー星野和平らの映画芸術研究所（芸研プロ）、プロデューサーの伊藤武郎、亀井文夫らの新星映画社、藤本真澄プロデューサーの藤本プロ、そして新藤兼人、吉村公三郎、プロデューサー糸屋寿雄らの近代映画協会等々である。左翼系もあればそうでないものもある。戦後の新しい独立プロの時代が始まろうとしているかのようにも見えた。プロデューサーとして本木荘二郎は、混沌とした時代をひとつひとつ考え、試行していった。

ひとつの作品を大手の配給網に乗せるには、「提携」という方法を確立させねばならないと、本木は言っている。実際、映画芸術協会という独立プロダクションでは、思うように製作資金の融資が受けられない。資金融資を可能にするには、各映画会社と提携して映画製作を進める必要があった。

黒澤明が監督として撮る作品は、大映京都撮影所や松竹大船撮影所に黒澤明と本木荘二郎が乗り込んでいけばよい。しかし、そうでない作品もあり、そのためにこそプロダクションは必要だった。

本木の恩師である山本嘉次郎が戦後初めて本格的に撮った『風の子』という作品がある。『風の子』は、山本嘉次郎の戦前の名作『綴方教室』の延長線上に東宝撮影所で企画されていた作品だ。争議が進む撮影所で企画は進行していたが、山本の脚本が完成した時、撮影所は会社側の無鉄砲なロックアウト強行で、一切の撮影はストップする。『風の子』は、秋の収穫期に石川県で撮影しなければならなかった。もともと製作に携わっていた日本映画社の多胡隆とともに、本木荘二郎は映画芸術協会として太泉スタジオと提携、約一千万円の資金を調達して、映画製作を続行させている。作品は無事に完成し、翌年二月には東宝系で公開されるに至る。山本嘉次郎監督の作品としては、代表作の『綴方教室』『馬』と並ぶ生涯の重要な作品ともなっている。

そう、これが、映画芸術協会の第一回作品だったのである。

結局のところ、約三年間に及ぶ映画芸術協会の製作活動において、製作資金を自己負担した自主製作作品は、遅れて映画芸術協会に参加した田中友幸が製作を担当した谷口千吉監督の『愛と憎しみの彼方へ』（一九五一年）の一本にとどまっている。リスクがあまりに大きいからだ。

本木は、前記文章の後段では映画の著作権についても触れている。独立プロダクション側が著作権を確保できない以上は、採算性がないことも指摘している。争議によって独立プロ方式が否応もなく生まれたが、活動写真草創期のように自由闊達な雰囲気と環境で映画が作られるのには限界があった。戦時中の統制経済や映画法下での映画作りが、大きな後遺症として立ちはだかっていたのも事実だ。恩師山本嘉次郎に推され、森岩雄の後ろ盾があって始めることができた独立プロダクション「映画芸術協会」だが、任された本木は、映画製作プロダクションとして、その可能性を懸命に模索していたのだ。本木の苦悩が感じられる文章だ。

強力にブロックブッキングされた配給網による市場が存在する戦後の日本映画界で、撮影所から外に出たプロダクションの運営は、困難だった。それでも、本木は、映画作りに理想や夢を求めようとしていた。

一方では黒澤明の芸術的野心に形を与える映画作りをしながら、また一方でいわゆる娯楽的な通俗作品も作らねばならなかった。そうでなければ、プロダクションの運営は厳しかった。芸術作品だけを追い求め自滅することも、撮影所の下請けとしての映画屋に甘んじることも許されなかった。プロデューサーの腕の見せ所だと、本木は思っていた。本木には、プロデューサーとしてそれだけの才があった。だから、黒澤明も谷口千吉も山本嘉次郎も、映画芸術協会所属の監督たちが次々に各映画会社で作品を撮れたのだった。

本木の周囲には、映画芸術協会とは別のプロダクションの形で、田中友幸プロデューサーらとともに一九四九年に立ち上げた「49年プロ」があった。このプロダクションの同人には、東宝撮影所の女優たち、若山セツ子、関千枝子、浜田百合子らもいた。そこには、プロデューサー・本木荘二郎を中心とした映画界のひとつの大きな流れになる可能性もあった。

芸術と通俗の両輪

一九五〇年年末発行の映画雑誌で、「プロデューサーは何を考えているか」と題された座談会が行われた。出席したのは、青柳プロ・青柳信雄、藤本プロ・藤本真澄、新東宝・筈見恒夫、大映・加賀四郎、映画芸術協会・本木荘二郎というメンバーであった。当時の映画界の第一線の錚々《そうそう》たるメンバーといえるだろう。青柳信雄がよくしゃべった。本木も、座談会を通して雄弁だった。座談会も終わりの頃に、以下のように結論めいて発言し自分の抱負を語っている。

「僕は黑澤君はアクション・ドラマは非常にうまいと思う。ところが黑澤君はそれに慊《あきた》らない。文學的なもので心理的なものの映画化、それはどこまでやれるか、やりたいという願望がある。それは失敗してもいいと思う。あれだけ有能な作家はなかなか出て來ない。黑澤君がアクションドラマを撮る、それもいい。だけど『羅生門』もやりたいという。それはやつてもいいと思う。やらせるためにそれを大映さんで實現するのに骨を折つた。僕はそういうことをやつているわけです。しかし、本當の映画藝術協會という一つのプロダクションとしては、いまみたいなやり方は映画界全体が混乱期にあるから、その中の過渡期なあり方であつて、例へば東寶でブロックというものができるか、或いはどういうものができるかわからないが、そういうものとはつきり結んで、映画藝術協會なら映画藝術協會の特性を出すことがプロデューサーとしては本道だと思うのです。だから早く映画界がさつきから言つているようにはつきりしてくれないか。そうしたらその一つと結んで、映画藝術協會としての理想を言えば、例えば、東寶ブロックがはつきりすれば、年に六本引受けよう、現在いる監督でこういうもので行こうという形で撮りたいのです」

（『キネマ旬報』一九五〇年十二月上旬号／座談会「プロデューサーは何を考えているか」より）

この時点では、まだ『羅生門』はグランプリに輝いていない。ベネチア国際映画祭に出品もされていない。国内の評価も分かれていた頃だった。それでも、本木は、困難を乗り越え黒澤の『羅生門』を仕上げ、遂に公開したことを誇りに思い、ハッキリと言っている。『羅生門』を作ったように、各映画会社との提携を進めていきたいと抱負を語っている。『羅生門』の興行成績が好調だったのも背景にはあるだろうが、映画作りを、独自に続けていきたいという熱意が感じられるではないか。

本木のやや自慢げな発言に、嚙みついた人がいる。東宝撮影所時代から、本木とはライバル関係でもある藤本真澄である。すかさず突っ込んで、以下のような発言をしている。強烈なパンチだったというべきなのだろうか。

「『羅生門』『静かなる決闘』を彼の電氣館を中心とする大映が認めたということは、本木君の大盡力、黒澤君の功績だと思う。だけど、本木君は一方において東横で仕事をして『女學生群』を作り

『不良少女』を作り『新粧五人女』を作つた。ちょっと見たのもあるが、僕は全部見ていないけれど——これからやや我田引水論になると思うが、日本映画の平均化というとおかしいけれど、日本映画の愚劣なものをなくそうじゃないか、或る水準に高めようじゃないか、平均化みたいなものですね。その場合、本木君は日本のレコードみたいなものを作りつつあるわけだ。それが片方の仕事は水準までにも至っていない。そういう點についての本木さんの御所感を一つ伺いたいね」

（『キネマ旬報』同号／同座談会より）

本木は、慌てたように答弁している。本木の困惑した顔が目に浮かぶようでもある。

「それについては、僕自身ああいう仕事はやめようと思つているのだよ。本當をいうと名前を出してるだけだ。その點においては僕は大變忸怩たるものがある。自己批判もしている」

（『キネマ旬報』同号／同座談会より）

芸術作品、文芸作品と娯楽・通俗作品を車の両輪のように作り続けるのが製作者の仕事であるという見解は、撮影所育ちのプロデューサー・本木荘二郎の心情のように窺い知れる。そうでなければ、映画製作が成り立たないのが商業映画の世界だ。それを承知の上で、藤本は突っ込みを入れたのではないか。しかし、本木は腰砕けのように防戦してしまっている。藤本の言う「日本映画の平均化」は、その後東宝に復帰して、より具体化されていくことになるのだが、本木が目指す芸術作品と通俗作品の両立とは相容れないものだった。

本木の東宝復帰と結婚

本木荘二郎には、この頃からライバルや敵は多かっただろう。それらの動静を気にしながら映画作りを続けなければならなかった。

各映画会社と交渉して仕事を継続、なおかつ世評の高い映画を作り続ける自信が、本木荘二郎にはあった。もちろん映画芸術協会や49年プロという才能ある監督や人材を背景にしてのことだが、それを生かす力量も充分にあった。

少し後、戦時中に近衛内閣の商工大臣を務めたことから公職追放された小林一三が追放解除となり、東宝の相談役となっている。先に東宝に復帰した森岩雄の新体制も見えてきた。その直後に『羅生門』がベネチア国際映画祭でグランプリを受賞する快挙が舞い込む。東宝では、日本初の世界映画祭グランプリ受賞者である監督・黒澤明とプロデューサー・本木荘二郎を、是が非でも自社に迎え入れようと考えたといわれる。

しかし、本木には見えていたはずだ。城戸四郎や森岩雄が復帰して作られる新体制が、以前よりも中央集権的になるだろうと、予測していたに違いない。それは、長引いた東宝争議の反動だった。また、大映・永田雅一の提唱に森岩雄らが応じて考え出した「五社協定」（一九五三年〜）も、作られようとしていた。スターや映画監督を撮影所ごとに縛りつける仕組みを映画界が整えようという動きがあった。以後、自由闊達に撮影所に出入りして、能力と企画に応じて映画を作るという製作環境が制約されていく。

本木荘二郎は、映画産業の復興ではなく、本当の映画界革新の為に独立プロダクションとして活動を続けたかったのではないか。復興のための独立を選びたかった。そのための準備も進めていた。だが、実際に選んだのは「復興」への協力だった……。

とうとう本木は、グランプリの凱旋将軍となって、東宝映画とプロデューサーとしての専属契約を結んだ。水面下で、どのような交渉が東宝側とあったかは、今となってはわからない。山本嘉次郎、黒澤明、成瀬巳喜男、谷口千吉ら映画芸術協会のメンバーとともに、本木荘二郎は晴れて東宝とその撮影所に完全復帰することになった。

映画芸術協会は、役割を終えた。また、前後して藤本真澄、田中友幸らも古巣の東宝に復帰を果たしている。

一九五一年五月二日、本木荘二郎は、かつて東宝撮影所で知り合い、長い間交際を続けていた女優の浜田百合子と結婚する。

同年六月には、ズタズタに切られてしまった黒澤作品『白痴』が、松竹系で封切られようとしていた。浜田百合子は、本木がプロデュースして今井正が監督した作品『民衆の敵』で、新人女優としてデビューしている。「ハリウッド映画『風と共に去りぬ』のスカーレット・オハラのように逞しく、かつ美しく理性的な女優誕生」という華々しいキャッチフレーズで売り出された。この「スカーレット・オハラのように」という宣伝文句を考え出したのは、本木荘二郎だった。

浜田百合子は、森岩雄が講師として運営に携わった日本映画俳優学校の卒業生である。東宝入社後には争議によりスター級が新東宝へ去るなどして、すぐに第一線へと出ている。奔放な妖婦から可憐な清純派までを演じ分ける器用さがあったが、逆に女優としての個性が定まらずに苦労することになる。

本木荘二郎と浜田百合子の結婚は、人気女優と大物プロデューサーの結婚として、お互いのプラスになるはずだった。映画芸術協会の山本嘉次郎、黒澤明、また三船敏郎ら映画スターも出席した霊南坂教会での結婚式、目黒雅叙園での盛大な披露宴は、芸能ニュースとして大々的に報じられた。本木と浜田が披露宴でにこやかに微笑みダンスを踊る写真は、映画雑誌のグラビアを飾った。この二年前には、映画芸術協会に参加した同じ山本嘉次郎門下の谷口千吉監督が、大ヒット作品『青い山脈』で人気の出た青春スター若山セツ子と結婚し、話題をまいている。女優と監督の恋は、戦後のマスコミ時代到来とともに、ビッグニュースとして報じられていた。

プロデューサーとして勢いに乗る本木荘二郎にとって、美しい女優を妻とした新生活は、絵に描いたように華やかなものだった。浜田と本木は結婚すると、すぐに世田谷区弦巻町に豪邸を建てて住んだ。本木は、運転手付きの自家用車で撮影所に通うようになった。

実は、本木には、前妻があった。助監督時代に出会い、戦争が激しくなる頃そのまま暮らした女性である。戦時中の作品のロケ先で一晩騒いだ挙げ句、旅先で恋に落ちた芸者を水揚げして一緒になったといわれている。本木は、なかなかの無頼派だった。色事に早熟だった本木には、学生時代にも恋愛のひとつや二つはあった。激しくなる戦火で明日をも知れぬ時代だった。本木自身は国策映画に関与し徴兵を免れていたとはいえ、撮影所から一人また一人と男たちが出征していった。

花街の女性と勢いのまま暮らし始めるのは、戦前の映画屋らしいといえばいえる。『素晴らしき日曜日』の脚本家・植草圭之助も、真珠湾攻撃の日に、吉原から遊女を足抜けさせる事件を起こしている。本木も植草も、暗い世相に破れかぶれな気分があったのではないか。日本中、息の詰まるような社会だった。植草と本木が違うのは、植草の相手はすぐに連れ戻され病院で亡くなったが、本木の場合は結婚までしたということだったか。

撮影所では、プロデューサーと女優の恋は、日常茶飯事だった。ひとつの作品の最高権力者である映画プロデューサーが、女優にモテないわけはない。まして本木は助監督時代から、撮影所では女優には手が早いと噂があった。

浜田百合子は、本木荘二郎のプロデュース作品『メスを持つ処女』のほか、『青い真珠』『風ふたゝび』などでは役に恵まれ注目されるが、もうひとつ伸び悩んでいた。本木のプロデュース作品ではないが、谷口千吉監督『ジャコ万と鉄』、溝口健二監督の『雪夫人絵図』などでも注目された。浜田百合子の大女優への道は、若き日の思いのままにはいかず見えたり消えたりしていた。

黒澤・本木コンビで動き出した『生きる』

本木荘二郎は東宝に戻り、グランプリの勲章とともに時代の追い風にも乗ろうとした。

戦後の日本社会にとって、映画は大衆娯楽の花形だった。一本の作品がヒットすれば、映画館には溢れるような人が押しかけた。焼け跡から立ち上がった庶民は暮らしを確保すると、映画という身近な娯楽を求めた。戦後の世相は、文化的な飢餓状態にあった。本木荘二郎は、戻ってきた東宝撮影所に、戦前とは違う欧米型のプロデューサー・システムを根付かせることができるのは自分たちであると考えたに違いない。これまでの撮影所の混乱も、自分たちの出番の舞台装置として利用できると思った。自分たちを育ててくれた東宝撮影所で新時代を切り拓き、日本映画界の復興を思い描いていたことだろう。

黒澤明も、『羅生門』のグランプリという勲章を胸に新たな野心を思い描き、想い出が一杯詰まっている撮影所に戻った。

ベネチア国際映画祭のグランプリは、黒沢明を「日本一の監督」に、本木荘二郎を「日本一のプロデューサー」にした。日本一の監督とプロデューサーのコンビワークが、世界市場へ向けて次にどんな作品を発信するかが注目された。

東宝復帰後、黒澤と本木のコンビが本格的に取り組んだ最初の映画が『生きる』である。

それは、東宝撮影所復帰の条件の一部に既にあったのではないか。黒澤に好きなようにすぐに映画を一本撮らせる。だから、東宝に戻ってこいと呼びかけがあったと考えたほうが自然だ。黒澤と本木は、松竹大船撮影所で製作した『白痴』が不本意な短縮版で封切られたことに、強い怒りとショックを持っていた。黒澤は、恩師山本嘉次郎に不満をぶちまけた長い手紙を書いたほどである。

哲学的なテーマを娯楽性のある文芸作品として作ってみせるという、映画に託した若い日からの思いが黒澤にはあった。サイレント映画の黄金時代に青春を送り、映画という芸術から多くを学んだ黒澤の年来の夢のひとつだった。絶頂期のサイレント映画には、人生論的なテーマは少なくない。サイレント映画は音のないままに思考や空想の翼を広げられたから、今よりもなお哲学的だった。文学青年で絵描きの卵でもあった黒澤明は、映画で描く人生論を表現せずにはいられなかったのだ。

『羅生門』のグランプリ受賞のニュースを聞いた直後のインタビューで黒澤は言っている。

「もっと今の日本の現実に触れた題材、例えば『戦火のかなた』や『自転車泥棒』のような作品を作れて、それで入賞出きたら、意義もあり、もっと嬉しくもあったでしょう」
（『キネマ旬報』一九五一年十月上旬号「日本映画『羅生門』にヴェニス大賞輝く　黒澤明は語る」より）

文豪ドストエフスキーの原作を映画にした『白痴』がそうであるように、今回の『生きる』も、「人間はいかに生きるか」というテーマに対して真正面から挑んだ作品であった。『生きる』は、やはり黒澤が若き日から愛読したロシア文学を代表するトルストイの小説『イワン・イリッチの死』が下敷きにされている。「死を宣告された人間がどのように生きるか」が、黒澤が撮影所の復興のためにこれから作る映画のテーマであった。

『生きる』の脚本家に、黒澤は『羅生門』の橋本忍を指名する。

橋本を前にした黒澤は、藁半紙に3Bの鉛筆で「あと、七十五日間しか生きられない男」というフレーズを書いた。茶色い藁半紙に濃い鉛筆の野太い文字が際立った。それを手に取り、橋本は声に出して読んだという。黒澤が言った。「いいね。それがテーマだよ」。橋本が問いかけた。「職業は何だっていい？」。黒澤が答えた。「ああ、大臣であろうと、乞食であろうと、ギャングであろうと泥棒であろうと……」橋本が応じた。「ヤクザなんかも面白いけど、ヤクザは駄目ですね。『酔いどれ天使』があるから」

小国英雄を抜擢

数日前、橋本はこの仕事のもう一人の脚本家を紹介されていた。小国英雄である。

小国と黒澤は、戦前から東宝撮影所で交流があった。小国は当時、「日本一原稿料の高い脚本家」といわれていた。小国は青森県の生まれで、貧しい暮らしの中で育った。十五歳で武者小路実篤の「新しき村」に参加する早熟さだが、バプティスト神学校卒業後、日活太秦撮影所に助監督として入社する。小説を書いていたが、脚本家に転じた。日活多摩川を経て東宝撮影所に移籍。千葉泰樹監督『あなたと呼べば』の大ヒットが脚本家として認められる始まりだった。マキノ正博(雅弘)監督、長谷川一夫主演の『昨日消えた男』『男の花道』などの脚本を書き、「喜劇の王様」といわれた斎藤寅次郎と組み喜劇作品を量産するなど、幅広く活躍した。『ロッパ歌の都へ行く』では監督もした。小国の家は東宝撮影所の近くで、若い日に黒澤は、小国邸を訪問して朝早くから夜遅くまで脚本の相談をし続けたこともあった。

本木荘二郎とも、交流は深く長い。戦前の中国大陸にロケした伏水修監督(演出)、長谷川一夫、李香蘭主演の『支那の夜』は小国の脚本だったが、製作主任(チーフ助監督)は本木荘二郎だった。ちなみにプロデューサーは滝村和男。マキノ正博(雅弘)監督、小国脚本の『男の花道』でも本木は製作主任、同じコンビの『婦系図』では演出助手、『阿片戦争』では演出補助を本木が担当した。戦前の東宝撮影所では、前述したように監督を演出といい、助監督のことを製作主任と呼んだ。森岩雄が提唱したハリウッド方式からくる独特の呼び方だった。

『酔いどれ天使』にセットを再利用した本木のプロデュース作品『新馬鹿時代』も、小国英雄の脚本である。

黒澤と本木は、撮影所に戻ればこそ、この大御所に白羽の矢を立てた。本木も、小国に黒澤作品の脚本を書かせたいと思った。小国の脚本で映画を撮ることは、黒澤の念願でもあったのだ。そして、

『羅生門』の新人・橋本忍と組ませることで、何が出てくるかを見ようとしたのだ。脚本に複数の脚本家の名前を並べるのは、今でこそ黒澤らしい執筆方法と思えるのだが、集団で書く脚本作りはここから始まることになる。

「持って来るんだよ。気が合ったんだな、近くにいたし。フラッとやってくる。背が高いから生け垣の上から見えるんだ。ある日、ヤツいままではアドバイスなど聞いていたが、こんどはそうはいかねえんだというから、何だといったら、人間が死を宣告されてから死ぬまで、どうやって生きているか、どう生き甲斐を見つけるかを書きたい。トルストイの『イワン・イリッチの死』があるしこれを使いたいが、いままでのような相談程度では困る。いっしょにやってくれ、と言いやがる。あれは大体いつも誰かがいっしょなんだが、今度は橋本（忍）と加わってくれ。仕方がない、やろうと答えたら、冬の真っ最中、箱根へ連れて行った。これが『生きる』だった。なぜこんな寒いところへ連れて来たのか？　ここまで来ればお前も逃げ出さないだろうだって。本当に寒かった。風呂から出て部屋に帰るまでに手ぬぐいが凍って棒になっちゃうんだ」

（『キネマ旬報』増刊一九七四年五月「黒澤明ドキュメント」—小国英雄インタビューより）

本木荘二郎が黒澤明に言われて用意した脚本執筆のための旅館は、箱根の奥の仙石原にあった。季節は、真冬。戦後も売れっ子だった小国を自分たちの脚本作りに集中させるためには、簡単には逃げられない場所にある温泉宿を用意する必要があった。

本木荘二郎は、当初『生きる』を「本木プロダクション」の作品とし、東宝との提携作品として製作できないかと考えていた節がある。一部の映画雑誌にはそんな報道が残ってもいる。

『生きる』は、海外映画祭への出品が最初から予定されていたと推測できる。ベネチアのグランプリ作品『羅生門』が、その後、外国市場に出て高い収益を上げているのを見ていた本木には、自分のプロダクションを別個に立ち上げ、著作権が自分たちに残るプロデュース作品として『生きる』を撮りたいという思いがあった。しかし、東宝撮影所に完全復帰することで、それはなくなる。引き換えに、戦前戦後を通して撮影所のエース脚本家であり続け、黒澤の憧れの存在だった小国英雄と、黒澤は組むことができた。

ＰＣＬから東宝へと続いた撮影所の歴史に、黒澤は黒澤なりに自分の居場所を見つけたいと思っていただろう。本木にも、それはあったろうか。東宝復帰には、多様な背景や思いがあった。

映画賞を総なめにする大ヒット

「渡辺勘治の生涯」と題されて始まった脚本は、小国の提案で『生きる』という題名になった。執筆は第一稿を橋本が先行して書き、黒澤、橋本、小国でディスカッション。小国が取捨選択をして、橋本はひたすら書いた。

やはり黒澤と戦前からの付き合いだった俳優、志村喬に主演が決まったのは、『醜聞《スキャンダル》』の弁護士役からの延長もあったろう。『醜聞《スキャンダル》』で三船と志村が繰り広げるパーティーシーンと、『生きる』で伊藤雄之助と志村が展開するそれは、シチュエーションこそ違え、よく似ている。志村喬こそ三船敏郎と並んで、黒澤作品のほとんどに顔を出している黒澤の分身ともいうべき俳優だ。

某市役所の市民課に三十年間無欠勤の課長・渡辺勘治がいる。渡辺は、病院で胃癌を宣告され、その日初めて役所を欠勤してしまう……。

前の『野良犬』の脚本段階には書かれていなかった「ナレーション」が、『生きる』の脚本には書き込まれているのが面白い。本木荘二郎の、あの絶妙なナレーションのことである。どこかユーモラスでさえある本木の語りは、『生きる』の作品的な味わいを深めている。手法として、本木のナレーションの上手さを黒澤も認識していて書き込んだのだろう。あるいは橋本忍の当て書きだったか。

新橋の駅前にあった有名なマンモスキャバレー「ショウボート」から、ホステス二百五十名を借りてきた。集められた男性エキストラ二百五十名と即席アベックに仕立てて、撮影所の第一スタジオには「キャバレー」が再現された。狂熱のダンスが続くキャバレー内で、蒼ざめた主人公が座っている場面だ。早坂文雄のピアノでレッスンを重ねたという、この世のものとは思えない歌声で「ゴンドラの歌」を志村喬が歌う。『生きる』からは、強烈で印象深いシーンばかりが想い出される。

完成した『生きる』は、国内外の高い評価とともに大ヒットした。

ベルリン国際映画祭に出品され、ドイツ上院陪審賞を受賞した。同年、ベネチア国際映画祭には溝口監督の『雨月物語』が出品されグランプリを受賞した。『羅生門』に続き日本映画が世界水準にあることを、両作品は証明した。『生きる』は、国内でもキネマ旬報ベストテン第一位をはじめ毎日映画コンクール日本映画大賞、芸術祭映画部門文部大臣賞などの映画関連各賞を総なめにしている。『生きる』という映画は、黒澤明という監督を名実ともに「世界の巨匠」という椅子に座らせた作品となった。

本木荘二郎が撮影所に戻ってすぐに着手した仕事は、他にもある。本多猪四郎の劇映画監督デビュー作品『青い真珠』である。互いに仲のよい山本嘉次郎門下生では、ただ一人だけ撮影所で監督昇進の機会を逸し、当時本多は文化映画を監督していた。劇映画を本多に監督させる場を作るべく、本木は撮影所内で尽力している。『青い真珠』で腕を見込まれた本多猪四郎は、その後、本木荘二郎とも仲のよかったプロデューサーの田中友幸と組んで『ゴジラ』を作り、特撮映画の第一人者となるのは、誰もが知るところだろう。

黒澤が撮影所に復帰して最初に手掛けたもうひとつの仕事に、『荒木又右衛門　決闘鍵屋の辻』の脚本がある。この作品のプロデューサーも、本木荘二郎であった。この作品は、『生きる』の後に黒澤が着手する作品『七人の侍』に連なる時代劇作品として注目に値する。なぜなら、ここに黒澤の「時代劇の変革」というテーマが隠されているからである。人生哲学的な映画を撮るというテーマとは別個に、黒澤明生涯のテーマとして「時代劇の革新」というものがあった。黒澤は、東宝撮影所復帰後、それを具体化したいと思い始めている。『羅生門』の成功が、そういう気持ちを黒澤に強く思い起こさせたのだ。

『荒木又右衛門　決闘鍵屋の辻』では、史実に基づいたリアルな決闘シーンにこだわった。監督したのは、大映から出向して撮った森一生である。『羅生門』での画期的な撮影など、大映撮影所で黒澤は冒険をしてきた。その実験性を森一生にも期待したと見るべきであろう。黒澤明と本木荘二郎の時代劇革新に向けた思いと動きは、次章でまとめて俯瞰する。

住み慣れていた砧の撮影所に戻り、黒澤明と本木荘二郎は、東宝撮影所の復興に働くことになった。

黒澤明と本木荘二郎は、『羅生門』から『七人の侍』までの期間に、それまで互いの青春をぶつけ合うようにして作り上げたコンビワークとは違う、撮影所と日本映画の復興という大きな命題を背負い実現させるべく互いに燃焼する。

黒澤は本木を頼りに思い、本木は黒澤を慕って支え続けていた。

そしてまもなく、黒澤、本木の戦後日本映画の最高傑作ともいえる『七人の侍』の、過酷で長い撮影が始まろうとしていた。

第7章

侍

今も東宝撮影所メインゲートには『七人の侍』の壁画が飾られている。
右に見えるのはゴジラ像の手（共同通信社提供）

時代劇の革新に挑む

黒澤明と本木荘二郎が挑んだ大きな仕事のひとつに「時代劇の革新」がある。

それは、大映撮影所で、戦後のＧＨＱによる規制が緩むという「チャンバラ解禁」を視野に始まっている。実際には、一九五一年九月のサンフランシスコ講和条約締結まで「解禁」は待たねばならないが、日本映画の製作に関する検閲と規制は段階的に緩和されていった。黒澤と本木は、剣戟場面の完全自由化以前に、従来のようなチャンバラシーンのない、時代劇の約束事にもとらわれることのない時代劇として『羅生門』という傑作を生んでいる。

ベネチア国際映画祭で、『羅生門』がグランプリという栄誉に輝き世界的な評価を得た時点で、黒澤明には日本映画の改革者、時代劇の変革者たらんとする意識と自負が芽生えたと考えられる。黒澤の時代劇への思いに、より拍車をかけたのは事実だった。外国映画の弁士だった兄の影響もあり、無声映画時代から浴びるほど映画を観てきたが、黒澤は日本の時代劇よりアメリカの西部劇を好んだ。チャンバラのない時代劇を撮った伊丹万作などの監督にも畏敬の念があった。伊丹の弟子だった橋本忍との出会いも運命的だった。尾上松之助、阪東妻三郎以来の旧態依然とした時代劇を、新しく今日的なものにせねばならない。黒澤の胸の中で、そんな気分が大きく膨らんでいったのではないか。本木荘二郎もまた、製作者として、そんな黒澤を具《つぶさ》に見て思いを新たにしていたことだろう。

黒澤明が「本物の時代劇」を作りたいとはっきりと言い出したのは、『生きる』の製作途中からだった。そして戦後日本映画の代表作であると同時に、新しい時代劇のスタートラインを作った映画が

『七人の侍』だった。『七人の侍』は、「本物の時代劇」を作るという、監督・黒澤明とプロデューサー・本木荘二郎の革新への執念が生んだ作品であった。どうすれば、時代劇が新しくなるのか、西部劇にも対抗できるのか、ドラマ性の強い時代劇は作れるのか、黒澤はそれを考えていた。

大映から『生きる』の後に『信長』を撮らないかという話があった。時代劇を黒澤明に監督させたいという方針は、時代劇を得意とした大映撮影所内には根強くあった。残念ながら、『生きる』の完成が延びたことで『信長』は立ち消えになっている。

一九五二年四月、占領期間中には上映が禁止処置にあった黒澤明の四本目の監督作品『虎の尾を踏む男達』が、公開されることとなる。同月のサンフランシスコ講和条約発効を記念するものでもあった。『虎の尾を踏む男達』は、終戦間際にクランク・イン、戦後すぐに完成に至った作品だが、完成作品を観たGHQが上映禁止にしていた。

新進プロデューサーだった本木荘二郎が、黒澤明のために、本木の企画作品として時代劇『雑兵物語』をプランニングしたのは、昭和二十年三月の出征直前のことだ。本木の出征の後、立案者を失い『雑兵物語』の企画は挫折してしまう。戦国ものの時代劇だったため、戦況悪化の戦時下に馬やエキストラの調達などがままならず、いかに戦意高揚映画の牙城・東宝撮影所といえども実現は難しかったのだ。既に決定していた榎本健一や大河内傳次郎らの出演者やスタッフをそのまま使って撮られた作品が『虎の尾を踏む男達』だった。『虎の尾を踏む男達』は、能の「安宅《あたか》」と歌舞伎の「勧進帳」を題材に取って作られている。兄の源頼朝に追われる身となり都落ちをした源義経と武蔵坊弁慶の主従一行が、北陸道の安宅関で検問に遭う。山伏姿の一行は、危機一髪で弁慶の咄嗟の機転により難を逃れ、敵の大将、富樫をもいたく感服させるという忠臣美談である。大河内傳次郎が弁慶に、『雑兵物語』では主演の足軽を演じるはずだった榎本健一が強力《ごうりき》に扮している。戦時下の検閲を通すには忠君美談は都合がよかったが、終戦後の占領軍の検閲下では封建的と見なされお蔵入りとなっていた。

一九四五年十一月に取り決められた「反民主主義映画の除去」により上映が禁止されていた二二七本のうち、三七本が第一次の解除候補となり、さらに審査の結果八作品の上映解除が決定した。その中に黒澤明の『姿三四郎』と『虎の尾を踏む男達』が含まれていた。黒澤の監督デビュー作『姿三四郎』も、翌月にリバイバル上映されている。どちらも世評通りの力強い傑作で話題になり、半年後に公開される『生きる』への期待を高めるのに一役買った。

黒澤明は、軍人で陸軍学校の教官だった父の命令で子供の時から剣道を習っている。歌舞伎よりも西部劇が好きな少年だった黒澤は、歌舞伎の流れを汲む舞踊のようなチャンバラの殺陣が気に入らなかった。江戸期の歌舞伎を通して作られてきた「侍」のイメージにも大きな違和感を持っていた。「侍」を、もっと違う角度から描きたいという考えは、黒澤の中でずっと温められてきた構想だった。

橋本脚本に納得しない黒澤

映画『七人の侍』が、最初は『侍の一日』という題名の企画だったことは、近年ではよく知られるようになった。

関係者の回想録や自伝が出て、その経緯を書いているからだ。橋本忍の自伝『複眼の映像』によれば、黒澤が「次は時代劇」と決め、橋本忍に脚本を依頼したのは、『生きる』の撮影中のこととある。黒澤と橋本の間で決められたタイトルが『侍の一日』であった。その物語は、侍が朝起きてから身支度を整え城に登城する、一日を終えて下城の間際に些細《ささい》なミスを犯し、自分の屋敷へ帰り家の庭で切腹して死んでしまうというものだった。切腹する侍の一日の話を徹底したリアルな時代劇として描きたいというのが、黒澤明の狙いだった。

だが、この『侍の一日』という企画は頓挫《とんざ》する。侍の生活に関する資料が見当たらなかったのだ。橋本忍は、東宝の文芸部員二人とともに国立国会図書館に通い、資料探しに奔走するが、適当な資料を見つけられなかった。橋本は、既に『平手造酒』や『加賀騒動』の脚本を書き、時代劇の資料調べには馴染んでいた。そんな橋本が全力で当たっても、黒澤が要求するような江戸時代の侍の「生活の歴史」は、簡単には見当たるものではなかった。近年は古文書の発見や研究も進んでいるが、当時はまだ侍たちの日常的な生活がどうであったかを克明に記録、解説した文献は皆無だった。

黒澤は怒り出した。橋本ではなく文芸部員やプロデューサーの本木を自宅に呼びつけて、怒鳴り散らした。黒澤は、どうしても新しい時代劇を撮りたかったのである。すぐにその企画は、橋本忍との間で『日本剣豪列伝』となった。好きなように時代劇を撮ってくれという会社との決め事もあったのだろう。黒澤と橋本の打ち合わせが、さらに続いた。

橋本は知っていた。直木三十五から五味康祐まで、剣豪物の小説のネタ本はひとつ、江戸時代に書かれた『本朝武芸小伝』であるということを。橋本は、文芸部員が用意してきた『本朝武芸小伝』を読み込むことから脚本作りを始める。塚原卜伝や宮本武蔵など八人の剣豪を描いた橋本の脚本は、二週間ほどででき上がった。脚本を手に黒澤宅を訪ねた橋本は、脚本を読み終えた黒澤からの言葉に打ちのめされる。黒澤は、これではクライマックスの羅列ばかりで面白くないと、橋本の脚本に難色を示したのだ。

その時、次に黒澤が興味を持ったのが、「武者修行」だった。「橋本君、ところで、武者修行って、一体なんだったんだろうね？」と、黒澤は言い出した。橋本から連絡を受けて、急ぎ文芸部員らが図書館に調べに出た。

『七人の侍』誕生の瞬間

十二月の晴れた風の冷たい日であった。狛江の黒澤邸には、黒澤と橋本の二人が、大きな火鉢を挟んで向き合うように座っていた。

本木荘二郎が、寒さで鼻を赤くしながら駆け込んできた。橋本は、「武者修行」について調べた結果を報告に行くという本木に、黒澤と二人で聞きたいと言ったのだ。

本木は部屋に入るなり、二人の間に座った。黒澤と橋本が張りつめた空気で対峙する場所に、行司役のように本木が現れ、話を始めたのである。それは、植草圭之助と黒澤の間に入った時の本木にも似ていたのかもしれない。本木は、機転が利き場の空気を作るのが上手かった。

「武者修行についてだが……これは室町末期から戦国への現象で……」と、本木が澱みなくしゃべり始めた。文芸部員たちが調べたであろう資料が、すっかり頭に入っていたのだ。黒澤も橋本も、本木の話にじっと聞き入った。

橋本は、「本木さんよ」と言いながら、次々に疑問を投げかけた。調べ物の答えを頭に叩き込んでいる本木が、すらすらと答える。身振り手振りを入れ、本木は流暢に話した。「当時はな、全国的に治安が悪く、山野には盗賊や山賊がたむろし出没した。だから、どこかの村へ入り、一晩寝ずに襲ってくるかもしれぬ夜盗の番さえすりゃ、どこの村でも、百姓が腹一杯飯を食わし……」

話している本木の横で、「できたな」と黒澤が言った。「できました」と、橋本が受けた。「百姓が雇う侍の数は何人にします？」「七人、ぐらいだな」……。

やがて、固唾《かたず》を呑んでいた本木荘二郎が、ニコニコと笑顔で顔を緩ませながら、黒澤と橋本の顔を交互に見た。『七人の侍』という映画が生まれた瞬間である。

盗賊から村を守る侍の活躍を、ハリウッドの西部劇を凌《しの》ぐ豪快さと繊細な描写で見せ、空前絶後の超大作となった『七人の侍』は、プロデューサーの本木荘二郎が語った「武者修行」の話から始まったものだった。

まもなく、熱海の旅館が本木により手配された。『生きる』と同じく、橋本忍と黒澤明、そして数日遅れて小国英雄が泊まり込んで、共同脚本が作られていく。『生きる』の箱根・仙石原は黒澤にとって寒さがきつかったため、本木が海辺の温暖な熱海に宿を確保した。

書きながら、黒澤が橋本に尋ねたという。「橋本君は、ドボルザークのニューワールドって。知ってる？」

橋本は、それならレコードも持っていてよく聴いていると言った。最後の決戦まで、壮大な交響曲のように書いてみようということだった。小国は、全体の羅針盤の役割だった。黒澤は、途中体調を崩しダウンしたがすぐに起き上がる。ペラ五百枚の大長篇が書き上がった。その後、前段が少し削られ、決定稿の脚本は四百六十枚となった。

出口の見えない長期撮影

『七人の侍』のチーフ助監督で、一部始終を知っていた堀川弘通監督が、九十五歳で亡くなったのは、二〇一二年九月五日のことである。数年前から体調を崩されていて詳しくお話を伺うことは叶わなかったが、電話でお声は聞けた。著書にあらましを書いたと言われた。堀川監督は、黒澤監督作品には戦前から助監督としてついている。まさに黒澤明の愛弟子ともいうべき人だった。堀川監督の著書『評伝・黒澤明』の中には、完成した脚本が様々な困難の末に大長篇『七人の侍』となってでき上がる過程が克明に記録されている。

堀川の記述によれば、当初の撮影予定は、一九五三年五月二十一日にクランク・イン、アップは八月十九日を予定していた。撮影期間九十日、撮影実数七十三日、完成は九月十七日となるはずだった。堀川の「撮影予定表」には、そう書いてあった。だが、実際には五月二十七日に、撮影所内のオープンセット「豪農の門前」からクランク・インし、クランク・アップは、翌年の三月十六日までかかっている。延べ二百九十四日に及ぶ長丁場となってしまうのである。

中止期間が二度あり、実働撮影期間は百四十八日。記録的な数字だった。なぜ、それほどまでに日数を要したかという理由について堀川は原因を四つ挙げている。

ひとつはシナリオの設定。脚本で書きこまれ、黒澤のコンテでも作り上げられた「日本農村の原風景」に合うロケ場所は、実際にはどこにもなかったのだ。撮影所には村のオープンセットが作られ、村の全景や東西南北は下丹那、伊豆、御殿場、箱根などで別々に撮らねばならなかった。もし同じ場

ラストの合戦シーンは真冬に激しい雨を降らせての撮影となった『七人の侍』 ©TOHO CO.,LTD

所で撮影ができれば、当初予定の撮影日数で収まったかもしれないと堀川は言う。第二は、これと関連して撮影所及び撮影所裏に作ったオープンセットと上記のロケ地とを繋いで行き来し、撮影しなければならなかったことだ。三番目に天候がある。野外での撮影が多く、天候に左右された。ロケとオープンセットの天候が違うと作品として繋がらないから、どちらかの天気に合わせるために天気待ちが多くなる。四番目にはスタッフがアクションシーンの撮影に不慣れだったことを挙げている。ハリウッドのように活劇の歴史がない日本の撮影所では、馬一頭から苦労が多くトラブルも絶えなかった。冬まで延びた撮影では、雪に悩まされた。積雪したオープンセットに雨を降らせ、大決戦が撮影されるが、夏の設定だからキャストは着込むこともできない。裸同然のスタイルで暴れ回る菊千代役の三船敏郎は、最も過酷だった。最後になるが、山塞の焼き討ちシーンでは火事も起きている。撮影は強行され、村人役の土屋嘉男は大火傷を負っている。

加えてこの年は異常気象だった。夏の天候不順で伊豆のロケーションが大幅に遅れて、紛糾したことが、堀川の本には書かれている。とうとう当初の映画完成予定の九月になって、一旦撮影はストップした。『評伝・黒澤明』で、堀川は書いている。

「重役会では、大揉めに揉めたであろう。続行か、中止かで、撮影が中断されたことは事実である。その間クロさんは毎日、多摩川で鯉釣りに精を出していた」

七人の侍の一人・平八役の千秋実は、黒沢とは付き合いも古く親しかった。撮影中止期間中に心配になり、黒澤邸を訪ねている。黒澤には、それなりに勝算はあったのかもしれない。訪ねた千秋を釣りに誘って「資本家というものは、いったん出した金は必ず回収する。まあまあ釣りでもしてろ」と、言ったのだとされている。

九月段階でも、撮影は予定の三分の一も終わってはいなかった。製作再開の目途は立たなかった。当時、東宝の取締役にあり、企画本部長だった森岩雄も、著書で書いている。

「九月の終り頃と思うが、黒沢さんが私の所に来て、どうにもならない、今までに予定の三分の一も出来ていない。これからどうなるか見当もつかないし、会社の再建に悪影響を与えてはすまないから、製作の中止をしてもいいし、今まで撮ったところを生かして、あとは渡辺邦男さんでも処理のうまい人に任せてもよい、とにかく途方に暮れてしまった、と言うのである。作品にかかると鬼のようになり、頑固で妥協しない、完全主義を押し通す黒沢さんとしては、珍しい申し出であった。それまでに撮影済みの場面は全部見て、私は感動していたので即座に黒沢さんに、どんな困難があっても、それを克服して立派な作品を作って下さい、費用と時日の超過については私が全責任を持つからと言って、激励して別れた。黒沢さんはそれで腹をきめ、撮影の続行に踏み切った」

（『私の芸界遍歴』より）

上層部とのギリギリの交渉

プロデューサーの本木荘二郎は、何度も森と黒澤との間を往復したが、自分の力ではどうにもしようがなかった。堀川が指摘しているように、脚本の設定段階から問題があったのだとすれば、プロデューサーの本木がそこをコントロールすべきだったかもしれない。バラバラのロケ地を行ったり来たりするのでは、やはり無謀な計画というべきだ。だが、本木は、黒澤の思いのままに映画を撮らせることが、自分のプロデューサーとしての腕の見せ所だと思っていた。撮影所でお蔵入り寸前になっていた映画『風の子』を山本嘉次郎監督に撮らせたように、同門の黒澤に好きなように撮らせたかった。これまでも、黒澤の願いを聞き入れ、次々と黒澤作品の傑作を実現してきた。今度も、なんとかなると本木は踏んでいた。請われて戻ってきた撮影所だ、なんとかなる、と。

本木の思いとは裏腹に、予定の撮影期間を終えても、事態は全く好転しなかった。

森岩雄は、企画本部長として、当時の映画製作費を、一本当たり二千万円から上限を一億円までと考えていた。黒澤明の破格の作品『七人の侍』は、従来の映画製作費を大きく上回る約七千万円の予算でスタートしている。しかし、当たり前のことだが、撮れば撮るほど製作予算は膨らむ一方だった。

最終的に、『七人の侍』の製作費は、翌年の完成段階で「一億二千五百六十万円」といわれている。それにプリント、宣伝費などを計上した東宝本社の発表では「製作費二億一千万円」という額に上っている。破格というには、あまりに破格な超大作だった。

森は、黒澤らを励ます一方で、東宝の重役たちを説得しなければならなかった。進退伺いを胸に重役会に臨んだといわれ、席上「東宝再建」のために『七人の侍』はどうしても必要な映画だということを力説している。

会社からの追加予算が出て撮影が再開できたのは、要職にあった森岩雄が、撮影済みのラッシュを試写して気に入り「撮影続行」の英断を下したからに他ならない。重役会議紛糾のままならば、果たして黒澤自身が撮り続けられたかどうか疑問である。現実に監督の交代も有り得ただろう。さらに、『白痴』で黒澤監督とトラブルのあった松竹の責任者が「東宝が黒澤一人に勝手放題に撮らせているのはけしからん」と発言し社長の小林一三宛に文書を送るという横槍の一幕もあった。

重役会の審判が下るまで、黒澤は、毎日、自宅近くの多摩川で鯉釣りに精を出していた。まな板の上の鯉の心境でもあった。当然、森岩雄ら上層部とのギリギリの交渉に当たっていたのは、プロデューサーである本木荘二郎だった。

秋に撮影が再開された後も、チーフ助監督の堀川は、撮影現場を訪れる本木荘二郎に幾度となく「まだ終わらないのか」と声をかけられているが、再開後も、思うように撮影は進んでいなかった。

年が明けてから再び撮影が止まった。一時的に製作費が底をついたのだ。「村のオープン」での撮影は順調に進んでいたが、最後のクライマックスの野盗との決戦シーンは、まだまだ先であった。しびれを切らした重役たちは、今までに撮影した部分を編集して「見せてくれ」と言ってきた。秋にラッシュを見て撮影続行を決めた森も、見てもらえばわかると思ったか。黒澤と本木は、撮影を一旦中断して粗編集、急遽撮影所の試写室で見せることになった。

試写室のスクリーンには、麦の刈り入れが終わった村が映し出された。そして、村に野盗たちが姿を現した。

「ウアー、来やがった、来やがった！」

菊千代役の三船敏郎が、藁葺き屋根の上に駆け上がって叫んだところで、試写室がパッと明るくなった。

「ここまでです。すいません」

席を立ちあがり、本木が言った。重役たちからは、深いため息があった。

「ここまでか……」

堀川によれば、黒澤は「会社が撮影続行を決断するように、戦闘シーンは後回しにしておいた」と、テレビの番組で言ったというが、それは話を面白くしようとしたにすぎない。雨を降らせての決戦場面はメチャクチャになるから後回しになっていただけだそうだ。一月下旬には東京でも大雪が降った。撮影所のオープンセットの村は雪かきをするのに三日かかった。そこへ豪雨を降らせて、野盗と侍が対決する戦闘場面の撮影。村の広場は泥の海となった。

予想外の記録的大ヒットに

黒澤明が「天皇」と呼ばれるようになったのは、この頃からのことだ。

ラストの戦闘場面では、豪雨の中、危険な撮影が続いた。馬も興奮し、猛り狂う。俳優の安全より演出を優先する黒澤に、堀川が言う。

「死人が出てもいいんですか？」

「ああ、しかたないね。必ず死ぬとは限らないんだから」

黒澤の返事に堀川は蒼白になって、黒澤を睨みつけた。

堀川チーフの下でセカンドの助監督につき、後に回想を書いた廣澤榮は『七人の侍』撮影時の黒澤を「テンノウ」と呼んでいる。当時、ロケが終わると必ず宴会になり、俳優やスタッフに輪唱を強いる酔っ払いの暴君ぶりが目立つようになった。堀川は、前出の著書『評伝・黒澤明』の『七人の侍』の項を、こう結んでいる。


「映画は総合芸術だといわれるが、クロさんの場合は、監督とは独裁者であり総司令官である。優秀な部下を集めることは、最重要な課題だが、これはあくまでも監督の指揮下にある熟練したパートの技術集団であるに過ぎない。

クロさんの場合、監督とは偉大な創造者である。クロサワ映画は、一将功成って万骨枯る、というにふさわしいと思う」


戦前から可愛がって育ててきたはずの堀川に、ここまで言われる黒澤の当時の在り様は、必死というより悲愴で無残と言うべきものではなかったか。それでも、作品はでき上がった。

三月十九日、野武士の山塞《さんさい》の焼き討ちシーンで、撮影終了。四月二十一日作品完成。同月二十六日封切公開。

完成作品の長さは、三時間二十七分に及んだ。プロデューサーの本木も、監督の黒澤自身も、明らかに長いのは理解していた。しかし、それを縮める編集作業に要する時間も金も残っていなかったというのが本当のところだろう。最良の封切時期を逃さずに公開することが選択された。東宝も時期を逃さずにすぐに公開するという勝負に出た。そのまま、ゴールデン・ウイークの劇場に送り出された『七人の侍』のフィルムは、松竹がドル箱としていた『君の名は』の第三部と競い合い堂々の善戦、勝ち戦となった。

話題騒然の中であれ、休憩五分を挟んだ大作としての公開は勇気がいっただろう。「都会には受けるかもしれないが、全国的には予期に反する結果になると思う」と、当初、小林一三社長は経営者としては評価していない。結果は、記録的な大ヒットが待っていた。最終的に『七人の侍』は年間配収益二億九千万円を稼いだといわれている。

新しい時代劇を求めて渇望していた観客に受けたのか、西部劇の日本化がわかりやすかったのか。さまざまな要素が、黒澤明と『七人の侍』に味方した。勢いに乗る東宝は、東宝系列館以外の映画館で『七人の侍』を上映する際には、他の東宝作品十本を買うことを要求した。地方の映画館からは、それでも『七人の侍』を上映したいとのオファーが殺到した。

野心みなぎる『羅生門』トリオ

『七人の侍』は、黒澤作品として再びベネチア国際映画祭に出品された。その際、映画祭規定の時間をオーバーするということで、新たに黒澤自身の手で短縮版が編集された。再編集された海外版では、三船の菊千代がよりクローズアップされ主役として扱われているほか、海外版用に新たな音楽を入れたりアフレコのやり直しまでしている。黒澤の思い入れが通じて、『七人の侍』は、ベネチア国際映画祭で銀獅子賞を受賞した。同時に銀獅子賞を受賞したのは、溝口健二の『山椒大夫』だった。日本映画の躍進はめざましかった。

近年、『七人の侍』のオリジナルといえば全長版ということになっているのだが、海外の監督たちが自国で観て感激した『七人の侍』は、こちらの海外版であることも付記しておく。

黒澤の目指した「時代劇の革新」に、『七人の侍』は大きく踏み出した。

黒澤が、東宝撮影所に戻って初めて書いた脚本が『荒木又右衛門　決闘鍵屋の辻』。一九五二年の正月映画として三船敏郎、浜田百合子、志村喬、加東大介らの出演で製作・公開された。パンフレットには「『羅生門』のトリオが再び放つ問題の野心作！」とあり、黒澤明の脚本、本木荘二郎製作、三船敏郎主演の「トリオ」が並び、注目されている。ところが、興行的には正月映画なのに全くヒットしなかった。荒木又右衛門といえば、講談や映画の世界では「荒木又右衛門の三十六人斬り」として有名だが、実は歴史上の史実としては二人しか斬ってはいなかったという説に基づいて作られたのが、この映画だった。それが観客に受けなかったのだ。三船の荒木又右衛門には今までのような見せ場が少ないし、他の剣戟シーンでも子供の喧嘩のような斬り合いが長く続いた。黒澤は、監督の森一生に「チャンバラはこういうふうに」「人物はこういうふうに」と細かく指定していた。それが、黒澤が思うようなものには仕上がらなかった。

黒澤は『荒木又右衛門　決闘鍵屋の辻』のでき上がりは気に入らなかったようだ。ただ、歌舞伎からの型である動作、服装、小道具などに「考え直すことが必要だ」と言っていたことを実践させて、自作の時代劇のテストケースにしたかったのだ。

『荒木又右衛門　決闘鍵屋の辻』は、戦後最初の殺陣がある復讐劇、仇討ち映画だった。GHQの検閲はなくなっていたが、映倫審査では「封建的しきたりを肯定せぬよう」という指摘があった。本作のテストの上に『七人の侍』は、生まれた。『七人の侍』では、美術監修に日本画の前田青頓を依頼するなど、より多くの実験を具体化させている。

その以前、黒澤は脚本『殺陣師段平』を書き、東横映画製作でマキノ正博（雅弘）が監督している。黒澤が『羅生門』を大映で撮っている頃、マキノ光雄から『殺陣師段平』の脚本を渡された正博は、最初は渋ったが山田五十鈴が出るということで、自身で脚本を手直しして監督したという経緯がある。マキノ光雄にこの脚本を渡したのは、おそらく本木荘二郎であろう。マキノとも交流は長い。そもそも『殺陣師段平』は、新国劇の舞台を原作にしているもので、殺陣の革新にまつわる物語である。剣道を習ったことのある黒澤が剣戟の革新を仮託して書いた脚本が『殺陣師段平』だったといわれる。

時代劇の革新、特に剣戟場面の革新において『七人の侍』は、前半の宮口精二の剣客・久蔵が試合を挑まれ倒すシーンのリアルさ、クライマックスの集団戦闘シーンの激烈さは、日本映画史上に特記されるべきものである。それはまさしく、それまでの時代劇のセオリーを踏んだ映画作りへの挑戦状であり、革新的行為だった。黒澤明は、さらにその後も幾多の時代劇作品で実験を続ける。『蜘蛛巣城』では能の様式を取り入れ、『どん底』では落語の長屋の世界を再現し、『隠し砦の三悪人』では西部劇化をより徹底化し、『用心棒』で斬殺音、『椿三十郎』で激しく噴き出る血しぶきと、従来の時代劇にはない革新的表現と挑戦状を日本映画界に叩きつけ続ける。

黒澤映画の申し子である三船敏郎もまた、「黒澤時代劇」の体現者として世界に進出し、国際派スターとなっている。

黒澤のネバリと本木の胆力

ヒートアップしていく黒澤明の時代劇の革新の出発点は、『七人の侍』にあったろう。壮大な『七人の侍』の実験が、会社にも観客にも受け容れられたことで、黒澤明と黒澤作品は大きく変化していった。後の『影武者』や『乱』にまで続く、スケール感は日本より世界を狙う巨大なものになっていく。

本木荘二郎は、そんな黒澤明の相棒として『羅生門』から始まる助走段階から、黒澤の気持ちを十全に理解していたはずであった。ただ、いつの間にか「天皇」になっていた黒澤に不安感も感じていたのではないだろうか。

黒澤明とともに日本映画界を代表するプロデューサーとして注目された本木荘二郎。『キネマ旬報』1954年11月下旬号より

木下惠介監督が『二十四の瞳』『女の園』を発表したのと同じ年に、黒澤明が『七人の侍』を世に出したということは、二人の巨匠の違いを象徴的に表している。黒澤と木下は東宝と松竹の垣根を越えて、互いに同志のようにライバルのように生きた戦後映画を代表する監督だった。

この年、東映が二本立て興行を開始し、『笛吹童子』などの子供向け作品で爆発的人気を呼んでいる。日活が新たに建てた撮影所を基盤にし、製作を再開。前年、松竹、東宝、大映、東映、新東宝で「協定」を結んでいる邦画五社は日活を入れて六社となった。日本映画黄金時代の幕開けの年だったといえるだろう。『七人の侍』は、新しい戦後の映画時代のスタートラインにあった。

黒澤明と本木荘二郎は、『七人の侍』の後に、原爆をテーマにした問題作『生きものの記録』を撮る。そして、マクベスの戯曲を翻案した時代劇『蜘蛛巣城』と、より難しい、困難な作品が続いていく。黒澤と本木の映画への挑戦は、前人未踏のさらなる高みを目指すかのようだった。

「黒澤明のネバリを相手に、ビクともしない本木荘二郎の胆力は、決して皮肉ではなくて見上げたものだ。黒澤の将来を考えるうえに、このプロデューサーは、やはり注目すべき映画人といえる。黒澤を育てるにしても、スポイルするにしても……」

（『キネマ旬報』一九五四年十一月下旬号「映画人クローズアップ」より）

日本映画各社を代表するプロデューサーを列記した特集で、本木荘二郎はそう書かれている。黒澤明と本木荘二郎、映画界では切っても切れない間柄に見られていたのである。

しかし、そこには、誰も知らない落とし穴と結末が待っていた……。

第8章

問題作

三船敏郎が老け役に挑戦し放射能の恐怖を描いた『生きものの記録』

『白痴』『生きものの記録』は失敗作か

世に「問題作」といわれる作品ほど、映画監督にとって思いが深いものはない。たとえそれが「失敗作」といわれようとも、自分自身どうしても表現したいという欲求があり、それで作品作りに挑戦した結果であるのなら、映画監督に後悔はないものだ。

そして、その作品を後々まで大切に語り、どこかで誰かに見てもらいたいものなのだ。作り上げた時に、多くの観客に受け容れられたか受け容れられなかったかは、作品の完成度とは別の問題ではないかと思う。

商業映画という、すぐに反響やひとつの結果が出るジャンルでは、監督と観客における感覚のズレはいつの時代でもあることである。公開から何年もたって、凡作が傑作に化けることもある。問題作が、名作映画になることも少なくない。歴史の解釈が、時とともに変わっていくのと同じ道理といえるだろう。

一人の映画監督が思いの丈を精一杯の努力で作品にしても、時として不特定多数の観客の多くが賛同し、拍手を送るという結果にはならない。平たくいえば、商業映画の公開時だけに大勢の観客が来れば、それが「良い映画」といえるかどうかは疑問ということだ。戦後日本で一番観客を動員できる監督であり続けた黒澤明監督の世界も、例外ではない。

黒澤明と本木荘二郎は監督とプロデューサーとして、長く多岐に亘る共同作業を続けた。その中にも、「問題作」という言葉で葬り去られ、忘れられてしまっている作品がいくつかある。黒澤作品としては「もうひとつである」「わかりにくい」という表現で、それらは多くの映画批評家やジャーナリストに切り捨てられてきた。

黒澤と本木が二人三脚で作った作品の中でいえば、『白痴』と『生きものの記録』がそうだろう。数々の世界的栄誉に輝くことになる『羅生門』公開の直後に、その後栄誉が舞い込むことを思わずに黒澤と本木が作ったのが、この『白痴』という映画だ。

長い長い苦闘の末にゴールに辿り着き、その後の多くの栄光を待たずに再び走ろうとしたのが、『七人の侍』の直後に作られた『生きものの記録』という映画だ。

どちらも、一般的には作られた時の評判はあまりよくはない。興行的にも、失敗に終わったとされている。映画館には、期待した以上に観客が動員できなかった。結果的には「撮らなければよかった」「撮らせなければよかった」とまで言われたこともある。それが、この二作品だ。だが、本当にそうだったのだろうか。

黒澤の「最も好きな作品」

まずは、『白痴』から見ていこう。

黒澤明は、自作『白痴』について語る機会があるたびに、本作を「最も好きな作品だ」と語っている。

「『白痴』これは僕が若いときから好きなドストエフスキーの文学だから、いつか映画にしたいと絶えず思っていたし、それだけに僕としては一生懸命やったけれども、はたしてどこまでドストエフスキーの文学に近づくことができたか、僕自身にはよくわからない。
しかし、自分としては非常に勉強になった仕事だと思うな。この『白痴』の一般的な評価は、失敗作だということになっているけれども、僕は必ずしも失敗だとは思わないんだ。少なくともその後の作品で内面的な深味をもった素材をこなしていく上で、非常にプラスになったのじゃないかな」

（『キネマ旬報』一九六三年四月増刊号「黒澤明・その作品と顔」より）

自作の多くが複数の国内外の映画賞の受賞歴を持つ黒澤明監督だが、『白痴』は公開から二十六年後にアメリカ映画芸術アカデミー「ロスアンゼルス国際映画展覧会賞」を受賞しているのみだ。

松竹系映画館で封切公開された当時は、観客も批評家も戸惑い、そっぽを向いたとされている。しかし、近年、本作『白痴』を何かの折に見直すたびに、作品の重要性と完成度の高さに考えを新たにさせられる。

映画『白痴』は、公開時も、原節子や久我美子の人気もあり、後年いわれているほどの不入りではなかったという記録もある。実際、『酔いどれ天使』以来、監督・黒澤明の人気は高く、監督としての期待度は当時でも戦後日本映画のトップクラスだった。戦前派ではない新しい時代の監督が登場したと期待していた人も多かった。黒澤明が、今度はどんな映画を作ったのか、そう思いながら映画館へ足を運んだという人もいた。

東宝撮影所を出て映画芸術協会として、東宝以外で映画を撮ることを余儀なくされていた黒澤明は、「よい作品を撮れば、どこの撮影所でも仕事ができるよ」と、松竹大船撮影所で、『白痴』のチーフ助監督についていた野村芳太郎に語ったとされる。黒澤は、既に松竹では『醜聞《スキャンダル》』を撮って公開していた。野村はそこでも助監督についている。『醜聞《スキャンダル》』は、人気の高い山口淑子の主演であり、スキャンダラスな内容と斬新な語り口が受けたのだろう。完成度を問う声もあるが、興行的にはヒットしている。その勢いで松竹映画としてもう一本作品を撮ってほしいということで準備されたのが『白痴』だった。黒澤は、ドストエフスキーを少年時代からこよなく愛しており、このロシア文学を代表する作品のひとつである『白痴』をぜひ映画にしたいと早くから思っていたが、東宝では企画が通りにくいとも思っていた。

前作『羅生門』の場合は、もともと大映からは「時代劇」を要求され、映画作りが始まっている。『羅生門』には、人間不信というテーマもあったが、狙いは時代劇だった。松竹の場合は、文芸作品が要求されたのだろう。『白痴』は、ロシア文学でありながら、男女のメロドラマと解釈することも可能だった。「メロドラマならよいだろう」という理由で、松竹と製作の契約を結んだのは、もちろん映画芸術協会のプロデューサーである本木荘二郎だ。『羅生門』を大映で撮らせる時の「本読み」のように、巧みな話術で松竹に『白痴』映画化を決めさせた。山口淑子に続き、今度は東宝のドル箱スターである原節子を連れてくることも、条件としては有利だった。

本木の堂々たる「製作宣言」

映画『白痴』は、前後篇二部作として企画され、クランクイン前には映画雑誌『映画藝術』に二号に亘り脚本が掲載されている。前篇が掲載された号の特集は「映画と文学」というもので、明らかに『白痴』映画化を後押しした企画だった。映画評論家・飯田心美の「黒澤明論　その演出感覚について」という論考もある。普通、今日の映画雑誌の感覚でいえば、脚本掲載の横には脚本家の久板栄二郎か、共同脚本で監督の黒澤明の文章が並びそうだが、ここにはそれがない。脚本の横には、プロデューサーの本木荘二郎の短い文章が載っている。本木の文章は、プロデューサーとして堂々たるもので、簡潔な「製作宣言」のようにもなっている。本木の本作への意気込みが感じられるので、全文引用してみよう。

「世界的名作であるドストイエフスキーの『白痴』を映画化すると云う事は、何たる無謀かと云はれるかも知れない。

然し、誰か思い切って踏み切らない限り日本映画のジャンル、幅、スケールと云うものは拡がらないのではないか。

日本映画に登場する人物並びにそこに扱はれる対人関係に於けるシテュエーションとか心理描写とか云うものは、どうしても常識的であり、表面的である。

もつと〳〵突つ込んだものを表現したいと、誰でもが思つている。然し仲々うまく行かない。例へば恋愛感情の描出にしても、段取りとか、その技巧に於て多少の差こそあれ、その心理葛藤の描出に於てはいづれも大差なく、表面的で物足らないのではあるまいか。

私達は、ドストイエフスキーの原作を読んで、今更の様にその多種多様の登場人物の適確なる描出と、その夫々の人間性の突つ込んだ表現にたゞ〳〵驚き、その偉大さに頭の下がる思いがする。

黒沢明と云う才能ある映画作家が、この偉大なる作品と取り組むと云う事は、たとへそれが結果

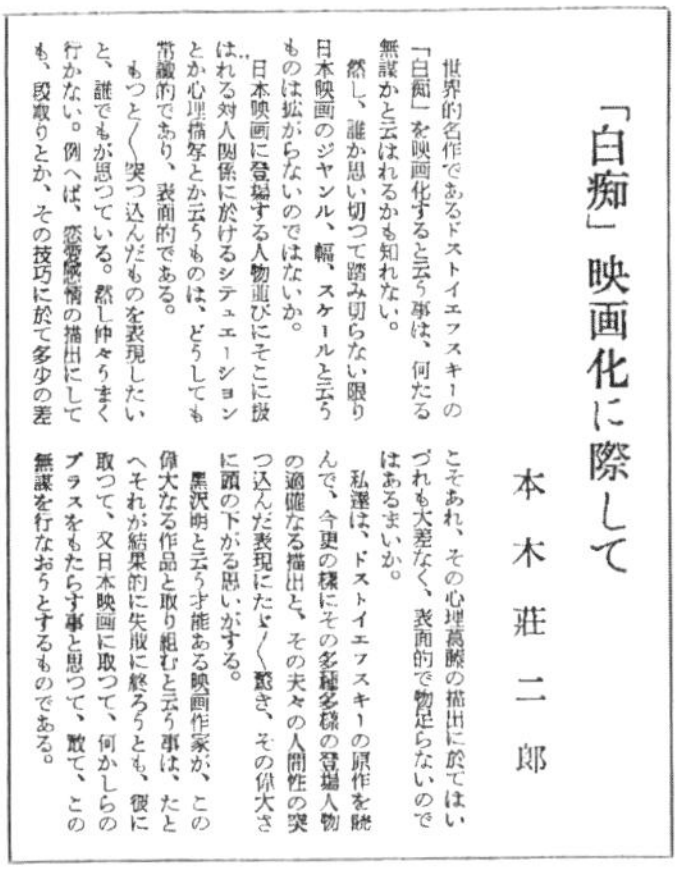

「白痴」映画化に際して

本木荘二郎

世界的名作であるドストイエフスキーの「白痴」を映画化すると云う事は、何たる無謀かと云はれるかも知れない。

然し、誰か思い切つて踏み切らない限り日本映画のジヤンル、幅、スケールと云うものは拡がらないのではないか。

日本映画に登場する人物並びにそこに扱はれる対人関係に於けるシテユエーションとか心理描写とか云うものは、どうしても常識的であり、表面的である。

もつと〱突つ込んだものを表現したいと、誰でもが思つている。然し仲々うまく行かない。例へば、恋愛感情の描出にしても、段取りとか、その技巧に於て多少の差こそあれ、その心理葛藤の描出に於てはいづれも大差なく、表面的で物足らないのではあるまいか。

私達は、ドストイエフスキーの原作を読んで、今更の様にその多種多様の登場人物の適確なる描出と、その夫々の人間性の突つ込んだ表現にたゞ〱驚き、その偉大さに頭の下がる思いがする。

黒沢明と云う才能ある映画作家が、この偉大なる作品と取り組むと云う事は、たとへそれが結果的に失敗に終ろうとも、彼に取つて、又日本映画に取つて、何かしらのプラスをもたらす事と思つて、敢て、この無謀を行なおうとするものである。

『映画藝術』1951年2月号に掲載された本木荘二郎の「『白痴』映画化に際して」

的に失敗に終ろうとも、彼に取つて、又日本映画界に取つて、何かしらのプラスをもたらす事と思つて、敢て、この無謀を行なおうとするものである」

（『映画藝術』一九五一年二月号　本木荘二郎「白痴」映画化に際して）

脚本家には『羅生門』の新人・橋本忍ではなく、『わが青春に悔いなし』の久板栄二郎が指名された。当初、『酔いどれ天使』の植草圭之助の名前も挙がったが、植草のスケジュールが合わずにダメだった。新劇の戯曲家でもある久板なら、ロシア文学に対する知識も関心もあるだろうという人選だったはずである。脚本書きは久板と黒澤の間で進行したが、ドストエフスキーにもロシア文学にも思いの深い黒澤が終始リードした。

久板は、執筆中は聞き役に回ることが多かった。黒澤の聞き役は、仕事の後の酒でも続いたらしい。あるインタビューで久板は、黒澤の話は面白いことが多く「メモしておけばよかった。仕事の後で疲れていてできなかった」とも言っている。黒澤は、東宝撮影所とは違う撮影所での映画作りに対して、情熱を燃やしていた。当時の黒澤は、大映、松竹、そしてまた違う撮影所と映画芸術協会に属しながら、映画作りを続ける考えだった。この『白痴』映画化の構想も、最初は相棒であるプロデューサー本木荘二郎との会話から始まったのが推測できる。

『白痴』は、本木により映画製作の場を得て、久板と黒澤の脚本作りの作業に入った。

松竹株式会社と映画芸術協会の提携作品である映画『白痴』は、前後篇二部作で製作されるという約束だった。

松竹では、文芸作品、特にメロドラマの前後篇や三部作といった作り方は珍しくなかった。特に今回は、東宝からトップスターである原節子を連れてくるのだ。当初の企画として、大きな問題はなかった。

フィルムを縦に切れ！

撮影は、真冬に北海道の札幌から始まった。それを終え、大船撮影所でのセット撮影という予定で進行した。札幌の街を隅々までロケハンしたスタッフが、脚本に合った洋館を見つけ出した。小樽や函館まで足を延ばしたが、札幌の路地裏にようやく見つけた。家ではなく、旧家の蔵として使われているものだった。天気待ちも少なく、快調に撮影は進んだが、最後に三船敏郎と森雅之が写真館のウィンドーに飾られている原節子の写真に出会うというシーンが残った。必要な「吹雪」が、なかなか降ってくれなかったのだ。三月十日過ぎにやっと雪が降り、それを撮影して、すぐに松竹大船撮影所に入った。黒澤は、撮影所近くの旅館に陣取り、撮影終了後は夜中まで助監督たちと飲み、かつ語ったそうである。

後年の『七人の侍』に始まる時代劇の撮影が、毎回予定を大幅に上回る展開となっていくのが嘘のようである。あるいは、黒澤には『白痴』について映画としてのイメージがずっと以前からでき上がっていたのではないだろうか。今日作品を見直しても、黒澤の作中人物への目線や感じ方が伝わる箇所が多々ある。それぞれのカットの緊迫したリズムや奥行きのある描写は、その後の黒澤作品の緊迫感の始まりのようにも考えられる。同時に、まさに往年のサイレント映画の傑作を見せられているようでもある。ある時代のサイレント映画が傾倒した表現主義や象徴主義への憧憬も感じられる。前出の『映画藝術』誌では、映画評論家の飯田心美が、エコール・ド・パリの「野獣派」との同一性と影響を、『酔いどれ天使』から『白痴』にかける黒澤作品に見出そうとしているのも興味深い。画家志望の少年だった黒澤には、大正期の美術や映画からの影響が色濃い。

前後篇二部作になる予定で撮った『白痴』のラッシュ・フィルムの上映は、五時間近くに及んだ。朝、撮影所の試写室に入って一度試写して休憩、二度目に気になる箇所を点検しながら上映すると、試写室を出て見上げる撮影所の空には星が出ていた。それでも、野村芳太郎や中平康といった、後に日本映画界有数の映画作家となる助監督たちは、画面に引き込まれながら『白痴』という作品の仕事を進めた。素晴らしい大長篇二部作ができるはずだった。

黒澤監督が最初に仕上げている完成作品『白痴』は、「四時間二十五分」の長篇だった。『映画藝術』に、脚本を前・後篇として分載したように前後篇二回に分けて、なぜ公開できなかったのか。

一九五〇年十月に公職追放を解除され松竹に副社長として復職した城戸四郎が、『白痴』の試写を観た後で、当時の撮影所長らを叱りつけたといわれている。作品のでき上がりを見た城戸は、自社のカラーとは合わないと考えたのだろう。「興行的に不利だから、一本に短縮するように」と厳命した。城戸からの指示が伝えられると黒澤は怒ったが、自分で再編集し短縮することを申し出ている。監督でもない者に勝手に手を入れられたくはないから、当たり前だ。そのために新たに録音やダビングのやり直しをした箇所も少なくない。

黒澤は、「三時間二分」に再編集してみせている。ところが、それでも松竹首脳陣は納得しなかった。これでも長いというのだ。より短くするように黒澤は求められた。松竹側と黒澤側との応酬があり、「そんなに切りたければ、フィルムを縦に切れ！」と、黒澤が吐き捨てて言ったといわれるのは、この時である。

妥協もなく硬化した当時の高村潔製作本部長らの手により、「二時間四十六分」版が再々編集された。物語が観客にわかるように、この時初めて字幕が作られ補われている。長い字幕がストーリーの欠落を補う、場面集のような作品ができ上がった。しかし、黒澤にも本木にも、どうすることもできなかった。

行方不明の黒澤オリジナル版

松竹系の大劇場で外国映画のロードショー公開もあった東銀座の東劇で、黒澤が作った「三時間二分」版は三日間だけ特別公開されている。全国の松竹系封切館には「二時間四十六分」版が配給・公開された。当時の日本映画としては最長の長さだったこともあって、映画評論家やジャーナリストでさえ黒澤に同情する意見は出なかった。長篇映画に対する偏見を取り払うのには、戦後の外国映画全盛期の時代を待たねばならない。

その後、当初黒澤が完成させた「四時間二十五分」版は、廃棄されてこの世から姿を消したといわれていた。東宝撮影所の黒澤組の助監督だった堀川弘通は、『評伝・黒澤明』の中で、『白痴』の黒澤オリジナル版がある所に存在していると書いている。このオリジナル版には、公開記録はない。松竹大船撮影所でごく少ない関係者しか観ていないはずである。フィルムが現存し保存されているというのなら、いつか一般に公開してもらいたいものである。黒澤明の評価は、さらに高くなることは間違いないだろう。

春に『白痴』が公開された年は、秋に日米講和条約と日米安保条約が締結された年である。それから三年後の一九五四年、第二次世界大戦後の全世界を揺るがすような大事件が、人知れず起きている。南太平洋上のビキニ環礁でアメリカの水爆実験が行われたのである。

三月一日、米軍の「キャッスル作戦」に巻き込まれ被爆したマグロ漁船「第五福竜丸」は、三月十四日、焼津港に帰還した。船体からは多量の放射能が検出され、二十三人の乗組員全員が放射能の「死の灰」を浴びており隔離病棟に入院した。年配だった久保山愛吉無線長は、その後病状が回復せず半年後に亡くなった。

黒澤明と本木荘二郎は、ビキニ環礁で米国の水爆実験が行われた頃、延びに延びた『七人の侍』の最後の撮影に追われていた。この頃、黒澤は『七人の侍』に音楽をつけるべく、旧知の音楽家早坂文雄の自宅を訪れている。

早坂文雄は、『酔いどれ天使』以後の黒澤映画の音楽家としてよく知られている。仙台に生まれ札幌で育った早坂は、札幌市内のカトリック教会のオルガン弾きや高校の英語教師を経て上京、作曲家になった。昭和十四年に東宝に入社、戦前には阿部豊監督『燃ゆる大空』や熊谷久虎監督『指導物語』などの音楽を担当した。戦後は、本木荘二郎のプロデュース作品である今井正監督『民衆の敵』の音楽などを担当していた。『虎の尾を踏む男達』から『素晴らしき日曜日』までの服部正に代わり、『酔いどれ天使』から黒澤作品の音楽を担当した。病気でできなかった『静かなる決闘』のみ伊福部昭だった。肺結核を患っており、闘病しながらの作曲家生活が続いていた。

早坂と黒澤の出会いにも『酔いどれ天使』のプロデューサーだった本木荘二郎が介在していたと考えたほうが自然だ。黒澤は、戦前から早坂を知っていたが、何事にも凝り性である二人を組ませるのに会社が反対したという趣旨のことを書き残している。『酔いどれ天使』では、黒澤が「『三文オペラ』の『人殺しの歌』みたいな曲を作ってほしい」という注文を出した。山本礼三郎扮するやくざが、刑務所から出てきてメタンガスの湧く沼の際で、それをギターで弾く。山本にいたぶられた過去を持つ看護婦の中北千枝子が聞いて震え上がる場面とともに、印象的なギターの音色も想起されよう。

『野良犬』では、歌謡曲やジャズ、闇市、劇場、野球場といった戦後風俗の騒音をモンタージュして作品を作り上げることを提案したのも早坂だった。『羅生門』では、ラヴェルの「ボレロ」調の音楽で観客を森の中に誘導した。いつも早坂は、黒澤の良き相談相手の一人だった。

『七人の侍』の時も、同じだった。黒澤らは撮影したフィルムを、早坂邸に持ち込んだ。当時、早坂邸は東宝撮影所に近い成城学園の住宅地にあった。病が悪化すると喀血もあった早坂だが、撮影所に行けない早坂のために仕事場へ映写機が運び込まれる様は尋常ではなかった。早坂文雄は、病身をおしながら最後まで『七人の侍』の音楽を作り続けた。『七人の侍』では登場人物一人一人にテーマ曲が作られている。日本ではあまりやられていなかったハリウッドの映画音楽のスタイルだった。言われるままに次々に作曲した早坂だが、なかなかテーマ曲が決まらなかった。『七人の侍』を観た世界中の観客の耳に残っているだろう、あの名曲である。早坂邸で、黒澤とピアノを弾きながらの打ち合わせ。あれもダメこれもダメという黒澤に、早坂がゴミ箱に捨てていたスコアを拾い出した。「なら、これだ、どう?」「いいじゃないか!」侍たちが村人のために戦う姿にかぶさる、勇壮だがどこか物悲しい、あのテーマ曲がその時でき上がった。

『生きものの記録』を生んだ早坂文雄の一言

ビキニ環礁で被曝した第五福竜丸のニュースを、黒澤と本木が聞いたのは、早坂邸で『七人の侍』の音楽の打ち合わせが続く頃だった。

『七人の侍』の作曲作業が終わりに近づいても、黒澤の早坂邸通いは続いた。早坂の映画に対する意見が、聞きたかったからだ。早坂が、その頃、呟くように言ったといわれる一言がある。

「われわれも安心して生きちゃいられない」

ビキニの水爆実験や第五福竜丸事件のニュースを聞いて発した早坂の言葉が、黒澤の耳に強く残った。それは、いつしか次回作『生きものの記録』の発端になる。

本木荘二郎が、『生きものの記録』でも文章を書いている。今度は、やや長い。黒澤と同じように、『生きものの記録』への思い入れが深かったのかもしれない。完成時に製作過程を振り返った創作ノートというべきものだが、冒頭部分を引用してみよう。

『生きものの記録』は全世界の注目の的となっている水爆問題に真正面から取り組んだ映画である。問題が問題だけにいろいろな困難をはらみながら、何千、何万の人の支持を得て世に出すことができた。そして、現在各界からの批判や話題が、かなり多く僕のもとによせられている。

ここでは映画そのものの正否は別として、この映画の出来上がる過程をのべよ、と編集者から注文されたので、簡単に経過をふりかえってみることにする。

黒澤明氏が『生きものの記録』という題材に取り組んだのは彼の作品『七人の侍』が完成した直後であった。ゴールデン・ウィークの大作『七人の侍』の後、今度何をしようかと故早坂文雄(映画音楽家)氏と話し合ったことからはじまる。

当時、(昨〔一九五四〕年六・七月)は死の灰事件が世を恐怖にまきこみ、久保山(愛吉、米国の水爆実験で被曝し死亡した第五福竜丸の無線長)さんの話題が新聞紙上をにぎわし、今日の雨は何カウントであるか、どこの雨は何カウントか、と報告されていた。この話題を映画化しようということは方々《ほうぼう》でも出されていたが、話が大きく、深刻なだけになかなか具体化されずにいた。たまたま、黒澤氏が早川氏の家へ遊びにいってお互いの趣味である骨董品を手にしながら、よもやま話をしていた。だんだん話がはずんでここでも死の灰が話題にのぼった。その時早坂氏は〝そんな無理やられたらかないませんね。われわれも安心して生きちゃいられないね〟とつくづく述懐していた。これを黒澤氏がきいて、〝早坂氏のような人が、ああいうことをいうのなら、これは全く大変な問題だ。われわれ健康な凡人どもは、こういう深刻な問題はいつも何とかふれずにさけようとばかりしているが、この人類に与えている恐怖を真正面から取り組んでみてはどうか〃と強くふみ切る気持ちになったようである。早坂氏は以前から胸を患っていて、何回か死期に直面したことのある人で、よく喀血して危いときいて私たちがお見舞いにいったときなど〃医者はあと半月程だというが、未だ半月も生きていられるというのはありがたい〃とおどろくべき冷静な態度を示す人だった」(『知性』一九五六年二月号　本木荘二郎「映画はこうしてつくられる『生きものの記録』が出来るまで」より)

病床で発した早坂の言葉は、健常者でなく弱い立場にある者が、直感的に感じる不安感から出たものだ。南太平洋でくりかえされた水爆実験の影響で日本列島に降り注いだ「死の灰」や「黒い雨」は、当時恒常的に新聞紙上をにぎわせていた。本木と黒澤は、すぐに企画に取りかかった。

原爆の洗礼を受けた日本人がやるべき仕事

脚本は、橋本忍、小国英雄、黒澤明という『七人の侍』と同じメンバーだった。七月には、本木荘二郎と橋本、小国が、原子物理学者の武谷三男と面会している。原子力問題に関する基本的な知識と、世界の研究の最先端を聞いた。

本木荘二郎は、『ついに太陽をとらえた』『広島・長崎の人々の手記』『遺族の手記』『原子についての話』『死の灰』といった書物を読み、作品作りのプロセスに入った。黒澤から相談を受けた森岩雄も「ぜひ、やろう」と言ったことから、具体化は加速度的だった。

第五福竜丸の久保山無線長が亡くなった直後、橋本忍、小国英雄、黒澤明が、例により伊豆の旅館に籠もり『生きものの記録』の脚本執筆を始めている。企画は、当初『死の灰』と名付けられていた。本木も伊豆の旅館を訪れ、話し合いから参加したのは、『七人の侍』の時と同じだ。水爆の脅威が気を重くしたのか、二回ほど挫折しかかったと本木は言っている。それでも、二か月後には第一稿ができ上がった。

正月明けから脚本の手直しが始まるが、この段階での主演は志村喬だった。水爆の脅威を感じ、恐怖と対決する男。主人公は、一代で町工場を築いたが、恐怖から太平洋の死の灰が届かないであろう南米のブラジルに移住したいと考えるが、家族に反対される。

三月に決定稿ができる頃、「三船君をフケにしようじゃないか」ということになる。

四月にはプリント台本が刷り上がり、配役候補が出される。

五月からは撮影準備、ロケ地の選定、予算（直接費）の編成。当時三十五歳の三船敏郎を六十歳の老人にしてしまうメーキャップのテストが繰り返された。下旬には全キャストが決まった。

六月、リハーサル開始。衣装、ロケ地も決まる。直接製作費は五千二百万円が計上され、撮影実数予定は五十五日間と決まった。

七月、本格的なリハーサル。

八月一日、撮影開始。開始直後、黒澤明の体内で「真田虫」が暴れ出した。入院治療で撮影は二週間中止されている。撮影再開後、『七人の侍』と同じく三台のカメラを同時に回すという方法が功を奏して、スケジュールは予想外に順調だった。

九月、出演者の一人根岸明美が自動車事故で頭部を二か所切る大怪我。それにより、二週間の撮影中断。二十八日、撮影再開。

十月十一日、オープンセットに一千万円で作られた工場のセットが台風で破壊され、作り直すことになる。二十一日撮影再開。

十月十五日、早坂文雄死去。本作企画の発端だった早坂の死は、黒澤を嘆き悲しませた。早坂は、死の間際まで「黒澤さんによろしく」と言葉を残している。

『生きものの記録』の音楽は、早坂が亡くなる前に書き上げていたスコアを早坂の弟子の佐藤勝が引き継ぎ、オーケストラ演奏用に編曲した。完成した『生きものの記録』の始まりと終わりには、早坂の曲が奏でられ、遺作にふさわしいものとなった。

こうして、映画『生きものの記録』もまた、黒澤明にとって大切な作品となった。それは第五福竜丸事件に突き動かされただけではなく、黒澤自身の言葉として親愛なる友の死とともに語られることが多い。


「『生きものの記録』。この主人公というのは、動物的本能というかな、理屈ではわからないけれども、非常に感受性が強くて、直感的にものごとをとらえるのだな。そういう人物を使って核実験の恐怖、生きものの不安を語ろうとした。これは早坂君の話から考えついた題材なんだけれどもね。

これをやるということになったとき、周りの人から風刺的にやるとか、変わったアングルからやってはどうかと言われたんだよ。だけれども、僕としてはやっぱりストレートに、真っ向からいくやり方をとるのが最もいいと思ったんだ。そして、ああいうやり方でやったわけなんだ。

世界で唯一の原爆の洗礼を受けた日本として、どこの国よりも早く、率先してこういう映画を作るということは、当然だれかがやるべき仕事だったのじゃないかな」
（『キネマ旬報』一九六三年四月増刊号「黒澤明・その作品と顔」より）

あえて「問題作」に挑んだ本木の意志

『七人の侍』で山塞が燃え上がるシーンを最後に撮ったように、『生きものの記録』でも三船が演じた主人公の工場は、クライマックスの撮影で燃え上がった。

十月三十一日、日本橋の白木屋デパートの屋上で太陽のカットを撮って、クランク・アップ。

十一月に入り、ダビング作業。

同月十五日、撮影所試写室で完成作品試写。二十二日、全国一斉封切。

映画『生きものの記録』は、批評家の高い評価があったにもかかわらず、興行的には惨敗する。ほぼ一年前、山本嘉次郎門下の後輩・本多猪四郎が、本木荘二郎と同じプロダクションを構えたこともある田中友幸プロデューサーと組んで作った『ゴジラ』とは、正反対の結果が出た。『ゴジラ』は、「水爆大怪獣映画」と宣伝され、封切られた。怪獣のように荒唐無稽であれば客は来ても、放射能を正面から捉えると観客に理解されるのは難しいということを黒澤も本木も強く思い知らされた。

本木荘二郎が、プロデューサーとして、黒澤明という強烈な個性に対して、どれだけの理解者であったのか。黒澤明と、映画への思いや思想をひとつひとつの作品でどのように共有していたかは、今となっては推測の域を出ない。しかし、公開当時に「問題作」といわれ切り捨てられてきた『白痴』と『生きものの記録』の二作品において、黒澤明と同様かそれ以上に、本木荘二郎に「問題作」の映画化に向けた思いがあった。冒険的で実験的な作品こそ、プロデューサーの思いは深くなるからだ。映画製作という困難の多い仕事にあって、本木荘二郎は「脚本が読める」即ち「志の高い」映画プロデューサーだったということはいえまいか。彼は、映画が娯楽であると同時に「表現」であることを忘れていない稀有なプロデューサーであった。

映画『白痴』と『生きものの記録』の二作品を検証することで、本木荘二郎という人物の本当の姿と本音が見えてくるようである。黒澤明という才能に賭けるだけでなく、誰もが敬遠しがちな作品に手を出し、あくまでも映画作りを黒澤と共有し続けようとした。これらは、単なる野心と思いつき、黒澤のイエスマンとしてできる範囲の仕事ではない。本木荘二郎は、全力で黒澤を支え続けていたのだ。

黒澤明の監督フィルモグラフィを見ていく時、本来この二作品を外して黒澤作品を考えることはできない。そもそも黒澤明の映画世界を考える上で、『白痴』と『生きものの記録』ほど重要な作品はないのではないか。

ロシア文学や北方への思いから生まれた作品は、後年の『どん底』や再起後にロシアの原野で撮った『デルス・ウザーラ』へと受け継がれていく。

原水爆や放射能の恐怖を見据えた作品は、黒澤明晩年の『夢』や『八月の狂詩曲』へと受け継がれていく。

第9章

悲劇

本物の矢が三船に射かけられた『蜘蛛巣城』　©TOHO CO.,LTD

黒澤が温めていた『マクベス』の映画化

悲劇は、撮影中に起きた。

黒澤明監督作品全三十作品のうち、十六本目となり、ちょうど折り返し地点に当たる作品が『蜘蛛巣城』である。時の流れが変わろうとしていたとしか思えない。

『蜘蛛巣城』は、前作『生きものの記録』の興行的失敗の直後から具体化している。失敗を乗り越えなくてはいけないという焦燥感が、黒澤にはあった。黒澤は、なおも雲の上を目指して、世界に通用する映画を作り続けなければならなかった。それは、でき上がった『蜘蛛巣城』というフィルムを見れば感じることができる。息詰まるような黒澤という芸術家の鼓動と叫びが、地の底から聞こえてくるように感じる。

『生きものの記録』の撮影中の対談だった。『七人の侍』の夢よ再びという雰囲気の中で、黒澤は映画評論家で映画プロデューサーでもあった筈見恒夫と対話し、今後の「予定」として以下のように語っている。

黒澤　こんどこんな話があるのですよ。ぼくがプロデュースして三本時代劇を撮る。それはやりたいものが澤山あるけど、自分ではやつていられないから出た話で、出來ないものは人にやつてもらつた方がいいと思つてね。三本僕がプロデュースして、菊島と橋本と小國との三人に脚本を書いて貰い、傾向は全部違います。

筈見　オムニバス？
黒澤　別な映画です。これは八月一ぱいで出來る筈ですよ。その中へ一つミュージカルものを入れたくて僕は「三文オペラ」を考えたんだが、クルト・ワイルが死んでいて版權の所在がはっきりしないので、いま盛んにしらべています。それが駄目なら僕がストーリイを書いて早坂が全部曲を書いてもいいといつているんだけれど。

（『映画の友』一九五五年十月号「黒澤明　筈見恒夫　対談」より）

東宝と黒澤の間には、この時点で三本の製作契約が残っていた。それを、監督ではなくプロデュースという形で賄おうとした節もある。ラインナップは、こうだった。

小国英雄脚本、本多猪四郎監督による『蜘蛛巣城』。菊島隆三脚本、鈴木英夫監督による『隠し砦の三悪人』。橋本忍脚本、堀川弘通監督による『仇討』。

『七人の侍』の大ヒットという結果があって、黒澤のアイデアから時代劇映画を撮れば当たる、『七人の侍』の勢いでもっと低予算で面白い作品を上手く作り、ヒット作を連打する案はないものか。東宝側から、黒澤やプロデューサーの本木にそう持ちかけたのではないか。

しかし、黒澤の提案した映画『蜘蛛巣城』は、シェイクスピアの戯曲『マクベス』の翻案という本格的なものだった。

黒澤自身が言うのには、『羅生門』公開直後から映画化を構想していたそうだ。オーソン・ウェルズが『マクベス』を映画化する話が海外であり、黒澤監督作品としては具体化されなかった。『羅生門』公開の前年、木下惠介監督から「阪東妻三郎の企画を考えてくれないか」と言われた時に、黒澤が提案したのが『マクベス』の戦国時代劇化だったともいわれる。これは、いかにも面白そうで、戦前のサイレント映画時代からの阪妻の悲壮感ある演技がすぐに連想される。だが、木下惠介は、結局は阪妻を『破れ太鼓』のようにかつてのイメージから脱却した場所に再構築していく。阪妻の『マクベス』は、木下によって却下されたのではないだろうか。

黒澤にとって外国文学を原作にする作品は『白痴』に続くものだが、さらに次々と外国文学を日本の時代劇に置き換えるという試みの始まりとなった。黒澤が次に撮った『どん底』では、ロシアのマクシム・ゴーリキーを日本の長屋の話にしている。両作品の主力の書き手は、小国英雄である。小国は大正時代の教養主義の中を生きてきたし、時代劇の脚本も少なくない。他にはない人選だった。橋本忍の『複眼の映像』によれば、『蜘蛛巣城』よりも先に小国と黒澤とで『どん底』の脚本を素早く書き上げていた。

橋本は、小国から「今度は出てこい」と言われて『蜘蛛巣城』の脚本に参加している。例によって、伊豆の旅館に籠もって書くことになる。『蜘蛛巣城』の脚本は、小国英雄、橋本忍に、さらに菊島隆三が加わり、もちろん黒澤も参加した形で完成させている。

映画界を驚かせた本木の構想

『蜘蛛巣城』が予想を大きく上回る予算を必要としたスケールの大きな企画になっていることに、会社側が驚いた。凝りに凝った内容とより文芸的な色合いの脚本から、これを一般大衆にも納得させる作品として仕上げるには、監督は黒澤自身をおいて他にはないということになった。いや、本多猪四郎には『ゴジラ』シリーズを撮らせたかったのかもしれない。

それだけではない。結果からいえば、以後製作に回るといって構想された三本の時代劇映画全てに黒澤自身が監督として登板することになってしまう。

プロデュースに回りたいと思っていたのは黒澤本人だけで、東宝側では「世界のクロサワ」に作品を撮らせ続けたかったのだ。国内だけでなく海外市場にも通用する作品を作ってほしいと、会社側では意図していた。

本木荘二郎はといえば、一九五六年五月二十一日の読売新聞夕刊に、ちょっと不思議なコメントをしている。

その記事には、これまで「年一作主義」だった黒澤明が、来年の二月までに「やつぎばやに三つの時代劇を撮ると発表、映画界をびっくりさせている」と書かれてある。

そこに書かれている三作品のタイトルとは、『蜘蛛巣城』『隠し砦の三悪人』『用心棒』だ。この時点で、先に題名が出ている『仇討ち』は、内容が暗いと東宝からクレームがあって『用心棒』に変わっていた。橋本の企画『仇討ち』は、後に東映で今井正監督により映画化された。

本木プロデューサーは、それぞれの作品の内容についても、要約し話している。

『蜘蛛巣城』は、「豪華絢爛《けんらん》とした絵巻物で重くなりがちなヨロイものを常識を破るスピード感」で作る。

『隠し砦の三悪人』は、「ユーモアとスリル、サスペンスを全て備えた娯楽時代劇の標本」として作る。

『用心棒』は、「アメリカの私立探偵ものによく出る主人公ばりなハード・ボイルドな浪人ものを時代の典型」として作る。

プロデューサーらしく簡潔にポイントをアピールして言っているが、この三作品のどれもを黒澤明が監督すると語っているのだ。どこでどうそんな話になったのか。黒澤が撮るなら、半年間に三作品を監督するなどというのは夢のまた夢でしかない。それは、最も身近なプロデューサーである本木が知り尽くしていたはずだ。

会社側との調整に立った本木は、黒澤が製作に回って他の監督に撮らせる予定だった作品の全てを、黒澤が監督をしないのなら企画として難しいといわれてしまい、無理を承知で、それをそのまま企画そのものを顕在化させるために発表したのかもしれない。

時代劇の変革を思い描いた黒澤明の考えと、黒澤ブランドの時代劇をドル箱にしたいという東宝側の思惑が、微妙に交錯していた。

『七人の侍』を超える過酷な現場

『蜘蛛巣城』の撮影が開始されるのは、一九五六年六月である。砧の東宝撮影所には大量の火山灰が運び込まれ、北の館などが作られた。富士山麓の御殿場のオープンセットにはいかつい蜘蛛巣城の城門が築かれた。二つのセットを中心に、『蜘蛛巣城』の撮影は進んでいく。

本作でも、黒澤の冒険心と実験精神は止まるところを知らない。黒澤の本作における狙いの根幹は、「能」の様式美を時代劇映画に取り入れてみたいというものだった。

『オセロ』『リア王』と並んでシェイクスピアの三大悲劇のひとつである『マクベス』は、スコットランドの武将マクベスが魔女の予言や教唆に導かれ、王を殺しその地位に就くが自ら不安と猜疑心

豪華絢爛な絵巻物となった『蜘蛛巣城』　©TOHO CO.,LTD

に蝕まれて自滅するという物語である。黒澤の映画では、マクベスを『蜘蛛巣城』の城主に仕える鷲津武時として三船敏郎が演じ、その妻浅茅を山田五十鈴が演じている。三船と山田の芝居は、能のメイクと動きを基本にしていて、これまでの映画にはどこにもない世界観を構築していた。

撮影でも、霧を入れ込み水墨画のようなニュアンスを随所に織り込んだり、室内シーンも金、銀の襖に鈍い反射光で人物を浮かび上がらせるなどの多様な実験が試みられている。音楽にはお囃子などを使い、作品全体的を通じて技巧に技巧を重ねたものとなった。芝居をやりやすく、鎧を史実に許される範囲で動きやすく改良するなどの工夫もあった。

凝りに凝った『蜘蛛巣城』の撮影は、苦難の連続だった。

それは、『七人の侍』をも上回る過酷な現場となった。『七人の侍』のように危険な撮影で、遂に撮影中に事故があったというのではないが、いつ事故が起きてもおかしくはなかった。撮影現場を、張りつめた空気が常に支配していた。まるで監督の想念をフィルムに定着させるために、あらゆる現実とぶつかり合い現場は軋《きし》むような重苦しさが漂っていた。

当時の『蜘蛛巣城』の撮影現場を知る者は、口を揃えて、困難と過酷を語っている。

日刊スポーツ新聞で、映画記者を長年務めた石坂昌三が書いている。


「『蜘蛛巣城』のセット撮影を見に行った。黒澤は、噂通り、怒鳴りまくり、見ているボクでさえ、蒼ざめ、震えた。本当に怖い。

三船敏郎と山田五十鈴のシーンだったが、黒澤監督の演出というのは、天皇自らきりきりし、旗本の助監督をしかり飛ばし、軍団のスタッフ全員の緊張感を限界までピリピリ高めておいて、被写体の役者を一斉に凝視させる。

カメラを囲む、五、六〇人のスタッフの熱っぽい視線を、凸レンズを通した光線のように、焦点の役者に集中させせて、燃え上がらせるという寸法である」


（『巨匠たちの伝説　映画記者現場日記』より）


石坂記者の眼には、黒澤明がある種の狂気に憑りつかれているように見えた。撮影所での取材中に、撮影風景よりも黒澤本人をじっと静かに見つめていた。すると「ひとつだけ違う視線がある！」と黒澤が怒り出した。石坂記者の所に助監督が飛んできた。何だろうと思っていると、助監督が言った。

「監督が困ると言っていますので、出てください！」

石坂記者は、僕は何もしていない、許可を得て監督の撮影ぶりを取材しているだけなのにと思ったそうだが、否も応もなく助監督にセットからつまみ出された。

御殿場のロケーションに出ても、「バカッ！」「デコスケ」「アンポンタン」「ダメ、ダメだっ！」……、黒澤は怒鳴り続けた。取材陣がいるいないはお構いなしなのだろう。蜘蛛巣城のはるか彼方を集団で走るだけのエキストラの一人の表情が気に食わないと、助監督を叱り飛ばした。助監督は、指摘されたエキストラの青年めがけて何百メートルも疾走して行き注意した。ワンカットワンカットを絵画のように撮りたい黒澤の欲求を満たすために、撮影現場は緊張の連続だった。

天候に悩まされ苦労した『七人の侍』の現場が楽しく感じられるほど、『蜘蛛巣城』の黒澤組はピリピリとデリケートな撮影を強いられた。それは、インから五か月後のクランク・アップまで続いた。

黒澤に宿りはじめた狂気

後に映画雑誌『キネマ旬報』の編集長となり、多くの黒澤論や『トラ・トラ・トラ！』をめぐるルポルタージュを書いたことで知られる映画評論家の白井佳夫は、『蜘蛛巣城』撮影当時は早稲田大学の演劇科の学生だった。東宝撮影所の助監督となっていた映画研究会の先輩の情報から『蜘蛛巣城』のオーディションを受けた。

黒澤組が「背が高く人相の悪い人間を集めている。お前ならピッタリだ」と言われ、撮影所に向かった。背格好や雰囲気からオーディションに合格して、黒澤は白井を主役の三船演じる鷲津武時に従う「郎党」の一人に選んでいる。鎧を着せられ下級武士の一人となった白井は、それから二か月間役を演じながら、異様に張りつめた黒澤組の撮影現場を体験する。黒澤組の一員として一日中どこからか黒澤明という人物を眺め、その演出ぶりを見られたのだから、映画評論家を目指した白井には貴重な体験だった。

白井は著作『黒白映像　日本映画礼讃』に、その体験から書いている。

「女房役のヴェテラン・キャメラマンが、ある時にこの巨匠の頭のなかだけにある映像造型の意図がつかみかねて、途方にくれているのを、私は目撃している。あるいはヴェテランのチーフ助監督が『いったいこの人は、どんなイメージを画面に要求しているのだろう？』と、混乱して茫然自失してしまっている現場にも、たちあっている。曇天下のオープン・セットにそそり立つ、蜘蛛巣城のそばの黒い砂地の土の上に、次のショットのイメージを求めて一人立ちつくす長身の黒澤明監督の姿には、まさに『蜘蛛巣城』の主人公鷲津武時その人をも思わせるような、修羅と孤独の影があった」

狂気と紙一重の状態に、『蜘蛛巣城』撮影中の黒澤はあった。白井の文章はそう思わせる。

金盃《きんかん》で手を洗う発狂した山田五十鈴の黒目に、金粉を入れ能面の金泥の目にしようとしたようだが、さすがに実現することはできなかった。全身で表現する能の動きに合わせ引きの画《え》ばかり要求する黒澤に対して、『素晴らしき日曜日』以来『七人の侍』まで多く黒澤作品の撮影を担当し、黒澤の思いを知り尽くしたはずのベテランカメラマン・中井朝一は困惑した。最後にはとうとう黒澤と対立し、黒澤と中井は以後『天国と地獄』までコンビを組んでいない。『七人の侍』では見事に成功したワンカットの画面で弓矢の動きを撮る方法を、『蜘蛛巣城』で三船敏郎が矢に射られる場面でも撮りたいと、本物の矢を三船に射かける撮影が三日間も続いた。連日身の危険に晒《さら》された三船は、その場面の撮影中には毎夜悪夢にうなされている。

白井佳夫は、長い黒澤明との交流を通じ、今も黒澤明のことなら何でも知る映画評論家といわれる。後年、映画ジャーナリストになり『赤ひげ』の撮影現場取材ルポを書いた際に、黒澤が画面には映らない引き出しの中の小道具まで用意させていることを指摘して多くの人を驚かせた。他にも、黒澤映画を語る時に引き合いに出されるエピソードの多くが、白井が初めて書いたものだ。黒澤組の撮影現場には何度も単独取材を許され、他のジャーナリストの顰蹙《ひんしゅく》を買うほどだった。

『トラ・トラ・トラ!』では、紛糾した黒澤明の解任劇の真相を追求し、黒澤明を擁護し続けている。黒澤が苦境から立ち直ってソビエトで撮った『デルス・ウザーラ』の時も、モスクワの撮影所まで取材に訪れた数少ないジャーナリストの一人だった。いわば黒澤研究の第一人者だ。そんな白井も、初めて訪れた『蜘蛛巣城』の現場では、黒澤明という人間の「修羅と孤独」を見つめなければならなかった。

夏をまたいで『蜘蛛巣城』の撮影が進行していたこの年、映画界を揺るがす一連の映画が登場する。石原慎太郎が『太陽の季節』で芥川賞を受賞して湘南の太陽族が騒がれるようになり、逸早くそれを映画にしようと撮られた日活の『太陽の季節』が秋に公開され波紋を広げている。続く大映の『処刑の部屋』とともに、いわゆる「太陽族映画」が社会問題になった。神武景気といわれ、全国的に映画館の新築がブームだった。太陽族映画は、映画館にスキャンダラスな話題を提供し、客寄せに一役買った。戦後社会の映画への熱は、まだまだヒートアップする一方だった。

溝口健二監督が亡くなるのは、黒澤が『蜘蛛巣城』を撮影中の八月二十四日のことである。五十八歳の若さであった。同三十日、大映の社葬として行われた溝口健二の葬儀に、黒澤は撮影を休んで列席した。

秋になっても、『蜘蛛巣城』の撮影は終わらない。御殿場や伊豆のロケを終えて、『蜘蛛巣城』は十一月八日にようやく撮影終了となる。公開は、翌年正月第二週の一月十五日からとなった。

橋本忍が語った本木降板の真相

『蜘蛛巣城』が公開されると、クレジットタイトルには、製作者として本木荘二郎の名前とともに黒澤明の名前があった。

これまでの黒澤作品では、巻頭から「本木荘二郎」の名前だけが製作者としてスクリーンに映し出されていた。『蜘蛛巣城』では、監督である黒澤明の名前が本木荘二郎と並んでクレジットされていた。何かがあったのか。その時、初めて誰もが異変に気がついた。でも、それは、スクリーンの向こう側の出来事だった。観客もマスコミも、真相など知る由もなかった。

まさに秋風が吹く頃、本木荘二郎は撮影所から姿を消したことになる。

そして、再び撮影所には帰らなかった。

本木荘二郎は、退職の挨拶も同僚への別れの言葉もなく、ある日、撮影所から姿を消していた。それぞれの作品で忙しい撮影所のスタッフたちは、いつの間にか本木がいなくなっていたことにだいぶたってから気がついた。『蜘蛛巣城』の黒澤組スタッフが、異変に気がついたのも同じだった。

撮影所の外部で単独で仕事をしているものと思っていた人もいた。噂で「本木プロデューサーが辞めさせられたらしい」と聞かされても、詳しい理由など誰も知ってはいなかった。

　本木荘二郎プロデューサーが、「金銭トラブル」で東宝から追われたことが知られるのは、後々のことである。

　トラブルの内容は、当時は長く不明のままだったが、その後関係者により徐々に明らかにされた。本木プロデュース作品の多くで、使途不明金があった。原作者をはじめスタッフやキャストに対して使用料やギャラの未払いが度重なった。被害に遭ったのは、成瀬巳喜男監督をはじめ、多岐に及んでいた。ひとつが明るみに出ると、自分も未払いだという人間が相次いだ。潰れかかったプロダクションによくあるケースだが、自転車操業がストップすると、全てが負の側に倒れ込む。多くのスタッフや出演者が苦情を言い出した。

　本木荘二郎製作の『次郎長三国志』シリーズでは、マキノ正博（雅弘）監督や多くのスタッフ、キャストに「二本で一本半分」のギャラしか払われていなかった。原作者の村上元三には、第八作が完成したというのに第一作と第二作の二本分の原作料である百万円しか払われていなかった。

　決定的な引き金になったといわれているのは、岸田国士の『暖流』をリメイクで映画化すると言い原作権を押さえながら、著作権を持つ岸田の遺族に原作料を払っていなかったという一件だ。本木が、領収書を偽造して払ったことにしていたといわれている。

　告発者がいて警察の介入もあったという人もいるが、若い時から本木に目をかけてきた森岩雄が、領収書を作った「公文書偽造」などを刑事事件にせず、全てを穏便に処置している。

　橋本忍は、取材に応じてはっきりと具体的に言ってくれた。

「本木さんは、株にだいぶ注ぎ込んだんだ。スターリン暴落の時（一九五三年）に大きく損をしたと聞いている。扱っている作品の製作予算から払うべきギャラを、借金の穴埋めに使っていたんだよ。

いろんな人から文句が出たんだよ。僕の脚本料はきちんと出ていたが、菊島隆三はそうではなかったらしい。菊島さんが、かなり怒ったこともあった。藤本真澄が制作本部長になった時、菊島さんが藤本さんに『直ちに辞めさせろ』と言ったことがあるとも聞いている。成瀬巳喜男さんも未払いの大きな被害にあっていて、黒澤さんを責めたことがある。あれだけ大人しい成瀬さんが黒澤さんに怒ったんだ。それで、黒澤さんも庇《かば》いきれなくなった。黒澤さんから相談を受けたこともあるよ。本木を切らなきゃしようがないということになったんだ。残念だったがね、仕方ない」

実際の金額については不明のままだが、この不祥事から本木荘二郎が東宝とのプロデューサー専属契約を破棄されたのは事実である。

折しも東宝では、新人事があったばかりだった。

公職追放解除から社長に就任していた創業者の小林一三から、製作・経営ともに安定化したことで実子の小林冨佐雄に社長が交代し、新体制がスタートしていた。森岩雄によるカムバック後の製作指導は興行的成果を上げ、新体制と新たな方針が急務となった。東京映画や宝塚映画など系列プロダクションの機能強化、同時に新社長を中心とする製作審議会も発足した。新体制下、本木荘二郎はプロデューサーとして会社のお荷物のような存在になっていたのではないかと考えられる。それは、黒澤映画をいかに管理するかということとも関連した。

森岩雄ら東宝首脳部が求めていたのは、会社の意向で動いてくれるプロデューサーだった。本木をプロデューサーに育てた森岩雄は、同時に戦後の映画界を「五社協定」でがんじがらめにしながら映画資本に従属させる形で復興させた張本人でもあった。そんな森からすれば、本木は自分が望んでいたようなプロデューサーには育たなかったと考えたのだろう。本木荘二郎は、藤本真澄とは違い、会社という器に収まらない製作者だった。

黒澤は、本木と別れる決意をしなくてはならなかったのだ。

一九五七年五月、撮影所で、黒澤の次の作品『どん底』のリハーサルが開始されるが、本木荘二郎の姿はない。『どん底』は、黒澤明一人による製作クレジットだ。『どん底』は、黒澤作品としては異例ともいえる約一か月という短い撮影期間でクランク・アップする。九月には公開しているのだから、ワンセットを使った演劇的な手法による作品といえども、素早い完成だ。若い時のように、このように早く面白く撮れるということを、黒澤は見せたかった。『どん底』は、それでも黒澤映画のクオリティは下がらないということを証明している。

本木は、それまで黒澤組が湯水のように使う予算の穴埋めを、他の組の予算から補う芸当もこなしていた。マキノ正博（雅弘）の『次郎長三国志』シリーズや成瀬巳喜男作品など、自分が製作する他の作品と会計をごっちゃにして、二本分のギャラで三本の映画を撮らせるという荒業、乱暴なやりくりをくり返してきた。

自分自身で製作予算をオーバーし、与えられた製作日数を守らない、フィルムは湯水のごとく使うというルール無用の映画作りで突っ走った黒澤だが、今日まで、そんな自分の仕事を支えてくれた本木を守る術は持ってはいなかった。

黒澤の悲痛な声が聞こえてきそうである。豪放磊落な気性と神経質な性格が同居している黒澤は、本木の悪評が自分にまで及ぶのを恐れたのか。

東宝元製作部長が語る本木像

東宝撮影所で製作部長を長く務めた馬場和夫が、本木荘二郎が撮影所から消えた頃のことについて想い出してくれた。

馬場は、本木荘二郎がプロデュースをして、妻となる浜田百合子が主演した『メスを持つ処女』では、アシスタント・プロデューサーとして本木を補佐したという経験を持っている。

「最初は、何で本木さんいなくなったの？　という程度だったんだよ。誰も何も全然知らないし、誰に聞いてもわからなかった。なんか金のことらしいよ、ってその程度だった。

プロデューサーの場合は、作品が入ってこなきゃ撮影所にも来ないから。プロデューサーというのは、日常的には本社の企画部をウロウロしているんでね。それに、僕はまだ当時は製作課長だから、全般的なことは知らなかった。製作課長というのは、現場を仕切っているだけだからね。製作部長になってからだと、一応いろんなことを知っているけれど」

「東宝という会社は、昔からいわれるが、女のことにはうるさくないんだよ。女でトラブルを起こしても、そんなに問題にはされない会社なんだ。ところが、金のことになると、一円でもうるさい。それっぽっちの金額ぐらいいいじゃないかという金額でも、本社に呼びつけられるからね。本

第９部まで続く人気シリーズとなった『次郎長三国志』の『第一部・次郎長売出す』 ©TOHO CO.,LTD

木さんは、お金で引っかかったから、救いようがなかったんじゃないか……」

馬場和夫の名前を東宝映画のスクリーンに最初に見出すのは、戦後すぐの大ヒット作として知られている『青い山脈』（一九四九年）である。あの懐かしい歌声とともに想い出される映画の始まりには、プロデューサーの藤本真澄とともに製作担当として馬場和夫の名前が刻まれている。実はそれが馬場の製作の仕事の始まりだった。その後、多くの東宝作品に製作として関与し続けた。市川崑監督作品など、馬場が手掛けた名作、佳作は数知れない。

「最後の頃、本木さんは、確か鶴田浩二を連れてきて、何本か鶴田さん主演の映画をやっているはずですよ。山本嘉次郎さんが監督した『暗黒街』とか……。

本木さんの仕事としては、マキノ正博さんの『次郎長三国志』シリーズなんていうのは傑作だったね。マキノさんの多くの作品でも群を抜いてよかった。本木さんのプロデューサーとしての才能というのは、ああいう娯楽作品に発揮されていたと思う。

僕は、本木さんの才能は、黒澤作品以外の所にあったと思ってる。黒澤作品は、本木荘二郎でなければならないというふうになるけれども、これは黒澤さんに使われているだけの話で、プロデューサーとして黒澤を使っているというのとは全く違うと思う。そういう意味では、藤本真澄さんなんかも本木さんについて言っているけれども、映画プロデューサーとして黒澤明と対等の資格でやりあった人じゃないと思う。要するに、黒澤作品のまとめ役を黒澤さんのいいなりに快くやってくれる人だから。本木さんは、黒澤さんとは同期生だしね。そういう付き合いを、黒澤さんとした人だと思うな。黒澤さんと付き合っていくのに、抵抗のなかった人だったんじゃないかと思うんですよ」

消えた超大作『源平盛衰記』構想

本木荘二郎は、黒澤明の快進撃とともに有頂天になっていたのかもしれない。苦労して完成させた『七人の侍』の観客動員は記録的な伸びを示した。興行的な成功に加えて、『七人の侍』はベネチア国際映画祭の銀獅子賞を受賞した。栄誉が重なり、わが世の春の気分だったか。

『七人の侍』の成功後の一九五五年一月三日付の読売新聞紙上に、本木は映画記者の取材に応え、大きな構想を発表している。

東宝撮影所にシネマスコープ用の新ステージが完成したのを記念して、超大作の『源平盛衰記』を作りたいと、本木は語っている。その超大作シネマスコープ映画『源平盛衰記』は、黒澤明、衣笠貞之助、稲垣浩、溝口健二の四人による共同監督になるというのである。正月の新聞向けの「初夢」のつもりだったのでもあろうか。それにしても、ちょっと大風呂敷を広げ過ぎた感もある。記事は、こう続く。

「有名な場面場面、たとえば佐々木高綱と梶原源太の宇治川先陣争い、義経と梶原の逆ろ（櫓）の議論、俊寛の悲劇などで、黒澤明、衣笠貞之助、稲垣浩、溝口健二の四監督にそれぞれ得意の事件を受持ってもらい、シナリオは伊藤大輔監督に構成を依頼し、執筆は小国英雄、橋本忍、依田義賢、菊島隆三の四シナリオ・ライター。配役？　もちろん日本映画界総動員のオール・スター・キャスト。ヒオドシのヨロイ、源氏の白旗、平家の赤旗が眼もアヤに描き出される日を想像して下さい」

（『読売新聞』一九五〇年一月三日より）

ちょっとブチ上げ過ぎた本木の発言に、撮影所のライバルや反対派たちは、どんなふうに思ったことか。プロデューサーとしては、無邪気といえば無邪気な性格だった。ただ、この発言が東宝の首脳部の許可を得たものでなかったとすれば、いやおそらくはこんな大計画に許可など出ようもないのだが、上から注意を受けてもおかしくはない種類のコメントだったろう。

本木は、プロデューサーという立場の人間としては、立場上あまりにも軽率だったか。あるとき、本木荘二郎は映画界を目指す若い人に向けた講演で、こう語っている。

「私は、勿論全体的に質的向上する事はよいが、やたら平均値というものを高めるよりはやはり優れたものは、うんと優れたものが出たほうがいいのじゃないかと思います。藤本君は平均値論者で、僕はどっちかというと、映画もやはり芸術家の作って行くものである以上、その作家の持っている素質なり、それから技倆なり、そういうものはおのずから差があるので、非常に優れた作家はうんと優れたものを出してもいいし、又出すようなふうに、我々の仕事も持って行かなければならん差はうんと激しいものになってくるのは構わないのじゃないかと思って居ります」

（『月刊シナリオ』一九五五年四月号「シナリオ講座　プロデュースについて」より）

全ての映画の質の平均値を高めていくことで日本映画全体のレベルが上がり、そこから世界に通じる作品が生まれてくるという藤本真澄の「平均値論」に対抗する、本木の志向が端的に示されている。藤本真澄のいう「平均値論」と質的向上を目指す路線と、本木荘二郎の志向した「芸術」と「娯楽」の均衡を目指す路線には、内実に大きな隔たりがあった。

第六章で指摘したように、藤本真澄と本木荘二郎には確執もあった。

やがて東宝撮影所では、藤本真澄製作本部長のワンマン体制がいわれるようになる。芥川賞作家の石原慎太郎にいきなり『若い獣』という作品を監督させると発表すると、クランク・インを前に撮影所の助監督部が抗議文を突きつけるという事件があった。撮影所にはアンチ藤本派もいて手を焼いたようだが、藤本真澄は、「年内には助監督昇進者を数名出す」と言い、助監督部との話し合いを上手に乗り切っている。副社長にまで昇りつめていく藤本真澄は、剛腕プロデューサーとして底知れぬ実力を発揮し続ける。

ああ金にだらしがないんではしようがねえよ

本木荘二郎のプロデューサーとしての役割は、撮影所には最早見い出す余地はなかったのだ。全てを知っていてもおかしくない立場にあった堀川弘通は、黒澤のもとを去った本木について、『評伝黒澤明』ではこう書いている。

「クロさんには金銭的に直接被害はなかったが、言わば〝黒澤商会〟の大番頭である本木は、これからも黒澤商会の信用を堕《おと》すおそれがある。そう考えて本木を切り捨てたんだろう。クロさんはそういうことでは容赦がなかった。

こうして本木荘二郎はクロさんの前から姿を消した。

本木は才走った目はしの利いた男である。映画の世界を見限って別の世界に飛び込むことだってできるはずだが、やはり映画にこだわった。映画が心から好きだったのだろう。彼の悲劇的最後がそのことを物語っている」

白井佳夫は、黒澤を取材するうちに、なぜ本木と別れたのかを黒澤本人に尋ねたことがあった。黒澤は、次のように答えた。

「本木を外そうとする東宝に、最初は『本木がいないと俺の映画は撮れないよ』って強硬に抵抗したけど、ああ金にだらしがないんでは仕様がねえよ……」

本木は、女優の浜田百合子との間に二児をもうけたが、東宝を追われるとともに離婚している。東宝との専属プロデューサー契約解除だけならば、離婚まですることもないだろうと思えるが、どうやら本木には、その時「女性問題」もあったらしい。夫人の浜田以外の女優との関係が取り沙汰され噂にもなった。

浜田百合子は、本木と別れた年に東映に移籍し、その後も女優活動を続けている。陽気なキャラクターで脇役に徹したが、数年後には映画界から引退している。

本木荘二郎は、プロデューサーとしての絶頂期に浜田と住むために建てた豪邸からリヤカーに荷物を載せ、一人で家を出た。

東宝を去った本木荘二郎は、当初は『釈迦を求めて』『レイテ沖海戦』などの大作映画の企画を立てるが、東宝を排除されたプロデューサーに活躍の場を与える映画会社やプロダクションはなかったのである。

苦境が続いたが、手を差し伸べる者もあった。本木荘二郎という名前が、撮影所の映画関係者の噂にも出なくなった頃、突如として一人の映画監督が誕生することになる。

第10章

肉体

椙山拳一郎（左）と左京未知子（右）。
『不貞母娘』（高木丈夫監督・1963 年）

黒澤の娯楽時代劇路線

スクリーンに、血しぶきが飛び散る。三船敏郎演じる三十郎の一太刀が、仲代達矢扮する半兵衛の胴体に斬りつけられると、噴水のように鮮血が吹き出した。

黒澤明、二十一本目の監督作『椿三十郎』のラストシーン、「血の演出」だ。撮影現場では、黒澤組ならではの緊張した空気が漂った。白黒作品だが、真っ赤に画面が染まったように記憶している人も多い。目を背け戸惑う観客もいたが、時代劇に革命を起こそうとした黒澤明の容赦のない演出が成功した。

大ヒットした『用心棒』の続篇として作られた『椿三十郎』は、それまでの時代劇の殺陣に革命を起こした。「血の演出」だけでなく、剣戟シーンは、徹底した超リアリズムとダイナミズムで構築されていた。それは、新しいチャンバラ時代の幕開けだった。

講和条約後の「チャンバラ解禁」は、東映時代劇の黄金時代を生んでいた。中村錦之助、大川橋蔵、東千代之介ら人気スターを擁した「東映城」は、スクリーン上にチャンバラ王国を築き映画界に君臨していた。戦前のマキノ映画以来といわれる東映京都太秦撮影所は、チャンバラ映画を量産する時代劇のメッカだった。映画館で時代劇を観た子供たちは、家に帰ってチャンバラごっこに興じて過ごした。破竹の勢いの東映は、時代劇と現代劇を別々の撮影所で作り、現代劇を「ニュー東映」として分離しようと試みたほどだ。

チャンバラ人気が飽和状態の頃、黒澤明の時代劇変革のカウンターパンチが始まった。

黒澤明は、『隠し砦の三悪人』から大きく痛快娯楽時代劇を目指す方向に進んでいた。『七人の侍』『蜘蛛巣城』までのリアルな要素が後退して、独自の娯楽色と空想冒険活劇の色合いを帯びてくる。迫力と笑いとエロスまでが追求された。かねてから日本の時代劇に革命をもたらそうと試行錯誤してきた黒澤の革命本番の趣もあった。よくも悪くも、以後、日本の時代劇シーンは変容した。

「侍」キャラクターで三船敏郎を世界的な大スターとする決定的な作品『用心棒』は、宿場町にふらりと流れ着いた三十郎がやくざ同士の喧嘩出入りの只中に現れ、首に布を巻き拳銃を持った仲代達矢と対決する日本版西部劇だ。ゲーム感覚と強烈な演出の連続で観客を圧倒、空前のヒットとなる。特に侍が刀で斬りつけると、バシッ、ビュッ、と音がするチャンバラシーンの効果音は度肝を抜いた。以後、この効果音の手法は多くの時代劇映画に伝播し、テレビ時代劇でも取り入れられた。今では当たり前になった効果音も『用心棒』が始まりである。

さすがの東映城も、黒澤明と三船敏郎の渾身の時代劇革命の一撃に揺らいでしまう。踊るように斬り舞うように殺す東映のチャンバラ映画は過去のものとなり、東映はやがてやくざ映画の牙城へと変貌していった。歌舞伎由来の伝統的な殺陣を好ましく思わなかった黒澤は、サイレント映画時代から続いた時代劇の約束事をついに破壊してしまう。時代劇の革命と変革は、黒澤明にとって生涯テーマだった。それは、後年の『乱』や『影武者』まで執念深く続いた。

『椿三十郎』以後、日本映画ではやたらに血が吹き出たり、首や腕が吹っ飛ぶようになった。名匠といわれた小林正樹監督の『切腹』や山本薩夫監督の『忍びの者』などでも、超リアルな残酷シーンが現れた。映画監督たちは、こぞって「残酷」で勝負し始める。見世物的な要素がなければ映画に観客が集まらない時代になろうとしていた。

『肉体自由貿易』で監督デビューした本木

黒澤明の『椿三十郎』が正月映画として公開された年、映画界にはもうひとつ別な変化が起きていた。これも当時の世相を背景に、日本映画が大きく変わるきっかけとなるムーブメントだが、当時はそれに気づく者は少なかった。スクリーンに女性の裸体が氾濫《はんらん》する時代が訪れようとしていた。

同じ一九六二年の十一月、『肉体自由貿易』という扇情的なタイトルの映画が公開された。風変わりな題のため、ドキュメント作品かと思った人もいた。一時地方や場末の映画館で人気のあった新東宝のエログロ路線を連想した人もあった。「肉体」という艶《なま》めかしい単語と「貿易」という具体的な単語とからは、「人身売買」めいたストーリーが窺える。この映画、特に宣伝などもされなかったが、上映された映画館では、貼りだされたポスターを見て飛び込んだ男性観客で超満員になった。スクリーンでは、名も知らぬ女優たちが肌も露わに熱っぽい演技を披露し、男たちは食い入るようにそれを見つめた。映画のもうひとつの要素「エロチシズム」が、開花しようとしていた。

この『肉体自由貿易』という映画を監督したのは、高木丈夫というそれまで誰も聞いたことがない名前の人物だった。

新人監督の登場だろうと、誰もが思った。公開当時、観客はもちろん映画関係者の多くが気づかなかったが、この「高木丈夫」こそが、本木荘二郎のその後の姿だった。

一九六二年は黒澤明による時代劇の革命の年だったが、同時にスクリーンに初めての和製ポルノ映画である「ピンク映画」が誕生した「ピンク映画元年」でもあった。

剣戟やアクションだけでなく、日本映画におけるエロチシズムも過渡期にあった。スクリーン上での性表現の急激な変化が始まる。

日本全国の映画館数は、一九六〇年に史上最高の七千四百五十七館に達していた。六二年に大手映画会社の一角の新東宝が経営の行き詰まりから倒産すると、既に過剰気味だった全国の映画館では上映するフィルムが足りなくなるという現象が起こった。大手映画会社は、自社の系列館を守るために他社の系列館にフィルムを貸し出すことはない。その間隙を縫って登場したのが、ピンク映画と呼ばれる一群の独立プロ系作品である。

映倫（映画倫理審査委員会）で成人指定になった独立プロ製作の劇映画即ちピンク映画の第一号『肉体の市場』が公開されたのは、一九六二年二月。新東宝撮影所出身の小林悟が監督したが、小林監督はそのヒットに気をよくして二本目のピンク映画『不完全結婚』を、『肉体の市場』に主演した日活撮影所出身の女優・香取環の主演ですぐに撮っている。

「世界女残酷全集」三本立てとして公開された本木荘二郎（高木丈夫）の劇映画初監督作品『肉体自由貿易』（1962 年）

同年十一月、高木丈夫監督の『肉体自由貿易』が三本目のピンク映画として製作・公開されて評判を呼んだ。『肉体自由貿易』は、興行的にも『肉体の市場』と並ぶ、独立系作品の大ヒット作となっている。

『肉体自由貿易』のストーリーは、殺人事件を契機にコールガール組織が暴露されていくという簡潔なものだが、大手映画にはない性描写の大胆さが注目され、全国で大いに男性観客を集めた。『肉体自由貿易』に出演したのは、名も知らぬ外国人女優たちと絵麻アキという新人女優だった。ラブシーンで裸になるのを厭《いと》わないというのが、監督が彼女らを抜擢した理由だった。

ピンク映画黎明の時代

本木荘二郎は、『肉体自由貿易』の監督・高木丈夫となるまでの間、どうしていたのか。

東宝から契約解除となって退いた後、事件はともかく、有能なプロデューサーだった本木は、開局まもないフジテレビ系列の下請け制作会社に招かれ「雇われ社長」になったといわれる。四谷三丁目にあったその会社で自動車メーカーのテレビCM等を作っていたが、撮影所育ちの本木にはテレビの世界はどこか馴染めない場所だった。

当時、映画人たちの間には、テレビのことを「電気紙芝居」などと言って蔑視する風潮があった。映画がテレビに娯楽の王様の座を奪われるのを警戒したこともある。映画人には、テレビで働くのを嫌う人もいた。

本木荘二郎が東宝撮影所を追われてから、ほぼ七年の歳月が流れていた。

その間に、本木がどんな仕事をしたのか、詳しい記録は見つかっていない。その後、映画学校の講師をしていた時期もある。慣れ親しんだ撮影所の外で、どうすれば映画が作れるのか模索の日々が長く続いたのではないだろうか。

この時期に「本木荘二郎」という名前が、劇場用映画のフィルムに一回だけ記録されている。

一九五九年一月十五日に公開された新東宝映画『カックン超特急』である。脱線トリオで人気の出た由利徹が主演した喜劇映画で、監督をしたのは当時の新東宝の社長・大蔵貢の実弟で、『湯の町エレジー』などの人気歌手でもあった近江俊郎だ。『カックン超特急』には、本木荘二郎の名前が「原作者」としてクレジットされている。

由利の破壊的なギャグ「カックン」をネタに作られた映画だが、本木は黒澤映画を作った時と同じように、脚本家らに脚本の元になるアイデアをしゃべったのかもしれない。

本木荘二郎は、当時の喜劇界の大御所・榎本健一が出演した作品を数多く製作したプロデューサーだった。本木の師である山本嘉次郎は、エノケン映画の名作を多く撮っている。先述したようにエノケンとロッパが初共演した戦後の話題作『新馬鹿時代』も、本木が製作し山本が監督した。大蔵貢、近江俊郎や本作のスタッフたちと、本木はどこかで繋がっていたのだろう。東宝から分かれて生まれたのが新東宝だった。主演の由利徹も、お笑いには一家言ある本木のアイデアが気に入ったのかもしれない。作品に、どう生かされたかが知りたいものだ。

本木荘二郎という庶民の誰もが知る映画を作ったプロデューサーは、誰も知らないうちに高木丈夫という映画監督に生まれ変わっていた。そして、かつて黒澤明とともに作った作品群のように、高木丈夫の映画には、何か新しい時代を予感させるものがあった。

本木荘二郎は、まさにピンク映画の世界のパイオニアだった。そのままピンク映画を何本も何本も撮り続け、本木が開拓した道筋に「ピンク映画」というジャンルが生まれている。

この少し前から、本木は「ショー映画」と呼ばれた短篇映画を監督していた。銀座や赤坂のナイトクラブ、劇場などで実演されるストリップショーの舞台を、二十分前後の短い作品に仕上げるのだ。

主に外国人ダンサーのショーが多かったのは、一般のストリップ劇場と違い高級感があり庶民があまり観られないものだったからだ。「ストリップ映画」ともいわれた、このショー映画が、空前の映画ブームにもかかわらず、上映するフィルムに困っていた地方の映画館に飛ぶように高く売れた。

ストリップのショー映画のルートで、低予算の劇場用映画を作れば必ず当たる。そんなアドバイスを複数の独立プロ関係者が本木にした。その一人に、当時、日米映画社でテレビ映画のプロデューサーをしていた大井由次がいた。大井は、テレビ映画、教育映画、PR映画など、最新の多様な映画作品の製作を担当していた。オーソドックスな映画人である本木に、テレビ映画の「三十分もの」を四日間で撮るという作り方に倣い、「一時間十五分」の劇映画を十日間以内で撮るのは難しくはないと、その段取りを教えた。

大井由次は、その後は岩波映画などで映画や番組の製作をしたが、自分自身もピンク映画の製作や監督に手を染める。

それだけではない。もう一人のピンク映画のパイオニアである若松孝二の監督デビュー作『甘い罠』の製作にも、大井が一役買っているのはあまり知られていない。

テレビ関係者で作られた制作プロダクション東京企画で撮り始めた若松孝二監督の『甘い罠』が、撮影途中で製作資金が枯渇し中止になりかけた時、若松に、当時教育映画やテレビの製作会社だった国映を紹介したのは、大井だったといわれる。若松と大井は、子供向けのテレビ番組『矢車剣之助』の助監督とプロデューサーとして知り合っていた。

テレビ映画の関係者が金を出し、ピンク映画を作るプロダクションが生まれるという流れが、当時多数あった。撮影所の映画とは違うテレビ映画のノウハウが、同時にピンク映画も生み育てたと考えられようか。そんな新しい映像の流れの渦中に、本木荘二郎や若松孝二の映画もあった。それらが、やがて総称されて「ピンク映画」となる。

独立プロで製作・配給するピンク映画は、その後日活や東映が同種の作品に手を染めるまで、空前のブームを巻き起こしている。大井由次は、かつて筆者にこう語っている。

「当時、映画館に入って、ドアがねえ、あいたままだったね。客がいっぱいでね。僕らが観に行ったって、観られないんだもん。閉まんないんだ。途中から行くと、その映画が終わるまで観られなかったね。いっぱいで。当時は、製作費が一週間も新宿あたりの劇場でかければ元が取れた時代だもの。ものすごい入りだった。今や考えられないですよ」

（拙著『ピンク映画水滸伝・その二十年史』）

俺はな、リヤカーに台本積んで……

撮影所を追われたプロデューサーの本木が監督になったように、その頃、大手撮影所からはみだした監督やスタッフが、ピンク映画を撮るようになる。他にも映画館主、ストリップ劇場の小屋主、教育映画や文化映画など、多種多様な世界からピンク映画への新規参入は続いた。

根っからの「活動屋」だった本木だが、撮影所の外に出て、自分で監督することの面白さに初めて目覚めたのである。以後、本木荘二郎は、高木丈夫のほかに岸本恵一、藤本潤二、藤本潤三、品川照二など多数の監督名で、亡くなるまでの十五年間に約二百本にも及ぶピンク映画を監督した。

日活のトップスターだった筑波久子を主演に起用した『毒ある愛撫』

監督名に「本木荘二郎」の名前を使わなかったのは、黒澤と袂を分かつ時、「今後は絶対に黒澤明の名前を使って仕事はしない」「迷惑はかけない」と誓ったためだと考えられる。さまざまな監督名を使い、「本木荘二郎」という名前が「ピンク映画監督」として認知されるのを嫌ったのだろう。

それはあたかも、自分の存在を映画界から書いては消し、書いては消しする作業だったようにも思われる。気の遠くなる不思議な作業でもあった。

ピンク映画草創期から五十年以上に亘って、大蔵映画を中心に活躍を続けてきた大ベテランの小川欽也監督が、本木がピンク映画を撮り始めた頃をよく知っていて、話してくれた。

「新東宝が潰れちゃって、映画界もうダメだって思ってたんだ。その頃、俺は、テレビをやったり映画をやったりしていた。そしたら京都の松本常保さんに、日本電波っていう会社作るから来ないかって誘われて、京都で助監督をする。まだ学生で、京都に行きっぱなしになって、松竹撮影所の試験が受けられなかったんだ。それで、そのまま、あちこちで助監督として勉強し続けることになった」

「本木さんには、倉田文人先生に紹介してもらった。『小川君、この人、偉い人なんだよ』って。倉田監督には助監督でついていたからね。大プロデューサーだったからね、本木さん。そん時は、もう東宝は辞められていた。新橋の駅前にショーボートっていう大きなキャバレーがあって、そこの社長にお金を借りるというので、一緒にくっついて行ったことがある。あのお金でピンク映画のプロダクションを立ち上げたんじゃないのかな。それが最初だったね」

「本木さんからね、いつだったかなあ、聞いたことがあるよ。『欽ちゃん、俺はな、リヤカーに台本積んで、それで出てきたんだよ』って言ってた。奥さんの浜田百合子に家も車も全部財産をあげて、自分はリヤカーに脚本なんかを積んで一人で出てきたんだよって話してくれたのを聞いたことがあるよ」

小川監督は、助監督時代、本木の作品にも関わっている。小林悟監督の『肉体の市場』でチーフ助監督だった小川だが、本木の現場にも関与したのは、撮影所の外でピンク映画の流れが奔流になる以前のことだ。

「小林悟のピンク映画の監督二本目『不完全結婚』を、大蔵映画の撮影所で、ステージ一杯にキャバレーのセットを組んで撮ったんだ。僕は応援で手伝っていた。撮影が終わると、本木さんが飛んできたね。『まだセット壊してないですね!』って(笑)。残っているセットを使って映画を撮ろうっていうんだよ。あれが『肉体自由貿易』って映画になったんだ」

撮り終えた撮影所のセットを使い、次の作品を撮るのは、黒澤明の『酔いどれ天使』を想い出させる。東宝撮影所に作られた、エノケンとロッパ、二大喜劇スター競演作『新馬鹿時代』の闇市のセットを『酔いどれ天使』に流用した、あの一件だ。

独立プロ作品では、一般作でもプロデューサーと監督の兼任は当たり前だ。本木のプロデューサーとしての手腕は、ピンク映画の撮影現場でも生かされた。本木が、ピンク映画の世界で次々に作品を撮り続けることができた理由のひとつだった。

本木さんは胸を張ってやっていた

本木は『肉体自由貿易』が当たると、すぐに次の作品に取りかかっている。

二作目のタイトルは、新東宝映画の末期にグラマー女優として人気があり、銀座のクラブや日劇ミュージックホールにも歌手として出演していた左京未知子を主演に起用した『不貞母娘』で、第一章「通夜」で触れた。

この作品については、内容を紹介した資料は残るが、フィルムは現存せず、脚本も見つからない。

本木荘二郎、いや高木丈夫は、次々に作品を撮っている。『女が泣く夜』『女のはらわた』『仮面の情事』『毒ある愛撫』と、この年だけでも、計五本を撮った。この監督本数は、まだ始まったばかりのピンク映画業界では誰よりも多い。

小川欽也監督は、高木丈夫監督の六本目の作品『毒ある愛撫』の助監督についていた。

「欽ちゃんって呼んで、可愛がってくれてね。『毒ある愛撫』という映画にチーフ助監督でついている。本木さんに助監督でついたのは、これ一本だけ。日活を辞めた筑波久子を主演で使いたいというんで、知り合いだったから紹介したんだよ。石原慎太郎が東宝で映画監督をした『若い獣』に、俺、助監督でついてるんだ。その関係から、たまたま筑波久子を知ってたんだ」

「東京駅のたもとの所にナイトクラブがあったんだ。そっから、踊り子の衣装のまま真夜中に筑波久子が飛び出してくるのを撮ったのを憶えているな。筑波さんのセクシーな感じを狙ったんだ。地下室のクラブでスポットライトが当てられていて、そっから外へ逃げてくるんだ。すると、そこに若杉英二がいる。二人が出会って一緒になるんじゃなかったかな。あの頃は、日本人を香港や東南アジアに誘拐して連れてっちゃう話が多くてね、『毒ある愛撫』もそんな話だった。最初の『肉体自由貿易』もそうでしょ。女が売られちゃうんだ」

「本木さんの撮影、もうカット割りが細かくてね。ワ・タ・シ・ハ・って撮るくらい。細けえなあって、みんなで言ってた。テレビじゃないんだからよって（笑）。脚本も本木さんが書いた。撮影には、十五日くらいはかかったと思う。一時間二十分くらいあった。スタジオは、大蔵映画の撮影所を使ったね。あの作品には、その後テレビ東京の社長にまでなった遠藤っていうのが、セカンドでついてたよ。あとはまだ無名だった石橋蓮司が出ていたな、生意気だったな（笑）」


『毒ある愛撫』の脚本は、小川監督の手元に一冊残っていた。テンポのよいアクションものの脚本だった。もちろん色っぽい場面も多くある。フィルムも、現存が東京国立近代美術館フィルムセンターで確認されている。ただ、プリントの状態がよくないので、現状では観賞することができない。修復されれば、当時のピンク映画を知ることのできる作品として、人気スターだった筑波久子の知られざる作品として、貴重な映画資料となるだろう。

本木荘二郎が、ピンク映画製作のために立ち上げたプロダクションの名前は、いくつかある。『肉体自由貿易』を撮った時には、「国新映画」を名乗っている。すぐに「シネ・ユニモンド」「Gプロダクション」という名前のプロダクション名でピンク映画を量産した。

Gプロダクションやシネ・ユニモンドで、本木荘二郎の下で長く働いていた鬼丸一平と連絡がつき、貴重な話を聞くことができた。

鬼丸の話は、これまで断片的だった東宝を離れてからの本木の足取りを照らし出し整合性を与えてくれた。本木の心境の変化が、より鮮明になった。鬼丸のような理解者や協力者があって、本木荘二郎のプロダクションの活動は軌道に乗った。

決して落ちぶれてピンク映画を作り始めたのではない。ピンク映画が性表現の最先端にあって可能性に充ちていた時、作り始めたのが本木荘二郎だった。

「Gプロダクション、シネ・ユニモンドっていうのは、本木さんのプロダクションの名前だよ。ピンク映画ばかりじゃなくて、低予算の映画やテレビもやっていたんだ。僕も学校を出てからお世話になって、長いこと一緒にやっていた。最初は、六本木の溜池に事務所があったんだ。女の子の事務員もいたし、脚本家もいた。当時の本木さん、意気揚々としていたよ」

「筑波久子が出た『毒ある愛撫』っていう映画を撮ったこともある。あん時は、向こうから人を介して使ってくれって言ってきたんだけど、実際に撮ったら本木さんの扱いが悪いとかって言って揉めたんだよ。本木さんは、もっと『露出しろ！』とかって言うしね。だから、筑波さん本人はでき上がりが気に入らなかった。確か彼女がアメリカに行くきっかけのひとつにもなっているはずだよ。

でも、その頃はシネ・ユニモンドは元気だったんだ。プロデューサーとしても監督としても、王道のスタンスは持っていた。でき上がった映画《シャシン》も自分で売ったからね。配給会社に売っちゃうんじゃなくて。前向きに、胸を張ってやっていたよ。大企業相手にも話をしに行くしね。それは、本木さん、いろんなこと知ってたし、いろんなことをやってきた人だから。このタレントでこういうのをやってくれという話も多く来たね。

それが、心臓を悪くしてね。それで、だんだん弱ってっちゃうとこもあったんだ……」

「監督としても、王道だからね。構成力はあるんだけど、でき上がりまでに時間はかかっていた。オーソドックスで、シャープな映画を撮ったよ。ローポジションで、丁寧に撮るんだ。撮影所生え抜きの人だからね。誰とでも四つに組んだね。最初はよいスタッフも大勢いたし、よい脚本家もいた。それが金の切れ目が縁の切れ目でね……。

器用な人ではなかったよ。例えば早撮りで有名だった新東宝の渡辺邦男監督のように、早撮りで撮影ができるような人ではなかった。だから、時間もかかる。それで、ピンク映画でも、向井寛や渡辺護みたいな若手の監督が出てきたら、だんだん負けていくんだよ。徐々に仕事も減ってきた。俺は負けんぞって思っていたみたいだけどね。大蔵貢さんとは、古い付き合いだったらしい。でも、そのうち大蔵でも撮らなくなった」

『毒ある愛撫』に出演した筑波久子は、元々は日活映画のトップスターだった。『肉体の反抗』『肉体の悪夢』『燃える肉体』といったタイトルに「肉体」という二文字がついた作品のヒットが、彼女にトップスターの座を射止めさせた。美しいプロポーションと魅惑的な演技は、まさに元祖「肉体女優」

といってもいいだろう。

戦後、他社より遅れて製作を再開させた日活は、近代的な撮影所を新しく調布に建設して全盛期の映画界に殴り込みをかけた会社だ。当初はヒット作に恵まれず、戦後映画界最大のスターとなる石原裕次郎が登場するまで、映画会社としては低迷していた。筑波久子は、裕次郎とほぼ同時期に日活の救世主の一人として登場したスター女優だった。筑波の主演作も全国の映画館で扉が閉まらないほどの男性客で溢れかえった。

筑波久子が本木荘二郎が監督した『毒ある愛撫』という、後にはピンク映画と括られてしまう映画に出たことを記憶している人は少ない。近年、映画雑誌のインタビュー取材で筑波を訪ねた時、自分自身でもそれを隠しているのを知った。彼女は、『毒ある愛撫』のスチール写真を見せても「私じゃないんじゃないかしら」と、とぼけていた。日活のトップスターだった筑波は、その後各社に出演したが上手くいかず、最後に姉とともに新天地を目指し渡米している。現地で結婚して一児をもうけるが、離婚。子育てをしながら、現地で映画製作に乗り出し、米国で独立系の映画プロダクションの代表的存在であるロジャー・コーマンと出会って世界的なヒット作『ピラニア』を製作する。近年では、プロデューサーとしての顔のほうが広く知られている。

ピンク映画という呼び名がない頃の独立系の成人映画を作ったのが、本木荘二郎たちだ。

一九六三年秋に製作・公開した『情欲の洞窟』(関孝二監督・国映配給)の撮影に取材で訪れた新聞記者らが記事を書く時に「ピンクキャバレー」や「ブルーフィルム」から連想して「ピンク映画」という言葉を使ったことが、その呼び名の始まりだといわれている。それまでは「ズバリ映画」「スレスレ映画」「エロ映画」と呼んでいたものが、「ピンク映画」という表現に徐々に一本化された。以後、宣伝にも「ピンク映画」という言葉は広く使われ、巷に定着していった。

一人のカツドウヤとして

ピンク映画の草創期、大蔵貢と本木荘二郎は、業界全体の最長老的な存在だった。大蔵も本木も、ともに戦前の映画界を知る映画人であり、戦後の映画界がどうやって今日まで推移してきたのかを熟知していた。

東宝から分かれた新東宝は、当初は戦前の東宝が持っていた文芸路線や喜劇路線、それにプロデューサーシステムをも継承しようとした。多くの制約や規制もあったが、新東宝が理想に反して上手く機能しなかったのは、やはり興行や配給の力が不足していたからだ。経営が傾いてから、新東宝の撮影所（昔の東宝第二撮影所）に乗り込んできたのは、少年弁士出身で都内に映画館を抱えた富士映画の社長でもあった大蔵貢である。

大蔵は新東宝立て直しにさまざまな手を打った。初めて天皇という存在を映画に登場させ、神懸かりな存在から歴史スペクタクルの登場人物にしてしまった『明治天皇と日露大戦争』（一九五七年公開）は、その最たるものだ。独特の信念を持った人物だった大蔵貢は、性のタブーにも挑戦した。新東宝末期のエロ・グロ路線は、一時的には会社も撮影所も活気づかせた。

新東宝倒産後、自分の会社として立ち上げた大蔵映画でピンク映画の製作に乗り出した。大蔵映画は、以後半世紀以上、今日なおピンク映画を作り続けている。大蔵貢が、ピンク映画の製作に強い信念を持っていたからだろう。大蔵は言っている。

「ピンク映画など作っていて、ヒケ目を感じないかと、よく聞かれるが、私はちっともそうは感じていない。セックスは人間の本能であり、性の欲求を人間から遮断するのは人間の自然な生き方をいちぢるしくはばむものだといってよい。

俗にピンク映画といわれる成人映画は、そういうところに成り立っている。まあ、そんな大げさなことをいわないまでも、わたしが成人映画をつくる意味あいは、欲求不満の人人《ママ》に対して一つの慰安をあたえるということで、タバコや酒をつくるのと同じ気持ちで、わたしはいる。したがって卑屈になるなどということはさらさらない」

(『別冊キネマ旬報　ピンク映画白書』大蔵貢「なぜピンク映画を作るのか」より)

鬼丸は、本木との交流を想い出すように、自分が出会う前の本木のことについても話してくれた。

「黒澤明さんと離れるのは、金と女性スキャンダルが出てきて、黒澤さんが本木さんを庇《かば》いきれなくなったんだよ。もう自分の名前を使って仕事を続けてもらっては困ると言われたらしい。黒澤さんの面倒を見るのは、それは大変だからね。小国英雄さんなんかにも払っていなかったらしいよ。累積していたギャラが、払うに払えなくなって表に出たんだ。とにかくルーズなんだ。残りは貰ってないっていう人が多かったんだ。それは、ピンク映画でもあったかもしれないな。金遣いは、荒かったよ。札束を、ズボンの後ろのポケットに膨らむぐらい詰め込んで、使っていたから。金持ちのボンボン育ち。誘惑も多かったんだろうな……。

新しい女性もいて、成城の家には帰れなくなったんだ。両方でガヤガヤとやってね。結局、金詰まりからくる精神的なストレスもあったんだよ。家庭にも不満があったんだ。逃げ道が欲しかったんじゃないか。相手は、純和風なスター女優だよ。名前は言えないよ。誰が悪いと言ったら、本木さん本人が悪いんだ」

「本木さんが金に困ってくるのは、いろいろ理由はあるけどね……。浜田（百合子）さんが厳しい人で、別れた家族に金を送り続けていた。そっちのほうにどんどん注ぎ込んでいた。つつかれるんだ。もともと子供が二人いて、女中さんも二人いて、運転手もいるという暮らしをしていたんだからね。

それに、付き合った女性から金が欲しいと言われると、嫌とは言えない人だったね……。最初は、車も部屋もあって、プロデューサー時代の威光は残っていたんだけどね」

東宝、松竹の王道を知っていた人

本木荘二郎の生涯の行きつく先を指し示すような言葉が続いた。

金と女にルーズな性格が、東宝撮影所という日本一モダンなスタジオから生まれ育った、モダンなインテリプロデューサーの全身を蝕んでいったのだろうか。鬼丸は、最後に言った。

「けれんみのない人だった。映画作りの基本がわかるので、自分はついていていたんだ。脚本作りにしても、ポスターひとつにしても真っ当だった。仕事の上で勉強になった。なにせ東宝の前身のＰＣ

Lから来た人ですからね。東映や日活という戦後の映画会社とは違う、東宝、松竹の王道を知っていた人だった。それは、僕は教えてもらってよかったですよ。黒澤さんと俺じゃ喧嘩にならないよって言ってね。田中友幸さんも敬服していたはずだよ。だから、最後に通夜やお別れ会にも来たんだよ。僕は好きだったなあ、本木さん」

本木荘二郎のピンク映画製作は、おそらく冒険の連続だったはずだ。初期の頃は、鬼丸が言うように「意気揚々」と撮っていただろう。

高木丈夫監督作品は、どれも映画館での評判は悪くなかった。話が暗くて重いともいわれるが、その頃の性風俗を扱った映画はどれも、暗く重厚なものばかりだった。

大手の映画会社が作った作品を考えても、性表現の拡大に一役買ったといわれる、今村昌平監督『にっぽん昆虫記』も勅使河原宏監督『砂の女』も、やはり「性」を正面から扱った重い作品だった。本木荘二郎がかつて撮影所でプロデュースを担当した今井正監督が、東映で『越後つついし親不知』という作品を撮ってヒットさせているが、当時はこれも「成人指定」を受けている。本木荘二郎には、今村や勅使河原、今井の作品に負けない映画を低予算ながら作るんだという自負があったに違いない。自分だって「正ちゃん」（今井正）に負けない映画を撮るんだという気概があったはずだ。

ただ、本木の作るピンク映画は、どれもこれもより扇情的なタイトルがつけられて、映画館に出されていく運命にあった。

『女　うらの裏』『妾の体に悪魔がいる』『魅力ある悪女』『洋妾』『女の悶え』『夫婦生活』『色好み三度笠』……。

初期の本木監督作品のタイトルを並べてみても、本木がプロデューサーとしていつも目指していた娯楽性のほうが際立っていたようにも感じられる。

映画監督となった本木荘二郎は、ピンク映画の世界で、光り輝いていた。ピンク映画に賭けるプライドや意気込みを持ちながら、一人のカツドウヤに立ち返った本木荘二郎がそこにはいた。

「肉体」という言葉をタイトルにした映画で監督となり、「肉体」女優たちを映画に登場させ、「肉体」に賭けていた。

ピンク映画はもてはやされ、斜陽産業といわれ始めた日本映画にあって一人、気を吐いているようにも見えた。

ところが、世相も映画界も時とともにさらに大きく変化する。時代の変化は、本木荘二郎を追い抜こうとしていた。

第11章

復活

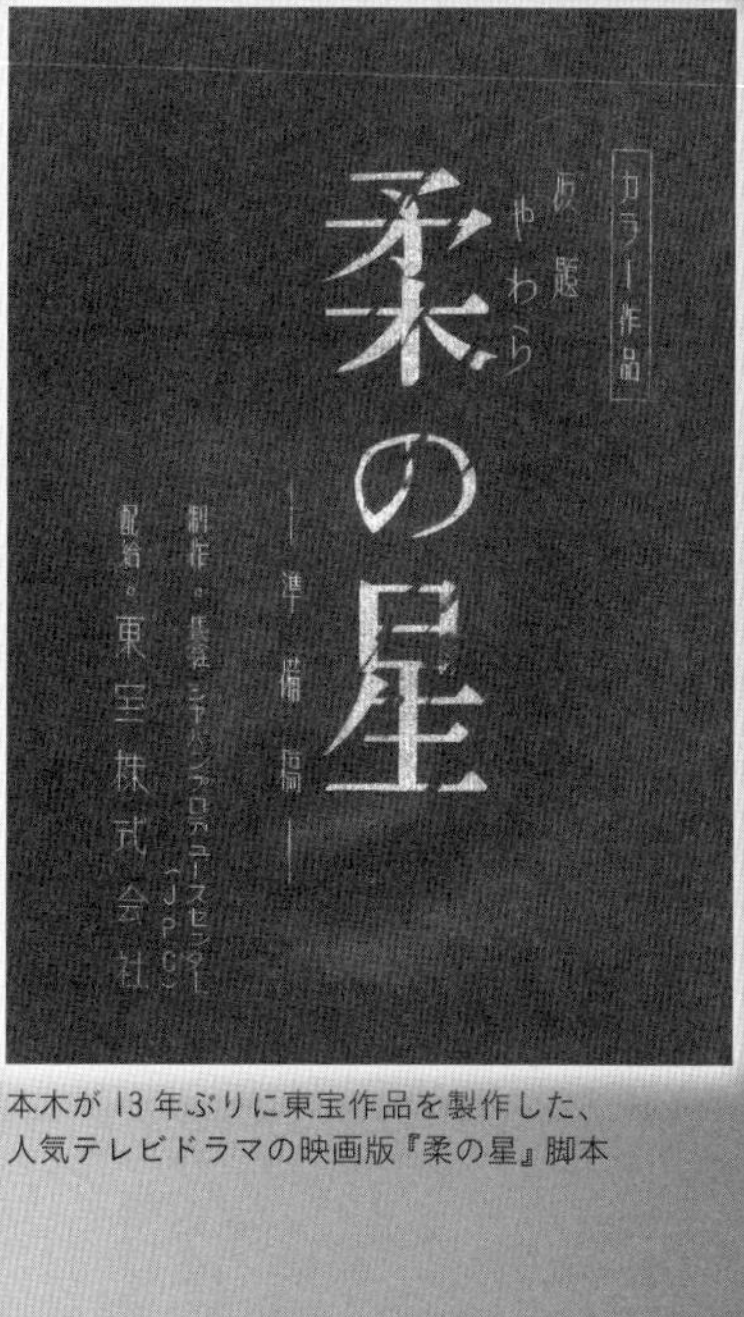

本木が 13 年ぶりに東宝作品を製作した、
人気テレビドラマの映画版『柔の星』脚本

東京オリンピック

アジアで初のオリンピック大会となった「第十八回オリンピック東京大会」は、一九六四年十月十日に開幕した。十五日間、参加九十四か国のスポーツの祭典は、戦後日本の復興のシンボルとなる画期的な成功を収める。日本が、戦後の国際社会に本格的に復活した記念すべき式典だった。

オリンピックに合わせ、新幹線、高速道路などが開通、整備され、高度経済成長が加速した。誕生まもないピンク映画の世界も映画界の斜陽をよそに活気づいていた。都会のピンク映画館に通ったのは、工事現場の労務者やそれを支えた地方からの出稼ぎ労働者など、いわゆるブルーカラー層だったといわれている。そして、地方から都会に下宿する大学生、あるいは受験を控えた浪人生といった若者たちだった。

高度成長がピンク映画を生んだといっても過言ではない。当時の観客がピンク映画のスクリーンに求めたものは、「性」だった。「性」をめぐる意識の変化は、高度成長並みに早かった。

翌年の六五年三月、市川崑監督が手がけた公式記録映画『東京オリンピック』が公開され、国民的なヒットを記録した。競技場やテレビ中継の感動を再び体験すべく観客が映画館に詰めかけ、映画館はどこも超満員だった。それは、映画が娯楽の王様だった時代を彷彿させた。子供だった自分も、駅前の映画館で『東京オリンピック』を観て感動した記憶がある。

東京オリンピックの公式記録映画の監督は、本来ならば黒澤明になるはずだった。

監督依頼を受諾した黒澤が、オリンピック組織委員会に提出した製作予算は五億円を超えるもので、組織委員会が提示した二億四千万円とは大きな隔たりがあった。また黒澤は、『七人の侍』で成功したマルチカム方式の複数カメラによる同時撮影も提案した。ローマ大会を視察にまで行った黒澤だったが、多くの課題が山積してやる気を失くしてしまう。黒澤は、次回作『赤ひげ』の製作に専念するとして、東京オリンピック開催の前年三月に正式に監督を辞退している。そこで、急遽登板したのが、東宝撮影所の後輩・市川崑だった。

完成した市川崑監督の記録映画『東京オリンピック』は、その実験精神から賛否は分かれたが、オリジナリティ豊かな記録映画の名作として後世に残っている。

市川崑監督の『東京オリンピック』の撮影クルーの中に、その後、ピンク映画の名監督となる若手演出家がいた。若き日の山本晋也である。日本大学芸術学部を出て岩波映画テレビ室に在籍していた山本晋也は、陸上競技の撮影を担当し、国立競技場にいた。

その後、フリーの助監督となった山本は、当時「エロダクションブーム」と騒がれていたピンク映画のプロダクション、日本シネマや国映などで働いた。

映像センスのあった山本は、間もなくピンク映画の監督としてデビューする。デビュー作は、「ピンクの山本富士子」といわれ人気のあった松竹出身の松井康子を主演にした『狂い咲き』という作品で、後の売れっ子ポルノ監督の片鱗を感じさせる力作だった。

山本晋也が語る本木との思い出

山本晋也は撮影現場で、先輩監督として本木荘二郎と出会っている。

本木と山本の交流は晩年まで続き、本木が急死した時にも山本は駆け付けて、仲間たちとともに通夜の仕切りに奔走したことは第一章で触れた。

山本監督からは、ずっと以前から本木荘二郎の想い出を聞きたかった。語ってくれた山本の想い出の中で、映画監督となった本木荘二郎が、まだ生き生きと生きているように感じられた。

「本木さんとは、随分親しくさせてもらったよ……。

僕は、黒澤明というよりも、本木さんの作った斎藤寅次郎監督の『東京五人男』なんかが好きでね。あの映画の話を、ドラム缶のお風呂に入って歌う古川ロッパさんの話とかしてくれたな。あの映画、焼け跡の凄まじい状況下で作って、それを映画館で大衆が支持してくれたって言ってた。

斎藤寅次郎の映画、僕のピンク映画にも影響をしていてね。わかるだろ？　あのドタバタギャグ、スラプスティックなノリとかね。

他にも、『七人の侍』の撮影の時に、みんなで桜を植えた話もしてくれた。『酔いどれ天使』の時には、大きなどぶ泥の沼を作ったという話も聞いたな。僕も、聞くからね。本木さん、話してくれたんだよ。でも、偉そうに黒澤明の話や映画の話をしたことは、一度もないよ。黒澤さんと高峰秀子さんとの恋についても知ってたね（笑）。それは、黒澤さんとずっと撮影所で一緒だったんだからね」

「あそこまで上りつめた人を追いやって、日本の映画界はダメだなあって思ったよ。

株でしくじったのは、知っていた。穴埋めに製作費を注ぎ込んだんだね。あの頃、東宝という映画会社の中で権力闘争みたいなことがあったのも知っていた。でも、結局、自分に負けたのかなあ、本木さん。本当に女好きでね、そんな本木さんも、僕は大好きだった……」

「本木さん、僕の師匠みたいなもんだよ。

日本映画は、今はもう撮影所が持っていた徒弟制度も何も失くしてしまったからね。ピンク映画の世界では、そういうのが少しは残っていたんだ。その意味では、本木さんから学んだよ。だから、後輩ではね、滝田洋二郎は会うと、俺のことを、今でも師匠だって言ってくれる。井筒和幸なんかも、そうだ。やっぱり嬉しいよな。映画って、そんなふうに受け継がれてきたはずなんだけどね」

根っからの映画好きで、日大芸術学部から岩波映画を経て独立プロの現場であるピンク映画に流れてきた山本晋也にとって、本木荘二郎は独立プロの修羅場で出会ったカツドウヤの大先輩だった。映画『生きる』のナレーションが本木の声であることを最初に教えてくれたのも、山本だった。

『壁の中の秘事』事件

一九六五年五月、日増しに製作本数を増やして市場を拡大していたピンク映画界で、ある事件が起きている。

既に「ピンク映画の巨匠」といわれていた若松孝二が監督した問題作『壁の中の秘事』が、西ドイツのバイヤーの手によってベルリン国際映画祭に出品され、国内外で物議をかもすという事件である。

『壁の中の秘事』は、高度成長期の日本人の暮らしの一断面ともいうべき団地族の性生活を描いた傑作だった。バイヤーが気に入って独自にフィルムをベルリンに送ったが、従来、ベルリン国際映画祭に作品を出品するには映画製作者連盟からの推薦が必要だった。

慣例を無視して独自に出品されたばかりでなく、『壁の中の秘事』という作品が俗にピンク映画と呼ばれる「低俗映画」であったために、日本映画製作者連盟がベルリン映画祭の代表作品としては認めないとして、映画祭事務局に抗議を申し入れた。手続き上問題がなかったため、映画祭が受け入れないと、日本映画製作者連盟側が映画祭をボイコットするという事態にまで発展した。一部始終を映画祭を取材で訪れた毎日新聞の記者が記事にして、社会面に掲載した。『壁の中の秘事』を「国辱映画」として批判糾弾したその記事は、大きな波紋を呼んだ。

若松作品『壁の中の秘事』のベルリン出品は「国辱」だというのだ。大きな流れになっていたピンク映画の存在すら知らず、作品の内容も批判的にしか観なかった記者が書いた新聞記事をきっかけにして、逆に「ピンク映画」の存在がクローズアップされることとなってしまう。日本人の多くが、「ピンク映画って何だろう？」と思い始めたのは、この時からだった。

慣例を無視して独自ルートで映画祭に送られたということでは、ベネチア国際映画祭に送られた黒澤明の『羅生門』の時と若松孝二の『壁の中の秘事』は酷似している。

しかし、若松孝二の『壁の中の秘事』では「ピンク映画」ゆえに差別の対象となった。若松は、差別され侮辱されたことに怒りの声をあげつつ、それはピンク映画が生んだ映画監督が「世界」を目指すきっかけとなった。若松は、一層社会に反発するべく、社会性の強い反体制的な映画、芸術的野心の塊のような映画を撮り始める。

若松孝二が『壁の中の秘事』事件で注目されている頃、本木荘二郎はピンク映画では初めてともいわれた時代劇の『色好み三度笠』（シネ・ユニモンド／高木丈夫監督）を、新人女優早見京子主演で撮っている。

同時期に、かつて本木がプロデュースを担当した斎藤寅次郎監督の愛弟子といわれた大貫正義が、人気女優の内田高子と落語家の柳家小せんを使い『好色森の石松』という時代劇ピンク映画を撮っている。この二本、製作も公開もほぼ同時で、どちらが「初のピンク時代劇」かを決めるのは難しい。ピンク映画のバリエーションは時代劇にまで及んでいた。

問題作だけでなく時代劇まで登場、ピンク映画の広がりはとどまるところを知らなかった。当時の日本映画界全体とは正反対の、活況というべき現象だった。

『赤ひげ』と『女の性《さが》』

同じ頃、黒澤明は、またしてもスケールの大きな作品に挑んでいた。映画界の牽引車として、一般観客の映画館離れを食い止めようという思いもあった。

黒澤明監督の文芸大作『赤ひげ』が公開されたのは、『壁の中の秘事』事件とほぼ同じ一九六五年の四月のことだった。

「自分自身の集大成の映画にしたい」と言い、黒澤監督が取り組んだのが『赤ひげ』である。山本周五郎の原作『赤ひげ診療譚』から、一番弟子といえる堀川弘通監督のために脚本を書いていたが、例により作品のスケールの大きさもあり、いつしか自分で撮ることになっていた。

一九六〇年に黒澤が監督した『悪い奴ほどよく眠る』から、黒澤プロダクションによる製作、東宝との提携という方式での映画製作が始まっていた。黒澤プロと東宝との提携方式は、本作で六本目となる。

『七人の侍』や『蜘蛛巣城』の頃のように、黒澤は無茶をやらなくなっていた。黒澤プロで作った最初の作品『悪い奴ほどよく眠る』は興行的には失敗している。自分の身に跳ね返ってくるような映画製作の形態が、黒澤明を変貌させたといえなくもない。商業映画で娯楽性のアップは仕方ないにしても、どこかかつてのような冒険心やテーマの純粋性は薄れたようにも感じられた。

『赤ひげ』を、黒澤が後々まで「集大成」といった意味は、幾重にもあった。

『赤ひげ』の製作期間は二年間の長期に及び、製作費は二億六千万円を超えている。それまでで最も製作費のかかった日本映画だった。

脚本には、山本周五郎の原作に一部ドストエフスキーの『虐《しいた》げられた人びと』のネルの話が加味された。二木てるみが演じる少女おとよのエピソードとしてインサートされた部分だ。黒澤明は、ロシア文学とともに山本周五郎の小説も好きで、戦時中には『日本婦道記』から「荒姫」を原節子で映画化しようと企画している。『椿三十郎』も、山本の短編『日々平安』が原作である。ただし、失業してうだつの上がらない侍の悪人退治という原作を、黒澤好みのヒーロー・ストーリーにしてしまっている。

『赤ひげ』の撮影セットは、舞台となる小石川養生所が入念に作り込まれた。三時間五分という長さも、文芸作品として異例である。『若大将』シリーズで、東宝のドル箱だったアイドルスターの加山雄三を撮影期間の丸一年間この映画だけに専念させている。一つ一つのカットの絵画的な作り込み。どれをとっても黒澤は、自分の信じてやまない映画の世界、黒澤流ヒューマニズムの世界、映像的方法論を徹底的に実現すべく押し通した。

監督作品二十三本目となる『赤ひげ』は、直進し続けた日本映画の牽引車「黒澤明」のひとつの到達点だった。

しかし、山本周五郎の原作から、自分自身の好みの話だけを抜き出しているのは強引だった。原作では重要な話だった男性同性愛や近親相姦は取り除かれていた。三船敏郎が演じた赤ひげは、あまりに超人的なスーパーヒーローである。加山の演じる弟子との間にある家父長的な理想主義は、時に観客を困惑させ動揺させる。

『赤ひげ』は、『東京オリンピック』とともに、一九六五年の映倫青少年映画審議会推選作品となっている。推選理由を調べてみると、「江戸時代、幕府の建てた貧民対象の施療所に働く所長と、若い医者とのヒューマニスティックな生き方と、貧しくうちひしがれた底辺に生きる人々の温かい人間愛を描いたもの」「人間的愛情を豊かに育てるものとして推選します」とあった。

同じ年、本木は、新東宝撮影所のニューフェイス（スターレット）としてデビューして独立プロにも出るようになっていた城山路子（光岡早苗）を主演に『女の性《さが》』（シネ・ユニモンド）というピンク映画を撮っている。こちらは当然「成人映画」に指定されている。指定理由は、「大学教授の妻が偶然のことから離婚し、一人の人間として生きてゆくことを決意するという物語ですが、描写や場面に青少年には不向きのものがありますので、成人映画に指定します」とある。

『赤ひげ』を青少年向けに推選したのも、『女の性《さが》』を成人向けに指定したのも、同じ映倫だった。同じ映画界にありながら、最大の製作予算で作られた『赤ひげ』と最小ともいうべき規模で作られた『女の性《さが》』を比べるべくもないが、かつて盟友ともいわれた黒澤と本木の道が、大きく隔たりのある正反対の道となったことを思わざるをえなかった。

黒澤映画は「一将功なりて万骨枯る……」

原作者の山本周五郎が黒澤への忠告として、「赤ひげが心に深い傷を負っていることを見落とさぬように」と言っているが、黒澤は聞かなかった。脚本には、井出雅人、小国英雄、菊島隆三、黒澤明の名前が並んだが、実際は黒澤がほとんど書いた。小国英雄は、「あの三船は違うぜ」と、作品が完成した後に言った。主人公がスーパーマン的な人物になったことに疑問を呈したのだ。

作家の長谷部日出雄は、『赤ひげ』の映画批評で家父長制が隠されていると批判した。賛否は大きく分かれたのだ。

前出の映画評論家・白井佳夫は、『赤ひげ』の撮影中に現場を取材して記事を書いている。白井は、黒澤映画の何たるかを解き明かすべく熱く思いのこもった記事を書いた。

その取材中のある晩、『赤ひげ』のチーフ助監督だった森谷司郎から、愚痴とも怒りとも解せる話を聞くことになってしまう。

「『赤ひげ』の時は、撮影現場を全面的にカバーして、キネマ旬報の別冊を一冊出したんだよ。その取材の終わりの頃、飲みながら助監督の森谷司郎がつくづくと俺に言ったんだ。後に『八甲田山』を撮った森谷司郎だが、『悪い奴ほどよく眠る』『用心棒』『椿三十郎』『天国と地獄』『赤ひげ』と黒澤組のチーフ助監督をやっている。

今回も大変でしたねと話しかけたんだと思うが、森谷氏が言ったんだね。『そうなんだよ、俺は……』と切り出された。あの時、製作日数と製作費の莫大な超過で、チーフ助監督がしっかりしていないからだと、会社から呼び出されて、大目玉を食らって、かなり厳しくやられたらしい。自分の助監督という地位も失いかねないほど叱責されたと言っていた。黒澤さんは、そういうことに頓着しないでどんどんやってしまうからね。

そして、『これは僕だけじゃないんだよ』とも彼は言った。最初に失脚したのがプロデューサーの本木荘二郎で、次には根津博という製作担当がいたって。

ある時期までは、製作に根津博がいなかったら、黒澤さんの撮影現場はできなかった。根津博は、本木荘二郎の時から撮影現場の責任者として関わっている。それが、やはりある時に責任を取らされたっていうんだ。それで、三番目の犠牲者が俺だって、森谷氏は言っていた。

黒澤明の名前が世界に轟《とどろ》いた陰には、いつも憂き目を見るスタッフがいる。黒澤映画は、『一将功成りて万骨枯るだ』とも言った」

黒澤明は、本木荘二郎を失った後、『隠し砦の三悪人』で藤本真澄と組むが上手くいかずに、藤本は会社に対して辞表を準備するということがあった。辞表は受理されなかったが、藤本プロデューサーにとっては苦い経験だった。

東宝は、本木荘二郎がいなくなってから、いよいよ黒澤に手を焼いたのだ。東宝のエースとなった藤本にも、黒澤を仕切るのは難しかった。黒澤は、次の作品『悪い奴ほどよく眠る』から黒澤プロダクションを作らされ、東宝との提携方式がスタートする。儲けたら収益も配分するが、プロダクションとして製作のリスクも背負ってくれ、というわけである。

以後、東宝側の担当プロデューサーは田中友幸となった。黒澤作品は、作るたびに常にトラブルの連続だった。『赤ひげ』の時に、助監督だった森谷司郎が言ったという言葉「一将功成りて万骨枯る」は、既に『七人の侍』のチーフ助監督だった堀川弘通が言っている。

すると、本木は森谷らが言うように、黒澤の功名の下に顧みられなかった犠牲者の一人だったとも考えられる。

集団芸術である映画という表現の中で、個人芸術的な想念を、あくまで徹底的に追求したのが黒澤明という映画監督だった。

優しくて品格ある方

本木荘二郎は、同じ頃、ピンク映画作りに明け暮れていた。

昭和四十一（一九六六）年公開の『女・三百六十五夜』『色ざんまい』など、四本の高木丈夫（本木荘二郎）監督作品に主演をしているのが、ピンク映画界で当時既に人気スターとなっていた新高恵子（後に新高けい子と改名）である。元は歌手志望だったが、美しさと演技力は、映画スターとして嘱望された。

新高の出たピンク映画を観た詩人の寺山修司が、自分の劇団の旗揚げに誘ったことが、彼女の運命を変える。ピンク映画から転じた新高は、寺山が主宰した劇団天井桟敷の看板女優となり、世界的にも知られる舞台女優となった。

新高恵子の記憶の中の本木荘二郎は、後年になって「本木組」の出演者たちが語ってくれた本木像とは、イメージを異にしている。

「仲間たち」が語る「可愛いスケベなお爺ちゃん」「荘ちゃん」「女好き」というイメージではなかったというのである。

そこにいたのは、「風格のある映画人」だったと……。

「私は三年間しかピンク映画に出ていなくて、すぐに寺山修司さんのお芝居のほうへ行きますから、いろんな監督さんの作品に出ているわけではないんです。脚本を読んで納得して、出たいと思った作品しか出ていません。

本木さんの映画にも、脚本を読んで出たんだと思う」

「誰かがどこかで、本木さんのことを女に狂って人生を間違ってといっているかもしれませんが、私にとっては、そういういやらしさが全くない方でしたよ。撮影中、悪い話は一度も聞かなかった。お仕事中も撮影の合間でも、全くそういう感じをさせない品のある方だなあと思っていました。バリッとした感じ。背筋はきちっと伸びているしね」

「藤本真澄さんという東宝のプロデューサーがいらっしゃいましたよね。私は、少し後ですが、東京映画のお仕事で、仲代達矢さんが主演され、五社英雄さんが監督された『出所祝い』に出た時に、東宝の藤本真澄プロデューサーにお会いしたことがある

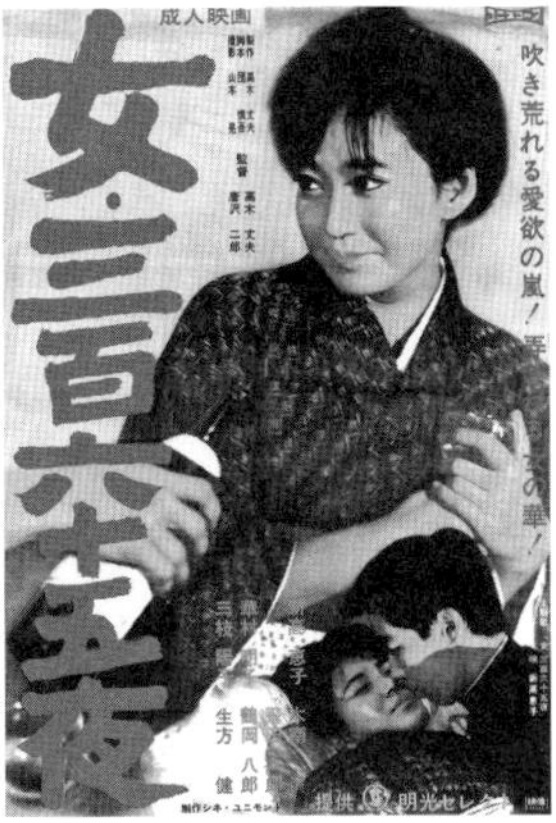

その後演劇界でトップスターとなる新高恵子主演で撮った『女・三百六十五夜』

んです。最初、六本木のアマンドでお会いしました。『君は、若い頃の入江たか子にそっくりだね』って言われたことを憶えています。あんな美人とそっくりって言われて嬉しかった（笑）。あの作品で、私の役は仲代さんを狙う殺し屋の役でした。きっと殺し屋の雰囲気から、入江たか子さんを想い出されたんじゃなかったんでしょうか。その時の藤本さんの風格と、本木さん、いえ別の監督の名前でやってらっしゃいましたが、風格が似てらっしゃったですよ。全然、安っぽい方ではなかったです」

「ええ。大プロデューサーだったというのは、ある程度は知っていました。スタッフが教えてくれましたから。

ええ。女好きだからピンク映画の監督をやっているという感じではなかったです。ただ、映画が好きだったんじゃないですか。現場が、好きだったんだと思うわ。もし、違うっていう方がいるとしたら、どっかから崩れちゃったのね。どこで、どうしたんだろう。人生って、わからないものね」

「私が出ていた時は、ピンク映画が変わる寸前だった。本木さんの組じゃなくて、ヤマベプロというプロダクションで、二本同時に撮影するということがあって、これはダメだと思った。その頃から崩れてるんじゃないですか。二本同時に撮ると、とにかく慌ただしいんです。私は、プロで演技力があるというのではなくて、自分で役になりきるタイプだから。つらいですよね。それで嫌になってピンク映画を辞めちゃうんです。寺山さんに劇団に誘っていただいたこともありますが。だから、私はピンク映画のいいところしか知らないの。有り難いなあって思ってる」

新高の話は、本木荘二郎が気概を持って映画作りに賭けていた姿を彷彿とさせた。

小さな独立プロといえども、面白い映画を撮って映画館に送り届けようという、活動写真の時代さながらの「カツドウヤ」の姿が、そこにはあった。おしゃれでダンディで伊達男で、撮影所で「お祭り男」といわれた本木荘二郎。

本木が撮って、新高が出た映画は、ピンク映画といいながら文芸映画のような内容だった。あの戦後のヒット作品『三百六十五夜』に明らかにあやかろうとした『女・三百六十五夜』という映画だった。「吹き荒れる愛欲の嵐！　弄ばれる女の華！」とポスターの惹句にはある。新高は主題歌まで歌っている。『東京オリンピック』の市川崑が監督した戦後のヒット作品が、上原謙、山根寿子主演の『三百六十五夜』だ。本木は、『東京オリンピック』の年に『女・三百六十五夜』をぶつけようとしたに違いない。

新高は、劇団天井桟敷に入る時に、それまで持っていたピンク映画の脚本を全部処分した。寺山が亡くなり、劇団が解散するまで行動を共にした。酒場を経営したこともある。寺山作品以外の一般映画に出演したのは、五社英雄監督の『出所祝い』だけである。寺山とやる舞台や映画に情熱を傾けた。

新高の話は、本木荘二郎が、撮影所では黒澤明ら他の助監督が汚れた姿で働いていた時も、ワイシャツとスラックスで撮影所に出てきていた唯一の助監督だったことを想い出させてくれた。

その颯爽とした姿は、後に本多猪四郎夫人になる本多きみが当時の撮影所で「白いワイシャツは、本木さんだけ。かっこよかった」と回想した姿に重なる。

本多きみは、自身の生い立ちと本多猪四郎との想い出を綴《つづ》った『ゴジラのトランク』の中で書いている。

「後でわかったことですが、あんなにたくさん受けに来て、採用されたのは、たった三人、女はわたしだけ。あとの二人っていうのが、よくできた人で、一人はのちに『羅生門』などをプロデュースする元木ちゃん（筆者注／本木荘二郎）、もう一人は京大出のインテリで後に成瀬巳喜男作品の助監督になる古賀ちゃん（筆者注／古賀稔）だったんです」

職業婦人として当時雑誌に掲載されたという本多きみの写真が『ゴジラのトランク』に載っているが、まさに美しい昭和のモダンガールである。

きみも、本木も、クロさん（黒澤明）も、撮影所から百メートルの所にある武蔵荘という下宿を会社に紹介されて住んでいた。黒澤が、本木に「二階に上がってこないか」と声をかけた、あのアパートである。きみによれば、旅館のような立派な作りだったというから、モダンな撮影所のスタッフたちが住むのにふさわしかったことだろう。

本木荘二郎が入魂のピンク映画を量産していた頃、本多猪四郎は『ゴジラ』シリーズを連発して、東宝映画の屋台骨を支えていた。

東宝から舞い込んだ製作依頼

高度成長期だった一九六〇年代、場末にあるピンク映画館が男性ファンで超満員だったのと同じように、駅前にあった東宝の映画館は『ゴジラ』シリーズの封切ともなれば、子供たちで超満員だった。テレビに押されて斜陽の一途をたどっていく日本映画界も、「ピンク」と「ゴジラ」だけは、いつも満員だった。

そこだけを見れば、日本映画は息を吹き返し、一時は完全復活したようだった。

ある時、本木に東宝グループの宝塚映画の社長の椅子を用意するから戻ってこないかという話が舞い込んだといわれている。

宝塚映画は、六〇年代後半になるとグループのお荷物になっていた。日本映画量産時代には、本数を整えるために娯楽作品を作る撮影所として、兵庫県宝塚市の宝塚劇場や遊園地に隣接する一角に開設された。喜劇映画を連発しながら小津安二郎監督を招いて文芸作品を作るなど、独自の活動を続けて戦後の東宝映画の一翼を担っていた。東宝は、東京映画と宝塚映画を傘下に量産体制を続けたのだ。

藤本真澄のいう作品の〝平均値〟を支えたのは両撮影所だ。

斜陽化で公開本数が減ると、宝塚映画の存在意義は揺らいだ。やがて一九六八年には映画製作を終結。その後は、テレビの製作を主体にしたスタジオに切り替えたが、経営不振から解散した。

その宝塚映画の社長に、本木荘二郎が招かれるという話があったが、本木は断っている。

六〇年代末の宝塚映画が映画製作を中止する前後のことだろう。本木が社長就任の依頼を受けなかったのは頷ける。敗戦処理のような製作会社に招かれ、嫌っていたテレビ作品を作らせられるのは苦痛だったろう。

本木荘二郎は、最早、かつての敏腕プロデューサーではなく、ピンク映画の売れっ子監督だった。彼のピンク映画界での活躍は、東宝首脳部にも伝わっていたのか。そして本当に東宝から本木に対して仕事の話が舞い込んだ。

結果的に本木は二回だけ、古巣の東宝と仕事をした。

指示を出したのは、本木の育ての親ともいえる森岩雄だった。

一九七〇年、日本で万国博覧会が開催された年だが、いよいよ日本映画は危機を迎えつつあった。四月には低迷が続く大映と日活が合弁配給会社「ダイニチ映配」を設立し、日本映画は四系統になった。日活は負債の返済のために、本社ビルを七十億円で売却し翌年には「ダイニチ」も解消、ようやく「日活ロマンポルノ」として製作を再開する。東宝では、やくざ映画とポルノ映画を嫌う藤本真澄が、他社のようにはエログロとアクション一辺倒のプログラムは組まなかった。それでも、いくら文芸作品や喜劇作品を作っても観客は戻ってこない。低予算の青春映画などに活路を見出そうと、東宝も模索が始まった。

会議の結果、本木に白羽の矢が立った。東宝が外部委託の作品を増やした時代のことだが、黒澤作品のプロデューサーというより、『次郎長三国志』シリーズや喜劇路線など低予算の娯楽作品に実力を発揮していた本木の手腕を見込んでのことだったろう。

柔道もののテレビドラマで人気のあった桜木健一主演で、人気テレビドラマの映画版『柔の星』が、本木のGプロダクションとは別の国際プロデュースという社名で製作されている。テレビ関係者に出資者を得て共同プロデュースしたのではないか。

テレビ局とタイアップした青春ものはできないかという依頼があったのではなく、本木が自分からプランニングした。監督は、新東宝出身のベテラン山田達雄。当時、桜木の人気は若年層に絶大だったから、二本立て番組の一本としては好調な成績だった。東宝系列の配給網に乗せる作品をプロデュースしたのは、『蜘蛛巣城』以来十三年ぶりだった。

七〇年の年末公開の『柔の星』に続いて、東宝から本木に、すぐにもう一本作れないかという打診があった。この時、東宝側からの使者として森岩雄からの意向を伝え、本木に会いに行ったのは、前出の東宝の社内プロデューサー・馬場和夫である。馬場が証言する。

「本木さんが、ピンク映画やテレビで頑張っていたのは東宝でも知っていたんです。それでね、娯楽映画の短いものでいいから、もう一本、東宝でやりませんかということで、森（岩雄）さんもそうおっしゃっているから、ということでお話ししたんです。それは、もう大喜びで『ぜひ、やりたい』と言われました。すぐに具体的な企画を出してくれということになって始まりました。『柔の星』の時はタッチしていませんから知りませんが、企画はすぐに本木さんのほうから出てきました。いくつかこういうのはどうですかっていうんじゃなくて、岡崎友紀を連れてきて、これでやりましょうっていうことだった」

当時、岡崎友紀主演のテレビドラマ『おくさまは十八才』が若者に人気だった。再び国際プロデュースという社名で『おくさまは十八才　新婚教室』という映画が製作される。監督は、東京映画で川島雄三の作品などについていた東宝専属の監督の山本邦彦である。六月に吉沢京子主演の『恋人って呼ばせて』と同時公開されている。

かつての大先輩に感じた「人生の哀れ」

馬場和夫は、かつて本木の製作した作品に二度アシスタントプロデューサーとしてついている。ピンク映画の水に馴染んで監督業に精を出していた本木が、昔と違っていたかどうか、その時の印象を馬場に聞いてみた。

「人柄的には昔のままでしたよ。一言で言えば善良というか、人のいい人だったと思うんだ、本木さんという人は。

普通にバリッとした背広は着ていましたよ。ただこっちは昔一緒に仕事をしているからね。全盛期の本木荘二郎というイメージから見たら、随分、なんとまあ落ちぶれたというか、そういう感じはしましたけどね。向こうがやたらと低姿勢だから、逆にそういう印象が強いんだ。『仕事させていただきたい』っていう形で来ているからね。

僕なんか、完全に下にいたわけだからね。先輩だし、昔はアシスタントについていたんだから。そういう僕に低姿勢で話されるのは、それは人生の哀れは感じました。こちらの気持ちの上でも、ピンク映画までいっちゃった人という意識はあったしね。

『おくさまは十八才』は、特にできがいい作品でもないし、ヒットもしなかったから、後の企画は続かなかった。残念だったけどね。その後、何回か『またやりませんか』って本木さんのほうから話があった。ピンク映画で使っていると言っていた鬼怒川の温泉に招待されたこともあったな。でも、次の作品は具体化しなかった」

結局、二本のプロデュース作品を最後に、本木荘二郎の東宝での仕事は終わった。本木は、ピンク映画の世界で監督業を続けるしかなかった。「若い監督には負けない」と思いながら。

再び東宝に戻る話が完全に消えたからか、その後の本木の生活は徐々に荒れていった。

後年の本木は、借金に追いまくられ、生きる心地もしなかったようだ。ピンク映画の製作スケールは年々縮小されていた。業界に一時期のような勢いがなくなったからだ。東映や日活など、大手各社がピンク映画を自分たちで作るようになっていく。

七〇年代に入ると、本木荘二郎のピンク映画は、製作資金も赤字のまま回収できないこともあった。いつしか本木の顔は、老人のそれになっていた。持病の心臓病も進んでいた。一説では「ブルーフィルム」の編集まで手がけたといわれるほど、手当たり次第に仕事をしたにもかかわらず、知らぬ間に借金は膨らんでいた。

金にはルーズだった本木は、おそらく撮影所を追われてから死ぬまで、借金に追われる人生だったのではないか。

黒澤明の作品に、『赤ひげ』から参加した脚本家の井出雅人が書いている。井出には兄貴分に当たる脚本家の菊島隆三の所に本木が金を貸してほしいと訪ねてきたというのだ。


「Mというプロデューサーがいた。金銭面でしくじって、映画会社を追放になった。そのMが、菊島さんに金を貸してくれといって来た。菊島さんとMの関係は、氏の新人時代にまでさかのぼる。Mは錚々たるプロデューサーで、この若い新人をたびたびバッターボックスに登用した。

『これは返さなくていい』

菊島さんは金を差し出して言った。

『だが、もうこれっきりだよ』

立派である。甘ったれる人間には、とても出ない台詞である。金というものの性格、仕組み、人間とのかかわりあい、これがよく判っていないと、そして身にしみていないと、こう立派にはいかない」

（井出雅人『新・なくて七くせ⑨　菊島隆三の巻』、『キネマ旬報』一九六八年九月上旬号）

本木荘二郎の監督姿は、いつもの背広からジャンパー姿に変わっていた。

東宝作品を再びプロデュースした本木に、運命の女神は微笑まなかった。

本木は、いつしか自分が使っていた助監督で男優も兼ねる男の部屋に転がり込む。事務所などなく、その部屋が事務所にも撮影にも使われた。男の部屋に転がり込んだ時の本木に、リヤカーで成城学園の家から出た時ほどの荷物もなかった。着の身着のままで、本木は、その部屋にやってきた。

第12章

天と地と

晩年の本木荘二郎（後列左から３人目）。ピンク映画の撮影現場にて（津田一郎撮影）

新宿西口駅前

木造アパートのドアをドンドン叩く音がした。明日の仕事に備えて寝ていた本木荘二郎は、上半身を起こしてドアの向こう側を窺った。こんな時間に、誰が来たのだろう。

「オヤジ、起きてるかい。また飲んじゃったよ。明日の撮影まで、泊めてくれないか」

「おう、ガミか、仕様がないなあ……。まあ入れよ。明日は早いから、もう寝ろ」

新宿ゴールデン街でしこたま飲んでしまった通称「ガミさん」ことピンク映画の名俳優・野上正義は、明日の撮影を控えて、とても集合時間には間に合わないと思い、北新宿の本木の住むアパートを目指して歩きだした。

深夜に部屋をノックする音で、本木は目覚めた。ドアを開けると、ピンク色の顔をした野上がポツンと立っていた。

新宿の歌舞伎町やゴールデン街から、北新宿の本木の部屋は目と鼻の先だった。

本木は、深夜の訪問者を、特に嫌な顔もせずに、部屋に招き入れた。いつものことだという気持ちだった。本木は、若い時に自分がそうだったように、どこか甘えてくる奴が好きだった。

長年、ピンク映画の業界にいれば、こんなことはよくある。本木は、そう思っていた。実際、本木の一人暮らしは長い。知人の俳優からの又貸しで住んでいるアパートに、家具はない。雑魚寝にもってこいの部屋だったから、次々に誰かしらやってきた。

野上は新劇の出身で、何か映画の話をしてもすぐに通じた。映画に出ているくせに、映画のことを何も知らない男優が横行するピンク映画の撮影現場では、誰より信頼できる友人だった。

野上は、部屋の片隅で寝言のようにぶつぶつ言っていたが、しばらくすると静かに寝息を立てていた。

独立プロが撮影に行く時、集合場所は新宿駅西口前の安田生命ビル前か、反対側のスバルビル前と決まっていた。どちらかに小型のロケバスを止めて、路上に集合する。ピンク映画のスタッフは、だいたい監督以下十人程度だった。助監督が二人、撮影部二人、照明部二人、最低で組むなら監督以下六人でできなくもないが、そこまで切り詰めたチーム編成は、ピンク映画に予算がなくなってきてからだ。いよいよ厳しい時代には、助監督を兼ねる俳優も出たし、ロケバスの運転手と掛け持ちする役者もいた。

出演する女優や男優が、衣装ケースや台本を手にバスに乗り込んでくる。助監督が点呼をとり、監督に報告すれば出発である。

どこへロケーションに行くのにも、新宿は都合がよい。東京の中心にあったたし、高速道路にもすぐ乗れた。新宿起点の小田急線や京王線沿線にはスタッフやキャストの多くが住んでいた。集合場所は、新宿駅西口しか考えられなかった。

安田生命ビルとスバルビルは、道路を挟んで向かい合っている。早朝、そのどちらの前にもロケバスが何台か止まった。テレビ映画の撮影隊もここをよく使った。ピンクとテレビで場所の取り合いで揉めることもあった。

集合しだいロケ地へ向けてバスは出発した。ロケーションの始まりだ。

俺の後を継いでやってくれ

本木と野上は、北新宿の部屋で朝のコーヒーを慌ただしく飲んだ後、新宿駅西口まで歩いた。足取りのふらつく野上は、バスに乗り込むが早いか眠りこけた。そのまま撮影現場に着いても、昼過ぎまで使い物にならないのはいつものことだった。

東京郊外に住む若いスタッフのアパートが撮影現場ということも多い。学生や労働者が主人公の話なら、そのままポスターや小物でも置いて雰囲気を作れば、リアルな撮影がすぐにできる。可愛いカーテンをつければ、女子大生の下宿にも早変わりする。こうして四畳半に暮らす青年や同棲時代の男女の物語が手軽に作られる。

ラブホテルが撮影現場になることも多い。人妻の不倫やサラリーマンの浮気を描くとなれば、ベッドシーンのシチュエーションを変えホテルで一日中撮影にもなる。

二日酔いの野上がゆっくり休む場所がない時は、一人バスに残って眠っている。それでも本木は怒らず、淡々と撮影を進めた。「ああ、よく寝たなあ!」ととぼけたことを言いながら、回復した野上は現れる。よく休んだせいか、その日のベッドシーンは絶好調で濃厚なものになった。

野上が女を抱くのを、本木が独特のカメラアングルから追いかけた。ベッドシーンは、百戦錬磨の野上に任せておいたほうが安心だと、本木は思っていた。

野上は、自分の著書で、晩年の本木との交流を語っている。

「もっともっと忘れてならないのは、天下の本木荘二郎ですよ。あの先生がやっぱりガンバッてましてね。

本木さんの映画っていうのは、死ぬ前の何年間というのは、ほとんどのシャシンに出させてもらってるんですよ。かわいがってもらった。後継ぎがないわけよね、監督として。助監督も、みんなテレビの方へ行っちゃってうまく育たなかった。死ぬ何ヶ月か前に、予感がしたというか、ボクに『俺の後を受け継いでやってくんないか』って。そして、大蔵の先代の社長に引きあわせてくれて。役者だから、社長も僕のこと知ってるし、『そうか、本木君が推薦するんだから、ボクがキミを監督にしてあげよう』って言って。

渡辺祐介さんとか石井輝男さんとか、何人か名前をあげて、『あれも、みんなオレが一本に、監督にしてやった』『おまえも、オレが監督にしてやる』ってことでね。それで、撮ったのが、『性の転落と幸福』っていう映画。大蔵社長が題名をつけてくれた」

（野上正義『ちんこんか　ピンク映画はどこへ行く』より）


野上が、本木の監督作品に初めて出演したのは、『愛欲の十三階段』という死刑囚の話。一九六五年十一月公開、シネ・ユニモンド製作、監督名は高木丈夫、共演は新人女優の田木妙子だった。

ピンク映画専門のプロダクションが急増した一九六五年頃から、本木は渋谷民三、品川照二などの多数の変名を使い始める。多忙で、助監督に任せて次の作品との掛け持ちをすることもあった。嫌っていたテレビ作品も、糊口《ここう》をしのぐため請け負い、自分でも撮り始めた。

毎月何本ものピンク映画を撮ったから、野上のような芸達者の男優は必要だった。新人女優は発掘できても、上手な男優を育てるのは難しい。ベテラン監督は、ベテラン俳優を頼りにしていた。ある時、自分のキャリアを託すと言い、野上に監督を一本任せている。テレビ撮影の仕事とかち合い、急遽助っ人を頼んだのだ。本木は、映像の仕事なら何でも請け負わなければやっていけない火の車の状態にあった。既に、以前の事務所はなかった。

一九七〇年頃、多数あった製作プロダクションが数社の配給会社に系列化されていく過程で、自主配給で稼いでいた本木も、自分で撮ったフィルムを自分で映画館に配給するということができなくなる。プロダクションの乱立に大蔵映画や新東宝興業といった全国で映画館を何館も経営する会社が、系列下で収益を安定させようとしたのだ。戦後、東宝や松竹がブロックブッキングといわれる映画館の系列化を推進したのと同じ論理かもしれない。

ピンク映画の斜陽化

本木は、旧知の大蔵社長の大蔵映画でも監督としてピンク映画を撮った。ピンク映画作りに自負のあった大蔵社長は、自社が作る作品の全てに口を出した。本木も、大蔵社長と脚本段階から細かく打ち合わせした。思うような作品が撮れなくなるのと同時に、製作予算も徐々に切り詰められた。

六九年から新宿歌舞伎町の興行会社・恵通チェーンがピンク映画の製作や配給に参入するが、本木はそこでも請負監督として撮るようになる。ピンク映画で生き残るには、監督としてだけやっていくしかなかった。

六〇年代後半からは松竹や東映といった大手の映画会社でピンク映画をスケールアップした作品を

連発するようになり、独立プロのピンク映画からは草創期の熱気や活力がなくなった。七一年十一月から始まった日活ロマンポルノに、ピンク映画は当初多くの観客を奪われる。

かつては電話ひとつで自分の作った作品を映画館に売るから儲けも出たし、好きなように脚本を書き、好きなように映画を撮れた。小さいなりにも独立プロダクションのボスとして、プロデューサー兼監督として、本木は頑張ってきたのだが、それも立ちゆかなくなる時代になる。

何かが違うと本木は思ったが、もう遅かった。本木は、東宝から金銭スキャンダルで追われた時と同じように、ピンク映画の世界でも、時代の変化に追いつくことができなかった自分を感じたに違いない。

それでも胸を張って、映画監督を続けていたと関係者は口を揃える。憎めない好色な桃色映画のベテラン監督として……。

七五年にはフランスでポルノが完全解禁され、日本では、フランス映画『エマニエル夫人』が女性客も吸収して大ヒットした。この年、日本映画と外国映画の収入は逆転、五十年ぶりに外国映画のほうが収益は上となった。

「本邦初」と銘打たれた大島渚監督のハードコア映画『愛のコリーダ』が公開された七六年、ピンク映画の名だたる監督たちが、大同団結して「独立映画人協会」なる組織を立ち上げた。

ピンク映画の初期、一本の製作費が最低でも三百万円だったのが、物価の上昇と反比例するように、当時で一本二百四十万円になっていた。白黒映画がカラー映画になったのに、製作費はアップするどころか逆にダウンしていた。大手各社のポルノ映画に負けただけでなく、ピンク映画そのものが作られ過ぎたため飽和状態になっていたのだ。

人件費をいくら切りつめても限界だという声が、多くのスタッフやキャストからあがった。主演クラスの女優で、出演の日当が二万〜二万五千円。これでは、出番にもよるが何本も掛け持ちしないと食べてはいけない。まず女優たちから、「食べていけない！」という声があがった。ストリップや雑誌のグラビアで稼ぐ女優も多かったが、やはり映画に専念するどころではなくなる。

日本映画の斜陽化はさらに進み、この時期に最もどん底状態にあった。

製作費アップ闘争と本木の死

ピンク映画界の有志たちが始めた「独立映画人協会」には、多くの監督、スタッフ、女優、俳優も含めて次々に参加した。有力プロダクションや出演者のほとんどのメンバー、約百五十人が参加した。当時、ピンク映画の大手だったのは三系統。大蔵映画、新東宝興業、ミリオン（恵通チェーン）で、各社に要望書を提出するとともに、製作費のアップを申し入れた。

前出の山本晋也監督から詳しく聞いた。


「ピンク映画で製作費がどんどん切りつめられていった時に、製作費を上げろという話をしたんだよ。多くの監督が集まった。最近ではテレビ朝日で『相棒』を撮っている和泉聖治なんかも熱心に参加してくれた。

最後に、誰が要望書を各社に持っていくか。誰が猫の首に鈴をつけにいくのかということになったんだ。そんな時、僕と一緒にピンク映画各社を回ってくれたのが本木さんなんだ。大蔵映画で、大蔵貢社長に本木さんと一緒に会ったよ。

当時、スポーツ新聞が『ピンクの反乱』って書いてくれてね。かなりいいところまで行ったんだ……。

製作費のアップも最初は提示されたからね。本木さん、『この戦い勝ったな』って言ったんだけどね。すぐに、ダメになっちゃうんだ。抜け駆けをして他所《よそ》より安く撮るっていう監督が次々に出たから。安くあげるから撮らせてくれっていうことになるんだ。協会も何も水泡に帰したよ。だから、実は僕がだんだんにピンク映画を撮らなくなった理由は、そんなところにもあるんだ」


厳しい時代の風に吹きさらされていたピンク映画を改善しようと、本木と山本は二人で配給各社を回って交渉した。さまざまな企画で映画会社を動かしてきた経験も生きたのか、本木は口達者な山本と組んでベースアップに成功した。

当初、交渉で各社の製作予算は平均して二百八十八万円程度まで上がった。金額的には小さいが、大きな成果だった。ところがその後、仕事欲しさに「協会」を抜ける者が続出し、条件改善の闘いは長くは続かなかった。

それはどこか、本木が昔、撮影所で体験したことのある東宝争議のストライキの風景にも似ていたが、規模があまりに小さかった。

ピンク映画のストライキは、ストライキといっても、シュプレヒコールとともに監督や女優、スタッフたちが腕を組んでジグザグデモをするようなこともない。異議申し立ての仲間になるかならないかが、闘争のポイントだった。配給会社側の切り崩しにあい、映画を撮るようになった者、業界から去った者がいた。賑やかだったピンク映画の世界も、急速に世代交代が始まる。

才能のある女優や監督は、ピンク映画の外でスターになった。メジャーの配給網に乗る映画を作り始めた監督もいた。ピンク映画にも、大きな曲がり角の時代が到来した。

それから、ほぼ一年後のことである。

本木荘二郎が、あの世にふらりとロケーションに出かけていってしまうのは……。

新宿駅西口前の集合場所から、仲間たちとロケバスに乗るのではなく、たった一人での旅立ちだった。予算がないから先乗りしたのではない。帰ることは二度となかった。次回作の日程も決まっていたから、あの世とこの世のロケ場所を間違えたか。

一九七七年五月二十一日、本木荘二郎永眠。

享年六十二。北新宿のアパートから、一人寂しい旅立ちだった。

まだまだ活躍できる年齢だった。

心筋梗塞の発作だったから、もしも一人暮らしではなく、発見が早ければ助かる可能性もあったのか……。

未だ解明されない本木監督作品の全貌

巷ではロッキード事件が社会問題化し、一九七六年には田中角栄前首相の逮捕もある。

東宝では、七五年十月に、田中角栄金脈を追求した児玉隆也のルポを映画化する『愛はとこしえに』(仮題)をめぐり、長年の本木のライバルだった藤本真澄が副社長を辞任している。藤本は、取締役としては在任し、以後も『青春の門　自立編』（七七年）などをプロデュースした。

松竹では、七六年四月、『白痴』を短く切ることを命じた城戸四郎会長が八十二歳で亡くなっている。本木の通夜やお別れ会に集まったピンク映画の仲間たちは、その後多くが業界を去った。

女優たちは、年齢とともに別の職場を見つけたり、家庭に入った。スタッフも、ピンク映画で長く活躍した者もあれば、他の映像ジャンルや異業種に転じた者もいる。

撮影所で作られる映画の数がさらに減少すると、ピンク映画業界の巻き返しもあったが、今から振り返れば、アダルトビデオが普及する前の一時代のことだった。

野上正義は、その後、監督を数本経験したが、俳優として一般映画にも進出、強い個性と穏やかな性格で独立プロ作品を牽引し、二〇一〇年に七十歳で亡くなった。

山本晋也は、本木が亡くなる少し前から名画座の特集で火がつき、喜劇タッチに人気が沸騰。ピンク映画界が生んだニュータレントとして、監督よりテレビのレポーターとして活躍するようになる。

「国辱事件」を起こした若松孝二は、近年、ベルリン、カンヌ、ベネチアの各国際映画祭に作品を送り、それぞれグランプリほか名誉ある賞を受賞した。黒澤の世界進出にも劣らない偉業と称賛されたが、惜しくも二〇一二年に亡くなった。

山本晋也の弟子筋の滝田洋二郎は、ピンク映画で多くの喜劇映画を撮った後、一般映画に進出した。『おくりびと』では、米国アカデミー賞最優秀外国語映画賞を受賞した。黒澤の『羅生門』が一九五一年に受賞して以来、五十七年ぶりの快挙だった。二〇一四年には早くも紫綬褒章を受章した。

他にも、周防正行や井筒和幸、和泉聖治など、ピンク映画から出発し大きく羽ばたいた監督は多い。彼らの原点は、本木荘二郎らが作ったピンク映画の世界だった。

あの世で、本木が目を細め、彼らの活躍を見守っているように思えてならない。

二〇〇本に及ぶといわれる本木のピンク映画作品群の全貌は、今もって明らかではない。変名によるクレジットに加えて、本木の監督作品の多くは各映画会社によってプリントや原版を廃棄処分にされてしまっていることが、今回の取材で判明している。序章で触れた何本かのフィルムのような例外が、フィルムセンターほかで見つかっているだけだ。

多くのピンク映画のフィルムも同様にこの世から消滅した。時には、地方の映画館などにプリントが残っている例もあるが。

近年、一度に十本の本木監督作品が発見された。六〇年代の低迷時に、自社配給作とは別にピンク映画の配給も手掛けた日活の倉庫からだった。先に触れた筑波久子主演『毒ある愛撫』（六三年）もあったが、松竹出身で人気女優だった牧和子（松井康子）主演の『女うらの裏』（六四年）、本木が可愛がった乱孝寿主演の『女子学生・処女遊び』（六八年）、ピンク映画第一号女優だった香取環主演の『乳房の悶え』（六九年）などである。

予算があればプリントを焼き、観ることは可能だ。ピンク映画業界の開拓者ともいえる本木監督の作風が、詳しく評価される日がくるのを期待したい。

天駆ける黒澤の苦悩

もう少し、黒澤と本木の関係を追ってみよう。

……本木が亡くなる六年前のことだった。

黒澤明が、自宅で自殺を図るのは、一九七一年十二月二十二日の朝のことである。黒澤も発見が遅れていれば亡くなっていたのかもしれないが、幸いにも黒澤は家族と暮らしていたし、異常に気がついたお手伝いさんがいた。すぐに近くの昭和大学付属病院に収容され、一命をとりとめた。

黒澤は、一瞬、自殺の悪夢を見た。

黒澤は、『赤ひげ』と『どですかでん』の間に、「世界進出」の大きな夢を見ている。

黒澤明は、止まらない機関車のようだった。

日本映画の牽引車は、世界市場へ黒い煙を吐いて上っていこうとしていた。誰もが、機関車はそのままふわりと風を切り天駆けると信じていた。

黒澤明は、『羅生門』のグランプリ以来の「世界のクロサワ」の呼称にふさわしく、『七人の侍』からの「黒澤天皇」の異名どおり、天上の人となるはずだった。当時の関係者はみな、そう思い込んでいた。

一九六四年の正月、『赤ひげ』を撮影中の黒澤はある雑誌記事に目をとめた。「恐怖の暴走機関車」と題する記事で、六二年にアメリカのニューヨーク・セントラル鉄道で実際に起きた「機関車暴走事件」について書かれたルポの翻訳だった。

四台連結のディーゼル機関車が、操縦知識のない板金工ただ一人を乗せ、時速一四五キロで約一時間四十分に亘り暴走した。黒澤は、この事件を映画にしようと決めた。タイトルは『暴走機関車』。

黒澤が、『赤ひげ』を「集大成」と言った言葉の裏には、この作品を最後に東宝との契約を解消し、新しい映画作りを海外に求めようという黒澤自身の考えがあった。というのも、東宝と黒澤プロダクションが当時交わしていた利益分配制という契約は、金利負担などを含む本社経費まで黒澤プロが負担するという、黒澤プロ側にとって全く不利なものだったからだ。

黒澤が、ようやくそれに気づくのは、イタリア映画『荒野の用心棒』が、黒澤の『用心棒』を盗作して起きた騒動からである。マカロニ・ウエスタンの先駆けとなる『荒野の用心棒』だが、黒澤プロは『用心棒』の著作権侵害として告訴する。監督のセルジオ・レオーネ側と交渉・和解する過程で、海外における製作者と配給会社との利益分配率や配分システムを、黒澤明本人らが詳しく知った。東宝と黒澤プロとの契約は、イタリアなど諸外国の映画界の契約に照らして理不尽すぎた。怒りと不信に苛《さいな》まれた黒澤は、交渉の結果、東宝との製作契約を以後更新しなかった。これにより、黒澤プロは東宝の提携会社ではなくなり、完全に独立する。

東宝と切れた時点で、黒澤プロは多額の借金を抱えていた。黒澤明自身も破産状態だった。黒澤は、呻きのように本音を言っている。

「『どですかでん』を二八日間で撮って、あれだけ安く上げて借金が残るわけだからね。ぼくだって食っていかなきゃいけないわけだから。いま一億円かけたって、なかなか回収できないでしょう。とくに東宝みたいな計算の仕方をされたら、黒字になるのは奇跡ですよ。でも、僕は奇跡を三つやっているわけだよ。『用心棒』『椿三十郎』『天国と地獄』この三つだけは東宝がどんな計算の仕方をしようとも黒字になった。ほかは全部赤字ですよ。東宝にあるぼくの借金は大変なものだ。これじゃどうしようもないね。とくに自分がつくりたいものは金がかかるし。やっぱり物の考え方がおかしいと思うんだ」

（『キネマ旬報』一九七四年五月増刊「黒澤明ドキュメント」より）

完全独立した黒澤プロと黒澤明は、映画作りの活路を切り拓くのは、日本的な風土から離れた海外しかないと考えたのである。『暴走機関車』は、絶好の企画として走り出した。

黒澤の長年の友人で東宝のベテラン監督・青柳信雄の息子・青柳哲郎がニューヨークに暮らしていた。青柳哲郎は、東宝撮影所に助監督として入るが、語学が堪能だったこともあり東宝のニューヨーク市駐在員となり、その後東宝を退社していた。現地プロダクションで映画の仕事をしていた青柳に、黒澤プロのニューヨーク事務所を開設させる。『暴走機関車』のビジネスパートナーを探したところ、エンバシー・ピクチャーズのジョーゼフ・E・レヴィンが名乗りを上げた。本多猪四郎の『ゴジラ』を再編集して作ったアメリカ版『ゴジラ』を配給、全米でヒットさせた人物だった。

挫折するハリウッド進出

機関車は走り出しそうだった。ところが、撮影を一か月後に控え、黒澤は脚本訂正に時間がかかることを理由に中止にしてしまう。黒澤を極度の緊張からくるプレッシャーが襲い、そうさせたともいわれている。

だが、『暴走機関車』は始まりに過ぎない。次にアメリカのメジャーの一角である20世紀フォックス社から「真珠湾攻撃を題材にする戦争映画」の監督依頼が、黒沢に舞い込む。

一九六七年四月八日、東京プリンスホテルで黒澤明は、『ミクロの決死圏』などで知られるリチャード・フライシャー監督との共同監督作として、日米戦記映画の超大作『虎・虎・虎』(後に『トラ・トラ・トラ!』)の製作を発表した。プロデューサーは、第二次世界大戦の激戦ノルマンディ上陸作戦を描いた『史上最大の作戦』を全世界で大ヒットさせたことで知られるダリル・F・ザナック。製作費は二千二百五十万ドルという破格の大作だった。脚本は小国英雄、菊島隆三、黒澤明が担当しているが、脚本の改訂や翻訳に『暴走機関車』の時と同じく黒澤は納得できなかった。フォックス側との亀裂は、少しずつ始まり、修復不能まで拡大した。出演者に財界人ら素人を起用した撮影は遅れに遅れ、また東宝不信から使い慣れた東宝撮影所を嫌い、慣れない東映京都撮影所でクランクインしたのもトラブルの要因になった。

撮影開始から三週間で、黒澤明は体調不良を理由に降板してしまう。実態は、20世紀フォックス側からの黒澤の監督解任だった。

金銭的な問題など多くの謎を残したまま、黒澤明のハリウッド進出は挫折してしまう。

その後、広く伝えられたのは黒澤側の代理人であった青柳哲郎が、フォックス側の契約内容を黒澤に明示していなかったことが解任劇の根底にあったというものだった。この問題で、黒澤は憔悴《しょうすい》しきってしまう。黒澤プロの運営を任せていた菊島隆三とも絶交状態となり、終生回復することはなかった。当時『トラ・トラ・トラ!』をめぐる奇怪なトラブルのさまざまは、白井佳夫によって長期に丹念なルポがなされ、事件の真相が解明されているが、近年ではアメリカ側資料を元に当時脚本の翻訳を担当していた田草川弘のルポルタージュも出た。

この事件からは、「世界のクロサワ」の悲痛な叫びのようなものが聞こえてくる。

黒澤明は、『トラ・トラ・トラ!』事件から二年後、『赤ひげ』と同じく山本周五郎の原作で黒澤初のカラー作品『どですかでん』を撮る。

撮影期間は、黒澤映画としては驚異的な二十八日間。当初予定の四十四日間を一日も休まずに撮った結果だった。さまざまな意味で黒澤明は、追い込まれていた。しかし、『どですかでん』は興行的に失敗する。あれだけ短い日数と低予算で仕上げ、上手にまとめたのに客が来てくれない……。いつも強気一点張りの黒澤明にも不安な気持ちが残った。

次回作『デルス・ウザーラ』は、話題に上ってはいたが、撮れるかどうかは決まっていなかった。黒澤の脳裏に悪夢が憑りついたか。

助監督時代にも、黒澤は自殺を図ったことがあると一部のマスコミが報道した。黒澤明は、巨体にほとばしる情熱をみなぎらせた繊細な男だった。

『トラ・トラ・トラ！』をめぐる深層と真相をリポートした白井が、言う。

「もし、『暴走機関車』や『トラ・トラ・トラ！』の時に、本木荘二郎がいたならと思うと残念な気がする。どちらも、当初黒澤さんが構想した映画の面白さは、本木のような製作者がいて初めてでき上がったのかもしれないからだ。

ハリウッドというのは、日本映画界よりはるかに自由で活力がある。テレビが台頭してきた時に、シネスコ、カラー化、シネラマなど多くの対策を考え新機軸を出すが、その後いち早く各撮影所を貸スタジオ化した。映画スタッフは独立プロを作り自立してくれ。独立採算で映画を作ってくれれば、それを公開・配給しようということになる。自由な映画作りがバックアップされ保障される道が開けた。本木が考えていたのと、同じ環境だ。日本は改革がすごく遅れた。それが、日本映画界衰退の原因でもある。黒澤にはこの時、本木のようなプロデューサーが必要だったんじゃないか」

本木は黒澤に使われていたのではない

黒澤の心の中までは誰も想像はできないが、昔の本木荘二郎のように有能なプロデューサーはいないものかと思ってもおかしなことではない。むしろ、そう考えるほうが、窮地に立った黒澤の身になれば妥当な感覚だ。

東京大学名誉教授で、『大系　黒澤明』の編・著者として黒澤明の研究で注目された浜野保樹も、『トラ・トラ・トラ！』事件の時に「本木がいれば……」と黒澤が思っただろうと考えた一人である。

浜野教授には、かつて本書の出発となった『新潮45』の記事の取材過程で、本木荘二郎と黒澤明の関係について伺った。酒を飲みながら一晩、多くの示唆をいただいた。それらを生かせられないまま、二〇一四年急死されたので、伺った貴重な意見や情報は遺言になってしまった。

本木荘二郎について、これほど明瞭に思いをめぐらせていた映画研究者はいないだろう。浜野教授の意見を紹介しよう。

「本木荘二郎の立てた誓いがあると思うんです。

黒澤明の撮りたい映画は何でも撮らせる。それも、黒澤流で撮らせようとした。撮影所に沼を作れって言われれば作ったし、撮影セットの裏側にまで色を塗れって言われれば色を塗ったし、何でも準備した。その予算を作るのが俺の仕事だと、本木荘二郎は決めていたんでしょうね。

東宝側と製作側との間に立って、金を捻り出すというのがプロデューサーの仕事だから。映画芸術協会の頃、本木は、黒澤明を抱えて本木プロダクションを作ろうとしていたんですよ。『生きる』は、最初、本木プロダクションで作ると発表している。『キネマ旬報』に小さな記事としても残っている。藤本真澄が、『青い山脈』を自分のプロダクションで撮って、東宝で配給したのと似ている。

黒澤明と山本嘉次郎を抱えて本木プロダクションを作り、良い条件で東宝と組もうとしていた。これは、後々の黒澤プロと東宝との経緯を考えると重要なことです。それまで、本木が山本嘉次郎らとやっていた映画芸術協会というのは、今でも高く評価されています。日本映画史に残る傑作を数多く作っている。ほとんどが黒澤関連の作品ですが。監督作品の他にも、黒澤が脚本を書いて谷口千吉が監督した『暁の脱走』なんかも作っている。

ところが、『羅生門』がベネチアでグランプリを受賞したから、東宝がどうしても黒澤明を抱え込んでしまおうとしたんです。

森岩雄が公職追放から東宝に復帰した時、本木に『東宝に戻ってきてくれ』と言っても、最初はイエスとは言わなかった。藤本真澄が自伝に書いています。田中友幸はすぐに『はい』と言って戻ったのに、本木はなかなか戻らなかったって。当時、本木は映画芸術協会の他にもプロダクションを始めていて、自分ではやがて本木プロダクションの社長としてやっていこうと考えていたんだと思う。その第一作が『生きる』だった……。

本木荘二郎が、黒澤明を高く評価していたことは間違いない。使われていたんじゃない。黒澤明のことを同志だと思っていたはずなんですね」

マキノ正博から学んだ映画術

長い取材の過程で、僕も当初は迷った本木像だが、あの日から浜野教授と同じ思いになった。黒澤明をこよなく愛する映画研究者の浜野は、黒澤と本木の関係を洗い出していた。本木荘二郎の人物像についても、多くの資料や記述に目を通し、見事に輪郭を摑んでいた。

浜野教授の意見は、本木荘二郎という人の映画人生にまで広がる。

本木荘二郎が、黒澤明とともに山本嘉次郎の弟子となる以前、主としてマキノ正博（雅弘）監督に助監督として学んだことは、重要である。黒澤作品のような社会性、芸術性のある作品にとどまらず、商業娯楽映画全般に本木の視野は及び、多くの作品をプロデュースした。

浜野教授が、続けて語った。

「マキノ正博（雅弘）が、東宝で『待って居た男』『婦系図』『阿片戦争』『ハナ子さん』など、戦前に素晴らしい作品を連発して撮っている時期がある。この時に、マキノに助監督でついていたのが、本木荘二郎なんだ。

俳優の池部良が、将来を嘱望されてる凄い助監督が東宝の撮影所にはいたっていう話を自伝で書いている。それが黒澤明、谷口千吉、そして本木荘二郎。池部さんは、映画監督になりたくて東宝撮影所に入るけど、戦時下で助監督の空きがなく、シナリオライターとして文芸部に配属される。そのうち島津保次郎監督の映画に出ることになって俳優になってしまうわけで、本木の助監督としての才能を高く見ていたんだ。

本木荘二郎がプロデュースしたマキノ正博（雅弘）の『次郎長三国志』シリーズだって、素晴らしい作品だよ。以前、パリのシネマテークでも高く評価された。マキノさんが自伝を書いて見直されるきっかけは、あの『次郎長三国志』シリーズだから。マキノさんも、本木が製作をやるとセットがきちんとしていると言っているんだ。お金のことでは凄く怒っていたみたいだけどね……」


マキノ正博（雅弘）から映画への思いと活動屋精神を学んだ本木荘二郎は、おいそれと手軽なテレビマンにはなれなかった。本木が、ピンク映画の世界を選んだ理由は、金銭よりも女よりも、そこにあったのではないか。戦前から東宝撮影所で製作主任すなわちチーフ助監督として働いた本木のキャリアから考えれば、おのずと納得がいく。

本木は、マキノの撮影現場で習得した映画術で、後々までピンク映画という大衆娯楽映画を撮り続けることができたのだ。

映画人とカツドウヤ

黒澤明と本木荘二郎の共通の師として、山本嘉次郎という人がいる。争議後、「映画芸術協会」として弟子の黒澤や谷口、本木らとともに撮影所を出た山本嘉次郎である。戦前から、東宝というモダンな撮影所を代表する監督だった。さぞかし洒落たことを言ったかと思ったら、自伝の中で山本は書いている。

「私はカツドウヤという呼称が好きである。だが、大半は、これを蔑称として嫌がっている様子である。だから戦後は、自他ともに映画人と呼んではばかるところがない。外国の映画祭でグランプリをとったので、にわかにカツドウヤから映画人に格上げされたのであろうか。私ひとりは、この映画人という呼び名に、いささか忸怩たるものを感じている。

（山本嘉次郎『カツドウヤ水路』より）

本木は、山本嘉次郎の助監督としても優秀だった。白いワイシャツ姿で撮影現場を切り盛りしたモダンな助監督だった。映画の仕事のためなら、たとえ火の中、水の中、どこへでも飛び込んでいく頼りになる助監督すなわちカツドウヤだった。

山本が「映画芸術協会」に連れていった唯一のプロデューサーが、本木だった。

東宝を追われ、一攫千金を夢見て始めたピンク映画のプロデュースと監督が思うようにならなくなった時、映画界の底辺に広がったピンク映画で懸命に生きようとした時、思い浮かべた言葉が恩師山本嘉次郎が口にしていた「カツドウヤ」という言葉ではなかったか。

どんなに借金があっても、どんなに金がなくとも、映画を作って生きていければいい。晩年の本木は、何度もそう思ったろう。

古巣の東宝に請われ二本の作品を製作した本木は、映画界の衰退をあらためて肌で感じた。晩年の生活は自暴自棄にも近い。金になれば、温泉場で上映した16ミリで撮るブルーフィルムまがいの映画にも手を出した。

本木荘二郎は、カツドウヤとして死んだのだ……。

「本の読めるプロデューサーは本木だけ」の真意

だが、本木荘二郎の映画人生には、いくつもの可能性があったと思う。多くの業績とともに叶えられなかった構想やテーマも、企画も本木の生涯には多い。現に、戦争大作など企画書のいくつかは、フィルムセンターに収蔵された遺品の中に遺っている。

やはり、最も重要なのは、黒澤明との可能性だった。

黒澤明が、「グランプリ」の冠に苦しめられる孫悟空のように苦悩する姿を、本木は知っていた。国内では「裸の王様」となり、不当な契約に悩まされ困窮しているのも知っていた。しかし、ピンク映画の監督の本木荘二郎には何をすることもできなかった。

本木は、誰よりも「黒澤の苦境」を理解することのできた男だったはずである。

その昔、黒澤明の映画は、まさにリアルタイムで世俗を取り込み、観客にカタルシスを喚起した。初期の黒澤映画には、時代と奏でる音楽や時代の鼓動があった。いつからか、それらは黒澤映画から失われていった。それらの要素のいくつかは、本木荘二郎がプロデューサーとして発見したものではなかったたか。

『素晴らしき日曜日』では「二人合わせて三十五円しかない日曜日」という重要なコンセプトを出し、『酔いどれ天使』では主役の設定のカギとなる人物を見つけてきた。『羅生門』では、映画化を疑問視する幹部らに得意の「ホン読み」でその作品イメージを伝え、ゴーサインを勝ち取った。『七人の侍』

では、核となる農民に雇われた侍たちの存在を調べ上げてきた……。『静かなる決闘』で、『野良犬』で、『醜聞《スキャンダル》』で、『白痴』で、『生きる』で、『生きもの記録』で、黒澤明が撮ろうとする映画のイメージを思い描き、その面白さや芸術性を徹底して追求しようとしたプロデューサーが、本木荘二郎だった。

黒澤明が考え出したとされる、複数の脚本家による執筆形態も、橋本を見出し、小国や菊島とも交流してきた本木がいればこそ実現できたスタイルだった。いつも黒澤を中心に回っていくチームのムード作りが、本木の腕の見せ所だった。それらがみな、黒澤が言ったという「本の読めるプロデューサーは本木だけ」との言葉に凝縮されている。

『隠し砦の三悪人』でのみ黒澤と組んだ藤本真澄は、黒澤について自伝で言っている。

「黒澤明と私は同じ明治四十三年生まれ（山本薩夫は私と同年同月同日生まれ）で、古い友達だが、映画に関する考え方は才能の問題もあり、かなり違うものがある」

（尾崎秀樹編『プロデューサー人生』）

東宝の映画史には、戦後「三大プロデューサー」という言葉が存在していて、本木荘二郎、藤本真澄、田中友幸の三人とされるが、藤本は黒澤作品のプロデュースは一本のみで懲りてしまい、『悪い奴ほどよく眠る』以後は田中友幸が担当した。

田中友幸は、本木と「49年プロ」を起こしたこともある間柄である。藤本真澄とは違い、黒澤明という人物の心情を理解できたのだろう。

黒澤と組める映画プロデューサーは、本当は本木荘二郎をおいて他にはいなかったのだ。田中友幸は、本木のやり方を見習い、そのように振る舞ったのではなかったか。

本木と藤本の映画作りは、芸術作品と商業作品を混在させ、映画本来の活力を引き出そうとする方法と映画会社の収益を安定させるために平均的な作品を作り続けるということで大きく違い、相容れなかったのである。

本木は黒澤映画の犠牲者だったか

本著の下敷きになった『新潮45』での本木荘二郎小伝を書いた折、お話を伺った前出の野上照代に掲載誌をお送りすると、折り返しで丁寧な手紙を頂いた。

近年、黒澤明について語られることが一段と多い野上照代だが、黒澤明の本音、「世界のクロサワ」の素顔を語られているように思う。手紙の末尾に、以下のようにあった。

「黒澤さんは、決して本木さんについて悪くは言っていませんでした。（略）『本木の感心なのは、〝俺がキレイな体になるまでクロさんの前に現れないよ〟と言っていたが、本当に一度も顔を出さなかったよ』と、好意的な評価でした。きっと、黒澤さんにも借金していたのでしょうね。私の知る本木さんはサバサバした話の仕方で明るい笑顔が印象的でした」

黒澤明の本木荘二郎に対する心情を、野上照代は知っていた……。

黒澤のもとからは、多くの人が去った。

本木の後に黒澤作品を手掛けたプロデューサー、黒澤作品を支えた脚本家たち、現場で汗水流して走り回った助監督やスタッフたち、黒澤と決別して生涯二度と会わなかった人も多い。黒澤もまた死ぬまで許すことをしなかった。

黒澤機関車は、一度レールを分かれて走り出すと再び交差することのない猛スピードで突っ走っていった。

幼なじみだった植草圭之助は、晩年まで黒澤に批判的だった。かつて黒澤プロダクションを任されていた菊島隆三とは、とうとう最後まで和解しなかった。教え子、愛弟子ともいわれている森谷司郎の「僕だけじゃない」という言葉も胸を抉られるようだ。他にも、黒澤の周りは死屍累々だという人もいる。

序章で触れた『虹の橋　黒澤明と本木荘二郎』が描き出すのは、欲しいシャシンのためなら死者もいとわないという黒澤映画において、本木もその被害者の一人だったとする構図である。同書で菊島隆三が著者に語ったとされる「本木はボロボロになるまで辛い塩を舐めた。皮肉にも〈一将功なりて万骨枯る〉という結果になった」という証言が、それを象徴している。『虹の橋』の著者は、そういう理解のもとで黒澤を責めた。

本木にも、「黒澤映画の犠牲者の一人」であると見なされる余地があった。そうしてしまうほうが、関係者の間でも納得しやすかったのではないか。植草や菊島といった黒澤映画に古くから関わっていた関係者には、黒澤が「世界のクロサワ」に上りつめる過程で本木の貢献度は小さくないという共通の認識があった。それなのに決別して以降、黒澤は本木について語ろうとせず、また本木の通夜にも足を運ぼうとしなかった……。「非情な黒澤天皇」に本木もまた見捨てられた、という見方がこうして流布していったのだろう。

黒澤との「真の友情」

だが野上からの手紙にある一文は、そんな通俗的な理解を超えるものだった。

本木は黒澤明にそれ以上の迷惑が及ばないように「本木荘二郎」という名前を封印し、変名を駆使してピンク映画の世界を生きた。そして「キレイな体」になれずに約束通り二度と黒澤の前には現れず、そのことに黒澤が「感心」していた……。

本木荘二郎は、黒澤に体《てい》よく使われただけの男でも、黒澤映画の犠牲者でもなかった。本木と黒澤は、青春期に映画への夢を共に見て誓い合った同志的な関係であった。だからこそ、本木は黒澤の構想の真意や映像表現への挑戦を完全に理解し、実現させることのできた唯一のプロデューサーだった。黒澤明という原石を根気よく磨き続け、その比類なき輝きを引き出した中心的な人物が、本木荘二郎だったのである。

ならば、なぜ黒澤は本木を「見捨てた」のか。いや、実はこの問いそのものが間違っていたのではないか。本木が引き起こした金銭スキャンダルは、黒澤の周囲との人間関係だけでなく、黒澤の製作環境すら破壊しかねないほどのものだったことは想像に難くない。自分たちのギャラが、本木の個人的な借金返済に充てられ激怒した周囲の声に押されるかたちで、黒澤は本木と別れざるを得なかった。

実は本書の編集段階で黒澤明の写真を掲載するため、黒澤明の子息である黒澤久雄氏が運営する黒澤プロに肖像権の許諾を求めたところ、企画書を読んだ久雄氏から担当編集者に「本木という人物にウチは大変な迷惑を被った経緯があるので、彼をテーマとする本に黒澤プロとしては協力できない」として写真掲載を認めないとする連絡があった。その「大変な迷惑」の詳細については「故人についてあれこれ言いたくないし、墓場まで持っていく話」として久雄氏は多くを語らなかったが、それも本木のスキャンダルが黒澤本人に対してもいかに大きなものだったかを示している。つまり、黒澤をしても、「同志」である本木の金銭スキャンダルは到底庇いきれるものではなかったのだ。

そうやって過去の栄光を背負いながら、黒澤と別れた本木はどんな思いでピンク映画を作っていたのだろうか。

名画座として山本晋也作品を初めて特集して注目された池袋文芸坐の鈴木昭栄元支配人は、晩年の本木荘二郎をよく知っていた。

若手の監督が、劇場まで本木を連れてきて紹介した。特に昔話はなく、劇場が保持する池袋の映画館全館で使用できるパスを何度も借りに来て、近くの映画館で映画を観たらしい。「今、どんな映画が流行っていますか?」と聞かれた鈴木支配人は、「あの『七人の侍』のプロデューサーに聞かれたので、最初は困ったよ」と笑った。

本木が池袋の映画館で観て回ったのは、外国映画のヒット作や東宝映画の封切だった。それはきっといつの日か、再びプロデューサーとして返り咲く時、どんな企画を提出したらいいかを考えるためだったようにも思える。

本木の周囲にいたピンク映画関係者たちは、本木が過去をおくびにも出さずに楽しそうにやっていたという。だが、本木がピンク映画の世界に満足していたとは思えない。

それは十一章で触れた、古巣の東宝から『柔の星』と『おくさまは十八才』のプロデューサーとして再びメジャーの映画に参加するチャンスを得たくだりからも容易に想像できる。本木はその二作に飽き足らず、東宝製作部長だった馬場にいくつも新企画を売り込もうとした。ところが社員プロデューサーだった頃と、外部委託のそれでは立場が違いすぎた。たった二作の配収結果が伸び悩んだことから、その機会はついに失われた。

もちろん、本木の映画界への復帰の足かせとなったのも、自身のスキャンダルだったと考えられる。刑事事件になりかねなかった本木の不始末は東宝以外の他社にも広く伝わったであろうし、いかに有能であろうとも、本木を進んで起用しようとする映画会社はなかった。

過去の過ちを水に流せるのなら、本木はまた黒澤と世界を驚かせるような芸術大作に挑んだことだろう。死後、本木の部屋の押し入れから出てきた数少ない遺品のなかにあったベネチア映画祭グランプリ金獅子像のレプリカ。借金に追い立てられ、ついには居候の身になっても肌身離さず『羅生門』のトロフィーを持ち続けていた事実は、そんな本木の心情を雄弁に物語っているように、僕には思える。

世界へと出ていく『羅生門』に至るまで黒澤を導き、『羅生門』以後も全力で黒澤を支え続けた映画プロデューサー・本木荘二郎。地を這うように生きながら、天へ駆け上っていく黒澤を、いつも遠く静かに見守り続けた。黒澤と本木の青春時代からの友情は、余人の知るところとは別だ。熱く強固なものだったろう。

天と地とを生きた二人

黒澤明の晩年までの活躍は、みなさんご存知の通りである。

黒澤は、時代劇改革の総決算のように、壮大なスケールで、そしてまた天空からの視点に固執しながら時代劇スペクタクル『影武者』（八〇年）『乱』（八五年）を撮った。世界的に高い評価はあったが、初期の黒澤作品にあった輝きとは違うタイプの作品だった。まるで、黒澤が弁士だった兄と見て語り合ったサイレント時代の歴史スペクタクルに回帰しようと格闘しているようにも見えた。

晩年にはまるで自分の世界に閉じこもるようにも見えるが、豊穣で実りの多い作品だった『夢』（九〇年）『八月の狂詩曲』（九一年）『まあだだよ』（九三年）などを撮った。『夢』『八月の狂詩曲』では、『生きものの記録』以来の放射能と人間というテーマをも追っていた。『まあだだよ』は、師弟関係を多く描いた黒澤が、最後に自分自身と周囲の関係を描いたような作品だった。それらは、どれも己の心情を吐き尽した遺言とも言うべき作品だった。

黒澤明の晩年の映画作りの相棒で助っ人となったのは、撮影所時代からの心優しい盟友、本多猪四郎だった。もしかすると、もう、青春時代からの古い撮影所仲間は本多猪四郎しかいなかったのではないだろうか。

本多は、『影武者』の助監督部チーフに始まり、『乱』『夢』『八月の狂詩曲』、そして『まあだだよ』では演出補佐だった。本多は、一九九三年、八十一歳で亡くなっている。

プロデューサーとして本木の終生のライバルだった藤本真澄は、一九七九年五月二日、喉頭がんで

本木荘二郎の墓（共同墓地）

亡くなった。享年六十八。死後、従四位勲三等旭日中綬章を贈られた。

森岩雄は、それから十二日後の五月十四日、心不全のため、八十歳で亡くなった。

本木と親交のあった田中友幸は、藤本と勢力を二分するようにしながら、藤本と同じように東宝関連会社で役職を歴任したが、一九九七年四月二日、脳梗塞で亡くなった。享年八十六。

一九九八年九月六日十二時四十五分、黒澤明は亡くなった。脳梗塞、多臓器不全、享年八十八だった。お墓は、鎌倉市の安養院にある。戒名「映明院殿紘國慈愛大居士」。

本木荘二郎の墓は、東京都文京区小石川、徳川家菩提寺の伝通院山内真珠院、本堂裏手の墓地にある。といっても、共同墓地に「安養楽土」の墓石があるのみだ。

ピンク映画の仲間たちが夜通ししてくれた通夜が終わり、翌日、本木の遺体は生前に「献体」を申し込んであった「白菊会」に献体され、医学研究のために解剖された。そして、この共同墓地に葬られた。戒名はない。

本木荘二郎は、今、映画界の喧騒もピンク映画の喘ぎ声も聞こえない静かな眠りについている。昭和史の激動と、戦後日本映画史の天と地とを生きた人だった。

本木荘二郎　フィルモグラフィ

〈作品名、監督名、製作／配給の順。〈　〉は本木荘二郎の関わり〉

一九四三年
一月　『天晴れ一心太助』佐伯清（黒澤明脚本）、東宝〈製作〉

一九四五年
十二月　『勝利の日まで』成瀬巳喜男、東宝〈共同製作／藤本真澄〉

一九四六年
四月　『東京五人男』斎藤寅次郎、東宝〈製作〉
五月　『民衆の敵』今井正、東宝〈製作〉
　　　『明日を創る人々』山本嘉次郎・黒澤明・関川秀雄、東宝〈共同製作／竹井諒、松崎啓次、田中友幸〉
六月　『麗人』渡辺邦男、東宝〈製作〉
　　　『人生とんぼ返り』今井正、東宝〈製作〉

一九四七年
一月　『聟入り豪華船』斎藤寅次郎、東宝〈製作〉
三月　『四つの恋の物語　第一話　初恋』豊田四郎（黒澤明脚本）、東宝〈共同製作／松崎啓次、田中友幸〉
　　　『四つの恋の物語　第二話　別れも愉し』成瀬巳喜男、東宝〈共同製作／松崎啓次、田中友幸〉
　　　『四つの恋の物語　第三話　恋はやさし』山本嘉次郎、東宝〈共同製作／松崎啓次、田中友幸〉
　　　『四つの恋の物語　第四話　恋のサーカス』衣笠貞之助、東宝〈共同製作／松崎啓次、田中友幸〉
四月　『今ひとたびの』五所平之助、東宝〈製作〉
六月　『音楽五人男』小田基義、東宝〈製作〉
七月　『素晴らしき日曜日』黒澤明、東宝〈製作〉
九月　『おスミの持参金』滝沢英輔、東宝〈製作〉
十月　『新馬鹿時代　前篇』山本嘉次郎、東宝〈製作〉
　　　『新馬鹿時代　後篇』山本嘉次郎、東宝〈製作〉
十一月　『春のめざめ』成瀬巳喜男、東宝〈製作〉

一九四八年
三月　『タヌキ紳士登場』小田基義、吉本興業〈製作〉
四月　『酔いどれ天使』黒澤明、東宝〈製作〉

一九四九年
二月　『風の子』山本嘉次郎、映画芸術協会／太泉プロダクション〈製作〉
三月　『静かなる決闘』黒澤明、大映東京撮影所〈企画〉
　　　『不良少女』成瀬巳喜男、東横映画〈企画〉
四月　『魔の口紅』佐々木康、映画芸術協会／松竹〈企画〉
十月　『野良犬』黒澤明、映画芸術協会・新東宝／東宝〈製作〉

一九五〇年
二月　『続・不良少女』小田基義、東横映画〈企画〉
　　　『魔の黄金』谷口千吉、大映東京撮影所〈企画〉
三月　『脱獄』山本嘉次郎、太泉映画・映画芸術協会／東京映画〈製作〉
四月　『醜聞』黒澤明、松竹大船撮影所〈企画〉
八月　『羅生門』黒澤明、大映京都撮影所〈企画〉
　　　『新粧五人女』滝沢英輔、東横映画〈企画〉

九月　『女学生群』小田基義、東横映画〈企画〉
十月　『真珠夫人　処女の巻』山本嘉次郎、大映東京撮影所〈製作〉
『薔薇合戦』成瀬巳喜男、松竹京都撮影所・映画芸術協会〈企画〉
十一月　『真珠婦人　人妻の巻』山本嘉次郎、大映東京撮影所〈製作〉

一九五一年

二月　『悲歌』山本嘉次郎、映画芸術協会・東宝〈製作〉
五月　『白痴』黒澤明、松竹大船撮影所〈企画〉
六月　『メスを持つ処女』小田基義、東宝〈製作〉
七月　『海賊船』稲垣浩、東宝〈製作〉
八月　『青い真珠』本多猪四郎、東宝〈製作〉
十二月　『女ごころ誰が知る』山本嘉次郎、東宝〈製作〉

一九五二年

一月　『荒木又右衛門　決闘鍵屋の辻』森一生（黒澤明脚本）、東宝〈製作〉
二月　『風ふたゝび』豊田四郎、東宝〈製作〉
四月　『浮雲日記』マキノ雅弘、滝村プロダクション／東宝〈製作〉
七月　『喧嘩安兵衛』滝沢英輔、東宝〈製作〉
十月　『生きる』黒澤明、東宝〈製作〉
十二月　『次郎長三国志　第一部　次郎長売出す』マキノ雅弘、東宝〈製作〉
『七色の街』山本嘉次郎、東宝〈製作〉

一九五三年

一月　『次郎長三国志　第二部　次郎長初旅』マキノ雅弘、東宝〈製作〉
二月　『午前零時』渡辺邦男、東宝〈製作〉
四月　『夜の終り』谷口千吉、東宝〈製作〉
六月　『次郎長三国志　第三部　次郎長と石松』マキノ雅弘、東宝〈製作〉
『次郎長三国志　第四部　勢揃い清水港』マキノ雅弘、東宝〈製作〉
十月　『太平洋の鷲』本多猪四郎、東宝〈製作〉
十一月　『次郎長三国志　第五部　殴込み甲州路』マキノ雅弘、東宝〈製作〉
十二月　『次郎長三国志　第六部　旅がらす次郎長一家』マキノ雅弘、東宝〈製作〉

一九五四年

一月　『次郎長三国志　第七部　初祝い清水港』マキノ雅弘、東宝〈製作〉
四月　『御ひいき六花撰　素ッ飛び男』マキノ雅弘、東宝〈製作〉
『七人の侍』黒澤明、東宝〈製作〉
六月　『次郎長三国志　第八部　海道一の暴れん坊』マキノ雅弘、東宝〈製作〉
七月　『水着の花嫁』杉江敏男、東宝〈製作〉
『次郎長三国志　第九部　荒神山』マキノ雅弘、東宝〈製作〉
十一月　『密輸船』杉江敏男、東宝〈製作〉

一九五五年

一月　『男性ＮＯ．１』山本嘉次郎、東宝〈製作〉
五月　『制服の乙女たち』青柳信雄、東宝〈製作〉
七月　『初恋三人息子』青柳信雄、東宝〈製作〉

十一月　『帰って来た若旦那』青柳信雄、東宝〈製作〉
『生きものの記録』黒澤明、東宝〈製作〉

一九五六年

二月　『逃げてきた花嫁』青柳信雄、東宝〈製作〉
『暗黒街』山本嘉次郎、東宝〈製作〉
六月　『与太者と若旦那』青柳信雄、東宝〈製作〉

一九五七年

一月　『蜘蛛巣城』黒澤明、東宝〈共同製作／黒澤明〉

一九五九年

一月　『カックン超特急』近江俊郎〈監督・製作〉、新東宝〈原作〉

一九六二年

十一月　『肉体自由貿易』高木丈夫、国新映画〈監督〉

一九六三年

『女が泣く夜』高木丈夫、Gプロ／国新映画〈監督〉
『不貞母娘』高木丈夫、Gプロ／国新映画〈監督〉
『女のはらわた』本木荘二郎、巾映プロ／日本シネマ〈監督〉
『仮面の情事』高木丈夫、Gプロ／ファストフィルム〈監督・共同脚本／法勝寺三郎・製作〉
『毒のある愛撫』高木丈夫、Gプロ／ファストフィルム〈監督・共同脚本／法勝寺三郎・製作〉※改題公開時タイトル『狂熱の女体』

一九六四年

『女・うらの裏』高木丈夫、Gプロ／ファストフィルム〈監督・脚本・製作〉※改題公開時タイトル『女・うらの裏の女王、秘密クラブの女王』
『妾のからだに悪魔がいる』高木丈夫、シネユニモンド／新東宝映画〈監督・脚本〉

一九六五年

『魅力ある悪女』高木丈夫、シネユニモンド〈監督・脚本・製作〉
『洋妾《らしゃめん》』高木丈夫、シネユニモンド〈監督・脚本〉
『白い手袋の秘密』高木丈夫、シネユニモンド〈監督・脚本〉
『女の悶え』高木丈夫、シネユニモンド〈監督・脚本〉
『三匹の十七才』川合茂貴、シネユニモンド〈共同脚本／中沢信・製作〉
『夫婦生活』高木丈夫、シネユニモンド〈監督〉
『枕探し』渋谷民三、シネユニモンド〈監督・脚本〉
『狙われた新妻』星名雅人、シネユニモンド〈監督・脚本・製作〉
『色好み三度笠』高木丈夫、シネユニモンド〈監督・脚本〉
『性の暴発』唐沢二郎、シネユニモンド〈製作〉
『エッチ重役』渋谷民三、シネユニモンド〈監督・脚本〉
『素肌の叫び』星名雅人、シネユニモンド〈監督・脚本・製作〉
『女の性』高木丈夫、シネユニモンド〈監督・脚本〉
『肉体の傷あと』渋谷民三、本木プロ〈監督・脚本・製作〉
『情痴の果て』唐沢二郎、シネユニモンド／明光セレクト〈製作〉
『愛欲の十三階段』高木丈夫、シネユニモンド／明光セレクト〈監督・脚本・製作〉
『裸の復讐』高木丈夫・松原次郎、ヤマベプロ〈共同監督・製作〉

一九六六年	『あばかれた情欲』渋谷民三、東和企画〈監督・脚本〉 『魔性の人妻』高木丈夫・松原次郎、ヤマベプロ〈共同監督〉 『女・三百六十五夜』高木丈夫・唐沢二郎、シネユニモンド／明光セレクト〈共同監督・製作〉 『肉の鎖』高木丈夫、シネユニモンド〈監督〉 『色ざんまい』高木丈夫、日現プロ／関東映配〈監督〉 『女の奥』高木丈夫、ヤマベプロ〈監督〉 『花と蛇より　骨まで縛れ』高木丈夫、ヤマベプロ〈監督〉 『蛇性の肌』高木丈夫、ヤマベプロ〈監督〉 『色なさけ』高木丈夫、シネユニモンド／明光セレクト〈監督〉 『真夜中の花園』高木丈夫、シネユニモンド〈監督・製作〉
一九六七年	『ひめごと』高木丈夫、シネユニモンド／関東ムービー〈監督〉 『処女のためいき』高木丈夫、寿プロ〈監督〉 『夜の百態』高木丈夫、シネユニモンド〈監督〉
一九六八年	『学生娼婦』品川照二、シネユニモンド〈監督〉 『口説　あの手この手』品川照二、ユニフィルム〈監督〉 『女と男の味くらべ』高木丈夫、ユニフィルム〈監督・製作〉 『セックスドライブ』品川照二、シネユニモンド〈監督・製作〉

	『妖しい性の女』高木丈夫、ユニフィルム〈監督・脚本・製作〉 『半処女学生』高木丈夫、ユニフィルム／コーホーフィルム〈監督・脚本・製作〉 『うぶ殺し』品川照二、ユニフィルム／コーホーフィルム〈監督・脚本・製作〉 『女子学生　処女遊び』品川照二、Gプロ／コーホーフィルム〈監督・脚本・製作〉 『処女失神』高木丈夫、ユニフィルム〈監督・共同脚本／青山繁〉
一九六九年	『女子学生秘話 むしられた若草』品川照二、ユニフィルム〈監督・脚本〉 『穴に賭ける』品川照二、Gプロ／関東ムービー〈監督・脚本〉 『女の七つ道具』品川照二、Gプロ〈監督〉 『人妻売春の罠』高木丈夫、Gプロ／コーホーフィルム〈監督・脚本・製作〉 『人斬りお鯉　まくら旅』高木丈夫、Gプロ／コーホーフィルム〈監督・脚本・製作〉 『狂い責め』品川照二、Gプロ／コーホーフィルム〈監督・脚本・製作〉 『濡れた尼僧』品川照二、Gプロ〈監督〉 『女高生秘話　十七歳の娼婦』高木丈夫、ユニフィルム〈監督・脚本・製作〉 『欲求不満　性の配分』高木丈夫、ユニフィルム／コーホーフィルム〈監督・脚本・製作〉 『女極道狂い咲き』品川照二、ユニフィルム／コーホーフィルム〈監督・脚本・製作〉 『乳房の悶え』高木丈夫、Gプロ／ユニフィル

ム〈監督・共同脚本／青山繁・製作〉
『若妻 婚外行動』高木丈夫、ユニフィルム／コーホーフィルム〈監督・脚本・製作〉
『女の㊙地帯』高木丈夫、ユニフィルム／コーホーフィルム〈監督・脚本・製作〉

一九七〇年

『柔の星』山田達雄、国際プロデュース／東宝〈製作〉
『刺青のきんちゃく袋』品川照二、Gプロ〈監督〉
『濡れた草むら』品川照二、関東ムービー〈監督〉

一九七一年

『おくさまは18歳　新婚教室』山本邦彦、国際プロデュースセンター・ロープロモーション／東宝〈製作〉
『㊙おさわり専科』品川照二、関東ムービー〈監督〉
『エロ事師の愛戯』品川照二、大蔵映画〈監督・脚本〉
『セックスNo．1』品川照二、ミリオンフィルム〈監督・脚本〉

一九七二年

『女子学生　ポルノテクニック』品川照二、関東ムービー〈監督〉
『人妻バイトSEX』岸本恵一、ミリオンフィルム〈監督・脚本〉

一九七三年

『女くらべSEX契約』岸本恵一、ミリオンフィルム〈監督〉
『悩殺のテクニック』岸本恵一、コーホーフィルム／ミリオンフィルム〈監督・脚本〉
『発情女　乱れ斬り』岸本恵一、コーホーフィルム／ミリオンフィルム〈監督・脚本〉
『人妻悶絶』岸本恵一、コーホーフィルム／ミリオンフィルム〈監督・脚本〉
『快感はセックスから』岸本恵一、ミリオンフィルム〈監督〉
『女子大生　SEX講座』岸本恵一、ミリオンフィルム〈監督〉
『やわ肌売ります』岸本恵一、ミリオンフィルム〈監督〉
『人妻交換　熟れた悶え』岸本恵一、ミリオンフィルム〈監督・脚本〉
『性熟期』岸本恵一、コーホーフィルム／ミリオンフィルム〈監督・脚本〉

一九七四年

『エロ事師　いろは四十八手』岸本恵一、ミリオンフィルム〈監督〉
『女ざかり　奥の間交情記』岸本恵一、ミリオンフィルム〈監督〉
『秘密クラブ　肉体市場』岸本恵一、ミリオンフィルム〈監督〉
『さかさくらげ　もみもみ商売』岸本恵一、ミリオンフィルム〈監督〉
『悶絶トルコ娘』岸本恵一、ミリオンフィルム〈監督〉
『ポルノ姉妹　一発勝負』岸本恵一、ミリオンフィルム〈監督〉
『のぞき天国』岸本恵一、ミリオンフィルム〈監督〉
『昇天色情モーテル』岸本恵一、ミリオンフィルム〈監督〉
『絶倫ピンク遊び』岸本恵一、ミリオンフィルム〈監督〉
『売春の穴場』岸本恵一、ミリオンフィルム〈監督〉

一九七五年

『女泣かせ㊙作戦』岸本恵一、ミリオンフィルム〈監督〉
『女エロ事師　情事大百科』岸本恵一、ミリオンフィルム〈監督〉
『団地夫人　秘密売春』岸本恵一、ミリオンフィルム〈監督〉
『女子大生　エロ研専科』岸本恵一、ミリオンフィルム〈監督〉
『女が腰をゆするとき』岸本恵一、ミリオンフィルム〈監督〉
『女vs男　快感の高まり』岸本恵一、ミリオンフィルム〈監督〉
『売春組織　穴場売ります』岸本恵一、ミリオンフィルム〈監督〉
『スケバンマリア』岸本恵一、ミリオンフィルム〈監督〉
『強烈女の慾情』藤本潤二、大東映画〈監督〉
『痴漢夫婦』岸本恵一、ミリオンフィルム〈監督〉
『若妻花弁のうずき』藤本潤二、大東映画〈監督〉

一九七六年

『名器くらべ』岸本恵一、ミリオンフィルム〈監督〉
『女高生トリオ㊙生体実験』岸本恵一、ミリオンフィルム〈監督〉
『夫婦生慾の乱れ』藤本潤二、大蔵映画〈監督〉
『特出し姉妹花車』岸本恵一、ミリオンフィルム〈監督〉
『性熟女の性戯』藤本潤二、大蔵映画〈監督〉
『おんなの性日記』藤本潤二、大蔵映画〈監督〉

一九七七年

『濡れた性の出発』岸本恵一、ミリオンフィルム〈監督〉
『マッサージ色情魔』藤本潤二、大蔵映画〈監督〉
『乱欲セックス女子社員』岸本恵一、ミリオンフィルム〈監督〉
『㊙個人トルコ　抱かれ上手』藤本潤二、大蔵映画〈監督〉
『女子大生　性姦集団』岸本恵一、ミリオンフィルム〈監督〉
『若妻セックス乱行』藤本潤二、大蔵映画〈監督〉
『欲求夫人』岸本恵一、ミリオンフィルム〈監督〉
『壮絶キックボクシング　性愛の決闘』藤本潤二、大蔵映画〈監督〉
『痴漢電話魔』藤本潤二、大蔵映画〈監督〉
『配膳クラブ情報　売春待合室』岸本恵一、ミリオンフィルム〈監督〉
『不倫一族』岸本恵一、コーホーフィルム〈監督〉
『女子社員　強烈な性戯』藤本潤二、大蔵映画〈監督〉
『花の盛りの女子大生　性ハンター競べ』藤本潤二、大蔵映画〈監督〉
『好色夫人の淫慾』藤本潤二、大蔵映画〈監督〉
『金髪性感地帯』藤本潤二、大蔵映画〈監督〉
『好色女子大生　あげちゃいたい！』岸本恵一、ミリオンフィルム〈監督〉

〔著者注〕『東宝50年・映画・演劇・テレビ作品リスト』（昭和57年度版、東宝株式会社）、『キネマ旬報』『映画年鑑』『成人映画』、各作品プレスシート、映倫審査資料等を参考にした。成人映画指定作品については不明、調査中も多いことを特に付記しておく。

主要参考文献

〈書籍など〉

『蝦蟇の油　自伝のようなもの』黒澤明　岩波現代文庫　二〇〇一年
『わが青春の黒沢明』植草圭之助　文春文庫　一九八五年
『複眼の映像――私と黒澤明』橋本忍　文藝春秋　二〇〇六年
『評伝黒澤明』堀川弘通　毎日新聞社　二〇〇〇年
『大系　黒澤明』第1巻〜第4巻、別巻　浜野保樹　講談社　二〇〇九〜二〇一〇年
『偽りの民主主義　GHQ・映画・歌舞伎の戦後秘史』浜野保樹　角川グループパブリッシング　二〇〇八年
キネマ旬報増刊『黒澤明〈その作品と顔〉』キネマ旬報社　一九六三年
キネマ旬報増刊『〈デルス・ウザーラ〉製作記念特集　黒澤明ドキュメント』キネマ旬報社　一九七四年
『映画製作者の仕事』森岩雄　中央公論社　一九五五年
『私の藝界遍歴』森岩雄　青蛙房　一九七五年
『プロデューサー人生　藤本真澄映画に賭ける』尾崎秀樹編　東宝・出版事業室　一九八一年
『神《ゴジラ》を放った男　映画製作者・田中友幸とその時代』田中文雄　キネマ旬報社　一九九三年
『カツドウヤ水路』山本嘉次郎　筑摩書房　一九七一年
『ゴジラのトランク　夫・本多猪四郎の愛情、黒澤明の友情』本多きみ　宝島社　二〇一二年
『僕らを育てた本多猪四郎と黒澤明　本多きみ夫人インタビュー』アンド・ナウの会　二〇一一年
『蜥蜴の尻っぽ　とっておきの映画の話』野上照代　文藝春秋　二〇〇七年
『天気待ち　監督・黒澤明とともに』野上照代　文春文庫　二〇〇四年
『もう一度天気待ち　監督・黒澤明とともに』野上照代　草思社　二〇一四年
『黒澤明の世界』佐藤忠男　朝日文庫　一九八六年
『黒白映像　日本映画礼讃』白井佳夫　文藝春秋　一九九六年
『日本映画黄金伝説』白井佳夫　時事通信社　一九九三年
『異説　黒澤明』文藝春秋編・文春文庫ビジュアル版　一九九四年
『巨匠たちの伝説　映画記者現場日記』石坂昌三　三一書房　一九八八年
『黒澤明VS.ハリウッド』田草川弘　文藝春秋　二〇〇六年
『黒澤明と早坂文雄　風のように侍は』西村雄一郎　筑摩書房　二〇〇五年
『黒澤明　封印された十年』西村雄一郎　新潮社　二〇〇七年
『黒澤明を語る人々』黒澤明研究会編　朝日ソノラマ　二〇〇四年
『黒澤明と「七人の侍」』都築政昭　朝日ソノラマ　一九九九年
『黒澤明　その人間研究　上下』都築政昭　インタナル出版　一九七六年
『フィルムセンター』39「文化功労者記念　黒澤明監督特集」一九七七年
『戦時下の日本映画　人々は国策映画を観たか』古川隆久　吉川弘文館　二〇〇三年
『喜劇三十年　あちゃらか人生』古川緑波　アソカ書房　一九五六年

『東京闇市興亡史』東京焼け跡闇市を記録する会　猪野健治編　草風社　一九七八年
『ゴシップ10年史』内外タイムス文化部編　三一書房　一九六四年
『スキャンダルの昭和史　焼土から東京オリンピック』加藤康一　話の特集　一九八五年
『回想小林一三　素顔の人間像』丸尾長顕　山猫書房　一九八一年
『日本の喜劇王　斎藤寅次郎自伝』斎藤寅次郎　清流出版　二〇〇五年
『映画渡世・マキノ雅弘自伝　地の巻』マキノ雅弘　平凡社　一九七七年
『殺陣』永田哲郎　三一書房　一九七四年
『永田雅一』田中純一郎　時事通信社　一九六二年
『日本映画発達史I〜V』田中純一郎　中公文庫　一九七五年
『日本映画監督全集』キネマ旬報社　一九七六年
『日本映画俳優全集・男優編』キネマ旬報社　一九七九年
『日本映画俳優全集・女優編』キネマ旬報社　一九八〇年
『世界の映画作家31　日本映画史』キネマ旬報社　一九七六年
『東宝二十年史抄』東宝　一九五四年
『東宝三十年史』東宝　一九六三年
『東宝五十年史』東宝　一九八二年
『大映十年史』大映　一九五一年
『素晴らしき巨星　黒澤明と木下恵介』キネマ旬報社　一九九八年
『FORBEGINNERS黒澤明』橋本勝　現代書館　一九九六年
『黒澤明の十字架　戦争と円谷特撮と徴兵忌避』指田文夫　現代企画室　二〇一三年
『由利徹が行く』高平哲郎　白水社　一九八一年
『ぼくの音楽人生　エピソードでつづる和製ジャズソング史』服部良一　中央文芸社　一九八二年
『原節子の真実』石井妙子　新潮社　二〇一六年
『虹の橋　黒澤明と本木荘二郎』藤川黎一　田畑書店　一九八一年
『黒澤明VS．本木荘二郎　それは春の日の花と輝く』藤川黎一　論創社　一九八一年
『ちんこんか　ピンク映画はどこへ行く』野上正義　三一書房　一九八五年
『わたしは痴監』山本晋也　レオ企画　一九七四年
『はだかの夢年代記　ぼくのピンク映画史』村井実　大和書房　一九八九年
『ピンク映画白書』キネマ旬報編集　キネマ旬報社　一九六九年
『エロチシズム映画全集第五集　風俗映画集大成　邦画五社・独立プロ篇』新風出版社　一九六七年
『女が映画を作るとき』浜野佐知　平凡社新書　二〇〇五年
『寺山修司に愛された女優　演劇実験室◎天井桟敷の名華・新高けい子伝』山田勝仁　河出書房新社　二〇一〇年
『ピンク映画水滸伝　その二十年史』鈴木義昭　青心社　一九八三年
『新東宝秘話・泉田洋志の世界』鈴木義昭　青心社　二〇〇一年
『昭和桃色映画館　まぼろしの女優、伝説の性豪、闇の中の活動屋たち』鈴木義昭　社会評論社　二〇一一年

〈雑誌など〉

「東宝映画戦中から戦後へ　若き黒沢明の周辺」本木荘二郎　『映画芸術』一九七六年四・五月合併号

「映画バカ一代　ポルノ戦線に死す」　夕刊フジ一九七七年五月二十七日

「本木荘二郎『羅生門』で日本映画の存在を世界に」　週刊読売　一九七七年六月十一日号

「あるプロデューサーの死　黒澤一家の片腕だったのに」読売新聞　一九七七年六月二十七日夕刊

「げいのうアラカルト　最近のピンク映画は〝痴漢〟のオンパレード」　週刊読売一九七七年七月十二日号

「スレスレ映画の決定版封切り」　『週刊実話ＳＡＬＯＮ』一九六三年三月四日号

「最後の巨匠　クロサワ逝く　『羅生門』『生きる』『七人の侍』映画史に不朽の功績」　東京新聞　一九九八年九月七日

「映画の神様　黒澤明監督死す」　日刊スポーツ　一九九八年九月七日

「東宝撮影所ルポルタージュ撮影所争奪から仮処分まで　緊張と興奮の11日間」　『キネマ旬報』一九四八年九月下旬号

「東宝問題以後」岩崎昶　『キネマ旬報』一九四八年十二月上旬号

シナリオ「酔いどれ天使」　『映画評論』一九四九年第二集　毎日新聞社第三回映画コンクールシナリオ特集号

シナリオ「白痴」前篇　特集映画と文学　『映画芸術』一九五一年二月号

シナリオ「白痴」後篇　『映画芸術』一九五一年三月号

シナリオ「羅生門」　『キネマ旬報』増刊「名作シナリオ選集」一九五二年

「映画人クローズアップ　本木荘二郎」　『キネマ旬報』一九五四年十一月下旬号

「プロデューサーの報告―『風の子』製作余話」本木荘二郎　『キネマ旬報』一九四八年十二月号

「提携製作について」本木荘二郎　『シナリオ』一九五〇年七月号

「プロデューサーは何を考えているのか」青柳信雄、藤本眞澄、筈見恒夫、加賀四郎、本木荘二郎、清水千代太、双葉十三郎座談会　『キネマ旬報』一九五〇年十二月上旬号

「独立プロの将来　プロデューサー四人大いに語る」本木荘二郎、藤本真澄、滝村和男、児井英生　読売新聞　一九五一年一月二十日

「ビールの泡から映画会社が…」本木荘二郎、山本嘉次郎、英百合子、藤原釜足、岸井明、小杉義男　東宝二十周年記念座談会　『映画ファン』一九五二年十二月号

「映画はオリジナルでゆくべきだ」本木荘二郎　『キネマ旬報』一九五四年五月号

「秘めたる〝名プラン〟色彩シネスコ『源平盛衰記』」本木荘二郎　読売新聞一九五五年一月三日

「プロデュースについて」本木荘二郎　『シナリオ』一九五五年四月号

「映画はこうしてつくられる『生きものの記録』が出来るまで」本木荘二郎　『知性』一九五六年二月号

「結婚おめでとう!!」『スタア　早田雄二の世界』　文藝春秋一九八九年十二月臨時増刊号

「『野良犬』を喰べる黒澤明」　『キネマ旬報』一九四九年十月下旬号

「日本映画『羅生門』にヴェニス大賞輝く　栄誉に捧げられた

賛辞の数々と、作者の言葉」『キネマ旬報』一九五一年十月上旬号
「国際映画コンクール大賞受賞記念座談会　羅生門」本木荘二郎、箕浦甚吾、黒澤明、京マチ子、三船敏郎、森雅之、志村喬、千秋実、栄田清一郎（司会）『人生倶楽部』一九五二年創刊号
「黒澤明　筈見恒夫　対談」『映画の友』一九五五年十月号
「対談　今日の映画」黒澤明・木下惠介『映画世界』一九四八年七月号
「時代劇に打ち込む黒澤明監督　やつぎばやに三作」　読売新聞一九五六年五月二十一日夕刊
「黒澤明　新作の構想を語る」『映画の友』一九五六年七月号
「『蜘蛛巣城』製作はじまる」『映画ファン』一九五六年八月号
「旬報作家探検シリーズ④　黒澤明の根底」飯田心美『キネマ旬報』一九六三年三月上旬号
「緊急特集ルポルタージュ　追いつめられた監督の立場」『キネマ旬報』一九六八年八月上旬号
「新・なくて七くせ⑨菊島隆三の巻」井出雅人『キネマ旬報』一九六八年九月上旬号
「緊急ルポ『トラ・トラ・トラ！』と黒澤明問題3　青柳哲郎氏記者会見と松江陽一氏証言の矛盾」白井佳夫『キネマ旬報』一九六九年三月下旬号
「黒澤明プロダクション・それを発展させる理想」藤本真澄『キネマ旬報』一九五九年三月下旬号
「日本映像史　プロデューサー群雄伝第11回『酔いどれ天使』でプロデューサー本木荘二郎が果たした役割」足立和『キネマ旬報』一九八八年十月上旬号
「日本映像史　プロデューサー群雄伝第12回　黒澤と植草、そして本木の個性が激突した『酔いどれ天使』」足立和『キネマ旬報』一九八八年十月下旬号
「日本映像史　プロデューサー群雄伝第21回『羅生門』が誕生するまでの波瀾に満ちた知られざる物語」足立和『キネマ旬報』一九八九年三月下旬号
「日本映像史　プロデューサー群雄伝第22回『羅生門』が誕生するまでの波瀾に満ちた知られざる物語Ⅱ」足立和『キネマ旬報』一九八九年四月上旬号
「日本映像史　プロデューサー群雄伝第23回『羅生門』が誕生するまでの波瀾に満ちた知られざる物語Ⅲ」足立和『キネマ旬報』一九八九年四月下旬号
「日本映像史　プロデューサー群雄伝第24回『羅生門』が誕生するまでの波瀾に満ちた知られざる物語・終」足立和『キネマ旬報』一九八九年五月上旬号
「日本映像史　プロデューサー群雄伝第48回　人間を描くため全てを注いだ黒澤組の侍たち」足立和『キネマ旬報』一九九〇年五月下旬号
「幻の黒澤映画」白井佳夫　文藝春秋二〇〇四年十二月号
「黒澤明に見捨てられた本木荘二郎小伝」鈴木義昭『新潮45』二〇一三年一月号
「本木荘二郎　伝説の活動屋・ピンク映画に死す」鈴木義昭『実話裏歴史SPECIAL』二〇一二年五月号
「エロ快人列伝　本木荘二郎『七人の侍』『羅生門』から『女極道狂い咲き』へ」『週刊ポスト』二〇一〇年七月二十三日号
「映画の旅人『蜘蛛巣城』巨匠の孤独と修羅映す」朝日新聞二〇一五年一月十日

あとがき

黒澤明の失敗作といわれている『白痴』の原節子の際だった美しさと力強さが、忘れられない。それは、原節子の訃報以後、日増しに大きく自分のなかで膨らんでいる。

ドストエフスキーの原作を黒澤流の文芸作品に仕立てた冒険心と野心は、短縮版でなお眩しいくらいに刺激的ではないか。本当に、『白痴』は失敗作なのか？　たとえ黒澤明本人が意図せぬ編集と公開方法を経たものであったとしても、そこに息づいている映画のリズムと奥行きの深い映像が観る者を圧倒し、人間の存在論を呼びかける。これは、数多い黒澤作品の中でも紛れもない傑作のひとつではないのか。なぜ、それを多くの人が言わないのか、不思議でならない。

まだ三十五歳の三船敏郎に七十歳の入念なメイクで老け役をやらせてまで、執念のように黒澤が撮り上げた『生きものの記録』は、東日本大震災と福島の原発事故を経験した今日の日本から観直して、本当の価値が出てくる作品だ。公開当時の興行成績も評判も、『白痴』同様振るわず問題作扱いされたが、『七人の侍』の後にここまでメッセージを打ち出した作品を撮る黒澤明は、本当の意味で世界的であると思う。人類の最大の問題となりつつある放射能をテーマに、ここまで果敢に率直に挑戦した映画監督が他にいただろうか。

僕が、本木荘二郎という人物を追いかけたのは、『白痴』や『生きものの記録』のような黒澤作品を実現させたプロデューサーについて知りたかったからだ。

それは、三十数年前、ピンク映画の世界を取材してその「二十年史」を書いた時知った本木荘二郎とは、全く違う相貌をした映画プロデューサーだった。

本木が黒澤と作った数々の映画は、観直すうちにどれもこれもこの上なく好きな作品となってしまった。いくつもの思いが、今、充満している……。

『素晴らしき日曜日』は、戦後の青春映画の始まりではなかったか。僕らが若き日に熱中した藤田敏八や神代辰巳のだらしのない青春映画、さらにはアメリカンニューシネマにさえ通じるものがあるではないか。

『酔いどれ天使』は、戦後のやくざ映画の始まりではなかったか。近年のやくざ映画の代名詞となった『仁義なき戦い』の監督・深作欣二は、黒澤明脚本を谷口千吉が監督した『ジャコ萬と鉄』を東映でリメイクしたように、黒澤映画の大ファンだった。『酔いどれ天使』は、深作の現代やくざもの、とりわけ『仁義なき戦い』シリーズに大きく影響しているのではないか。また、大島渚監督は松竹ヌーベルバーグの先駆となる『青春残酷物語』を撮り始める時、『酔いどれ天使』を観直してノートを取ったとインタビューで語っている。

『野良犬』は、戦後の刑事映画、刑事ドラマの始まりだった。犯罪地帯に分け入っていく若き刑事の苦悩と怒りが、拳銃を盗んだ犯罪者の姿と裏表にあるという感覚は、多くの犯罪映画やテレビドラマに影響を与えているはずである。

そう、戦後映画の始まりが、黒澤明の作品にはあった……。

黒澤明とチャップリンが、少年の日に自分が映画の魅力に取り憑かれる入り口だった。凡庸な入り口だと思う人がいるかもしれないが、今ではそれを別に隠す気にもならない。

チャップリンは、たった一人で世界の映画史を作り、世界の映画史を変えた。黒澤明も一人で日本映画史を変え、日本映画史を作ったとされている。だが、黒澤の陰になり日向になり、時には相棒のように時には同志として、黒澤映画を生み育てた人物がいたことを日本映画史は、全く忘れている。

本木荘二郎がいなければ、黒澤明を黒澤明たらしめた『素晴らしき日曜日』『酔いどれ天使』をはじめとする初期の傑作の多くは生まれてはいなかった。

日本初の世界的グランプリ作品となる『羅生門』も、本木抜きでは生まれていない。世界的なオールタイム・ベストワンとされることの多い『七人の侍』も、生まれてはいない。

本木荘二郎がいなければ、黒澤明は世界的な巨匠にはならなかった。どこにも「世界のクロサワ」はいなかった。このことだけは言っておきたい、言っておかねばならない。

黒澤作品の多くの脚本を手掛けた橋本忍は、『醜聞《スキャンダル》』『白痴』で黒澤組の助監督を経験した野村芳太郎監督に「黒澤さんにとって自分は何だったんだろう?」と問いかけたことがあるという。野村と橋本は、傑作『砂の器』をものにしている。野村芳太郎は、橋本忍に「出会わなければよかった人」と答えたという。橋本と黒澤の出会いがなければ、日本初の世界グランプリに輝く『羅生門』も生まれない。そうなれば、黒澤のその後の「世界のクロサワ」としての活躍も偉業も、そして苦悩もない。黒澤明は、あるいはその類稀なる才能で邦画随一の娯楽派の巨匠にでもなったか。

その意味で、本木荘二郎もまた、黒澤明にとっては、出会わなければよかった人だったか。それらは、本文に語った。

本書にも登場する本木組の常連のピンク映画俳優だった野上正義にロングインタビューをして彼の本を作ったのは、自分が映画ライターを始めたばかりの頃だった。野上の本の前に『ピンク映画水滸伝・その二十年史』という著作を出した。二つの本の取材過程で本木荘二郎という人物を知ったが、いざ、書こうとすると、映画プロデューサーとしての業績がほとんど記録されていないどころか、当時の『日本映画監督事典』などに「本木荘二郎」の名前はどこにもなかった。もちろん「高木丈夫」「岸本恵一」の名も見当たらない。

拙著『ピンク映画水滸伝』で「創世期の監督」として「本木荘二郎」について触れた折、短い記述で間違いもあったのだが、その文章の結びにこう記した。

「本木荘二郎の生き様こそは、この連載が解き明かそうとするカギを握っていると言えるだろう。マイナーからメジャーへではなく、メジャーからマイナーへと好んでアウトローの道を歩むことの真摯さについて――」

（拙著「ピンク映画水滸伝」より）

本木荘二郎は、好んでマイナーの道に進んだのではないと、今なら思えるし断言もできる。微かな断片のような記録と野上正義の話から想像した「本木像」は、実際の本木荘二郎の人物像とは大きく違った。

二十数年ぶりにピンク映画を取材し、『昭和桃色映画館』を書いたとき、やはり「本木荘二郎」について書いておかねばならないと思い至った。序章で触れた『虹の橋』のような本もあるからで、あの本以後、本木荘二郎のイメージは大きく捻じ曲げられてしまっていた。「幽霊男」でも「好色な爺さん」でもない、カツドウヤ・本木荘二郎を甦らせたかったのである。本木は、カツドウヤだったからこそ、世界に通用する作品を作る映画プロデューサーだったのだ。

思いを形にするべく、まず雑誌『新潮45』（新潮社）で、ルポルタージュ「本木荘二郎小伝」を書いた。その取材と調査がなければ、本書は成立しない。雑誌『実話裏歴史』（ミリオン出版）でも、墓参りをして「本木荘二郎　伝説のカツドウヤ・ピンク映画に死す」を書いた。だが、謎は深まるばかりだった。

単行本書下ろしとして「本木荘二郎伝」を書くべく長く出版社を探していたが、このたび山川出版社の書籍編集者・萩原宙氏が乗ってくれた。相棒編集者になってくれた萩原さんのサポートがなければ「本木荘二郎」は再び歴史の闇に葬られたまま、いつまでも日本映画史の失われた環となって残ってしまっただろう。御助力を本当に感謝する。

細密な解釈の差異はあっても、本木荘二郎が日本映画史と黒澤明に果たした役割については書いたと思う。

ピンク映画を追うことから始めた、僕の日本映画史研究のひとつの到達点であると思う。

最後に御礼を申し上げておきたい人々を列記するが、まず初めに故人ではあるが、自分に「ピンク映画史」を書くようにすすめてくれ、「本木荘二郎」の存在も最初に教えてくれた映画評論家の斎藤正治に感謝を捧げたい。本書に引用した「植草圭之助」「菊島隆三」「小国英雄」「森岩雄」「川喜多かしこ」各氏へのインタビューは、斎藤の手によるものだ。共同通信社の映画記者だった斎藤は、第一線で多くの映画人に取材している。近年出版された小津安二郎『蓼科日記』を読むと、信州で木下恵介作品の現場取材の後に蓼科に立ち寄り、小津を取材する姿が記されていて驚いた。黒澤組も多く取材したに違いない。もっと長く生きていていろいろと教えて欲しかったとあらためて思った。斎藤は、ルポライターの竹中労とともに映画ジャーナリズムへの道を僕に示してくれた恩師というべき人である。斎藤が記事中、黒澤の『どですかでん』を気に入っていると書いていたのは意外だったが、頷けた。『どですかでん』も素晴らしい黒澤作品である。

竹中労は、大河連載『日本映画縦断』において、戦後日本映画史は東宝争議から検証しなおされねばならないとくりかえし説いた。その教えどおりに書けたかは心許ないが、従来の映画史とは違う視点へ踏み出たつもりである。

斎藤や竹中が健筆をふるった時代の『キネマ旬報』編集長が、白井佳夫先生である。あえて先生とお呼びしたいのは、『新潮45』取材時から、黒澤明について多くをレクチャーしていただいたからでもある。その助言がなければ、巨大な黒澤明を相手に大いに道に迷い、深い森から抜けられなかっただろう。今回も、ボロボロの初稿段階から原稿を読んでいただき、貴重な助言と注意をいただいた。また帯にまで言葉をいただき、往年のキネ旬読者の慣れの果てである自分としては感無量である。

取材にご協力をいただいた皆さんには、心からの感謝と御礼を。

貴重な社内事情を話してもくださった馬場和夫さん、本木荘二郎について一晩語り合えた浜野保樹教授、お電話だけであったがお話のできた堀川弘通監督、書籍になるまでに鬼籍に入られてしまった人がいるのは、僕の非力のせいと遠い昭和史の彼方を書いたからか。各位のご冥福を心からお祈りいたします。

ひとつひとつ謎を解いて行く過程を助けてくれた『新潮45』執筆時の担当編集者・若杉良作氏、『実話裏歴史』執筆時の担当編集者・福田慶太氏にも感謝する。

長い間、期待の声をかけ続けてくれた方々にも感謝したい。映画館などで会うと、是非読みたいと声をかけてくれた映画ファンの顔がひとりひとり浮かぶ。さて、皆さんの黒澤映画鑑賞に役立つものになっただろうか。日本映画芸術協会が日本映画史に果たした役割を捉え直すことなど、宿題も残ったと思う。映画史研究に今後も精進したい。

『酔いどれ天使』のラストシーン、酔いどれ医者の志村喬が女学生の久我美子と去りながら、口ずさむ歌「港が見える丘」が耳にこびりついて離れない。

あの歌、横浜で遊んだという、本木荘二郎も好きだったのではないかと思っている。

〔著者紹介〕

鈴木義昭（すずき　よしあき）

1957年東京都生まれ。ルポライター・映画史研究家。竹中労、映画評論家の斎藤正治、白井佳夫らに師事。著書に『ピンク映画水滸伝・その二十年史』、『新東宝秘話・泉田洋志の世界』（ともに青心社）『日活ロマンポルノ異聞　山口清一郎の軌跡』『昭和桃色映画館』（ともに社会評論社）『夢を吐く絵師　竹中英太郎』（弦書房）『風のアナキスト・竹中労』『若松孝二・性と暴力の革命』（ともに現代書館）など。編著に『日本の喜劇王・斎藤寅次郎自伝』（清流出版）、野上正義『ちんこんか』（三一書房）ほか。

「世界《せかい》のクロサワ」をプロデュースした男《おとこ》　本木荘二郎《もときそうじろう》

2016年7月19日　第1版第1刷印刷　　2016年7月29日　第1版第1刷発行

著　者　鈴木義昭
発行者　野澤伸平
発行所　株式会社 山川出版社
〒101-0047　東京都千代田区内神田1-13-13
電話　03(3293)8131(営業)　03(3293)1802(編集)
http://www.yamakawa.co.jp/
振替　00120-9-43993

企画・編集　山川図書出版株式会社
印刷所　半七写真印刷工業株式会社
製本所　牧製本印刷株式会社
装　幀　マルプデザイン（清水良洋）
本　文　梅沢 博

 ISBN978-4-634-15094-2 C0074